虐待・親にもケアを

生きる力をとりもどすMY TREEプログラム

森田ゆり 編著

築地書館

はじめに

子ども虐待とはこれまで人として尊重されなかった痛みや悲しみを怒りの形で子どもに爆発させている行動です。

ＭＹ ＴＲＥＥはその感情、身体、理性、魂のすべてに働きかけるプログラムです。木や太陽や風や雲からも生命力のみなもとをもらうという人間本来のごく自然な感覚を取り戻します。さらに自分の苦しみに涙してくれる仲間がいるという、人とつながれることの喜びは、本来誰でもが内に持つ健康に生きる力を輝かせるのです。

これは、17年前ＭＹ ＴＲＥＥペアレンツ・プログラムを始めたときに作成したリーフレットのイントロの文章です。今も少しも変わらない信念のもとで同じリーフレットを使って実践を続けています。

２００１年8月、兵庫県尼崎市で6歳の少年に対する衝撃的な虐待死事件が起きたとき、ＭＹ ＴＲＥＥペアレンツ・プログラムは、すぐ隣の市でその最初の実践準備中でした。

事件は6歳の少年が児童養護施設から一時帰宅中に、母親と義理の父親によって繰り返し殴打・暴行され、脳内出血で死亡後、運河に捨てられるというものでした。虐待行為は陰惨ですが、虐待が一気にエスカレートする前、母親は自ら児童相談所に助けを求めていました。施設の職員にも自分の虐待行動の非を認めて、子どもへの関わり方を変えたい気持ちを語っていたと施設の所長は証言していました。

「親が変わらなければ子どもは自宅に帰れない。親への指導やサポートが大事だ。しかし、うちには一人の子にそこまでできるだけの体制はない。両親をサポートできる機関がもっとあればと思う。公的機関であれ、地域のコミュニティーであれ、『この親はだめ』ではなく、親をどう支援していくかが課題だ」（2001年9月5日付け毎日新聞）

事件の詳細が明らかになればなるほど、このようなケースにこそMY TREEペアレンツ・プログラム（以下、MY TREEプログラムと標記する）が必要なのにと、悔しく、またもどかしい思いに駆られたのでした。この事件を皮切りにその後次々と虐待死報道が続くことになります。

2000年5月に成立した児童虐待防止法の立法過程で、筆者は国会参考人として虐待した親の回復支援を法制度の中に組み込む重要性を訴えましたが、法制化には至りませんでした。そこで成立と同時に「児童虐待防止法の改正を準備する会」を立ち上げ、親支援の課題にとどまらず、その他多くの改正必要点について現場の声を集め、論点整理をする作業にとりかかりました。法制化が必要とされる問題点の提言に対する、約200人の会員のフィードバックを得る中ではっきりしたことは、たとえ親の回復支援を義務付ける法改正がされてもその受け皿が日本には無きに等しいという現実でした。

親への回復プログラムを開発実践し、日本におけるその方法論と経験のノウハウの蓄積を始めないことには法改正すらできないと痛感したことが、MY TREEプログラムの開発と実践の始まりでした。

1980年代にカリフォルニア州政府社会福祉局子ども虐待防止室の研修業務についていた筆者は、米国・カナダにおける虐待対応のペアレンティング・プログラムの大半が、しつけの効果的スキルの習得を中心とした合理主義的アプローチであることに違和感と不満を抱いていました。80年代のアメリカは第二波認知行動療法の全盛期でもあり虐待対応の親プログラムはいずれも認知を変えることに焦点を置いたものばかりでした。米国生活の多くをネイティブ・アメリカン先住民との関わりの中で過ごしていたこと、あるいは日本で生まれ育ったことも、ソマティック（身体的）なアプローチを排除した西欧合理主義的な心理療法に対する筆者の違和感に影響していたかもしれません。もっと人間の全体性（理性、感情、身体感覚、精神性）を視野に入れたホーリスティック（全体的）なプログラムでなければ、効果を得られないのではないかとの長年の問題意識を出発点に、気功や瞑想《めいそう》も取り入れ、身体と感情と認知の相互作用を重視する東洋の伝統的健康法や、自然や季節の移り変わりを心身で感じ言語化する日本の風土にあった親の回復プログラムの開発を目指しました。

さらに、90年代にカリフォルニア大学のダイバーシティ主任研究員として培った心理教育プログラム開発の理論と方法の経験蓄積が、ＭＹ ＴＲＥＥプログラムを構造的カリキュラムにすることに大きく貢献しています。

２００1年12月から1年半にわたって試験的に3グループ（13回のグループセッション＋3回の個人面接＋2回のリユニオン）で実践して改良を重ねた上で、２００3年3月に第1回ＭＹ ＴＲＥＥ実践者養成講座を開催しました。全国から応募のあった約90人の中から厳選された30人が講座を受講し、受講修了者の中からさらに12人が実践者となり、スーパービジョン体制のもとに、２００3年の夏から兵庫県と大阪府内6ヶ所での実践が始まりました。

実践の手ごたえは予想以上でした。子どもへの虐待的言動がやめられないでいる親に限定した10人前後のグループの全セッションに大半の参加者が休むことなく通い、多くの参加者が虐待的言動を終止しました。実践者は毎回の準備と終了後のスタッフ間の振り返りで多大の時間がとられるこのプログラム実施の大変さにもまして、人生の苦悩を語る参加者の言葉の深さに心打たれ、人が変わることの感動に身を震わせる貴重な経験を共有させてもらってきました。

虐待に至ってしまった親たちの回復支援は、子育てスキルを教える養育支援ではありません。母親支援でも、父親支援でも、子育て支援でもなく、その人の全体性回復への支援です。虐待行動に悩む親たちは、今までの人生において他者から尊重されなかった痛みと深い悲しみを、怒りの形で子どもに爆発させています。加害の更生は被害によって傷ついた心身の回復からしか始まらないのです。ＭＹ ＴＲＥＥの参加者たちは、親である前に一人の人間として尊重される体験を得ることによって、自分を回復する礎《いしずえ》としていきました。

参加者を母親として、父親として、妻として、嫁としてといった分断されたアイデンティティとして見るのではなく、人間の全体性に訴えるホーリスティックなプログラムであることがＭＹ ＴＲＥＥプログラムの特徴です。

３歳の娘に手を上げることがエスカレートして、深刻な虐待行動を犯してしまった30代の母親は、ＭＹ ＴＲＥＥ参加の初めは、自身の子ども時代の性暴力トラウマの症状からパニックを起こすこともあり、回復への希望を失っていました。しかし、毎回、丹田《たんでん》腹式呼吸をし、ボディワークで自分の身体の声に耳をすまし、自分の感情の裏にある悲しみや苦しさを言葉にして受け入れることをグループメンバーと共に学ぶ中で、大きく回復していきました。心身の苦しみが下降するらせんだったのが上昇するらせんに転換したきっかけは、「プログラムの中で、自分をまるごと受け入れられるようになったこと」と語りました。まさに全体性の回復です。

修了生から手紙をもらいました。

「身分を明かさない不思議な12人の仲間たち。価値観も違うし、まず友達にはならない、そしてもう会うこともない12人との出会いの大きさを今もひしひしと感じています」

「私の木はあれからも根を張り続けています。相変わらず嵐のときはあるけれど、でもそれで折れてしまわず、しなることができるようになった自分がいます」

これまでに、大阪府、大阪市、堺市、富田林市、京都府、京都市、加東市、奈良県、埼玉県の児童相談所、県や市の家庭児童課など、東京都、横浜市、日光市、宮崎市などの民間団体の主催で実施しました。２０１８年3月現在１０４８人がプログラムを修了され、虐待的言動の終止に成功しています。

各地でＭＹ ＴＲＥＥプログラムを実践する人々は現在約30人。保健師、臨床心理士、看護師、助産師、保育士、元児童相談所所長、グループホーム長、ソーシャルワーカー、大学教員など多様な立場で、子どもの虐待対応に長年取り組んできた人々です。毎回のセッションプランの準備、グループの進行、振り返り、参加者一人ひとりへのケアなど、多大な時間と労力を必要とするこのプログラムにいのちを吹き込み、効果を最大限にする努力をいとわない高度なプロフェッショナリズムに、心からの敬意を表さずにはいられません。ＭＹ ＴＲＥＥ実践者たちの職種の見事なダイバーシティと、同一ビジョンのもとでの絆は、私たちが誇りにしているストレンス（strength）です。

そして全国に散らばる１０４８人の修了生たち。１０４８本のさまざまな種類の木が地に根を張り、それぞれの多様な姿、形、大きさで空へ向かって立っているイメージが浮かびます。

困難の多かった人生の苦悩を言葉にし、自分の怒りの感情の裏側に恐れながらも勇気を出して向き合い、自らの内的な変化を起こしていった親たち一人ひとりに感謝します。あなた方の生きることを諦めない姿勢とこのプログラムへの信頼こそが、ＭＹ ＴＲＥＥを必要としている未知の人々へと手渡していく原動力に他なりません。

本書は、教育、福祉、保健、医療、司法、行政、立法、子育て支援や子どもの人権の民間活動等それぞれの分野の方々に、虐待に至ってしまった親にケアを提供することの緊急性とその具体性を理解していただきたいとの願いで書かれています。ＭＹ ＴＲＥＥのようなプログラムを広く実施していくためには法の改正が必要です。家庭裁判所が直接親にプログラム受講を命令する仕組みが不可欠です。

また、日本でのエンパワメント、レジリアンスのより深い理解のために、それぞれの言葉のオリジン、効果的なエンパワメントとレジリアンスの支援とは具体的にはどうすることなのかを丁寧に書きました。活用してください。

このプログラムの中で大きく内面から変化されたたくさんの方のうちほんの数人ですが、許可を得てメッセージを掲載しました。彼らの変化のプロセスを読み取っていただきたいです。

本書の第3章で紹介するアメリカのＡＣＥ（Adverse Childhood Experience＝逆境的児童期体験）研究からも明らかなように、虐待が国の社会経済全体にもたらすコストは膨大なものです。虐待に至ってしまった親たちが回復することで、どれだけの社会的経済的コストを軽減することができるか計り知れません。そう考えると親へのケアをすることは極めて費用対効果の高いことなのです。

そして何よりも、虐待された子どもたちの大半は、親から虐待されても、その親を求め、慕い、その親が変わってくれることこそを願っているのです。

子育てが苦しい、子どもへの暴言・暴力がやまない、子どもを無視してしまう親たちは、この本に登場する何人もの修了生がしたように、暴力をストップし、子どもとの時間を楽しめるようになりたいと強く欲してください。自分を変えたいと心から願う人は、子どもとのよい関係をつくっていく道すじを、もうすでに歩き始めた人です。嵐の日はあっても、折れてしまわずにしなることができる木のように、大地に根を張る生き方は誰にでも可能だということを、この本を読んでつかんでいただければ幸いです。

森田ゆり

目次

第５章　プログラムを修了した親たちからのメッセージ　

第6章　親たちと向き合ってきた実践者からのメッセージ
――実践者の多様性がMY TREEのストレンス（strength）

第7章　実践者の人財育成　219

第8章　効果調査　247

〈付録〉

＊文中の修了生の言葉は、アンケートからの引用です。
引用に関しては、個人名を伏せて報告書等に載せることへの許可を得ています。

第1章　3人のキーパーソンに聴く

〔聴き手　森田ゆり〕

虐待の只中にいる親子への援助の中でも、親の回復ケアは長いあいだ取り組みが後回しにされてきました。虐待の予防啓発、緊急介入、分離措置された子どものケアについては、２０００年以降、法整備も順次改善がなされてきましたが、虐待した親のケアは、置き去りにされてきたのです。

ＭＹ ＴＲＥＥペアレンツ・プログラムが活動を開始して間もなくの頃、一人の保健師さんから緊迫した相談の手紙をもらいました。

「もう、これ以上見守れません」。手紙はそう叫んでいました。

夫にも妊娠を知らせないままで駆け込み出産をした母親と子どもたちの見守りを病院から依頼された保健師は、その母親が赤ちゃんの命を左右するかもしれないほど深刻な虐待のリスクを抱えていることがわかり、連日、訪問と電話での見守りを続けていました。本人がＳＯＳを発信してこないので、恐れていることがいつ現実に起きてしまうかはまったく予想がつかない。どんなに時間を費やして見守っても未然に防ぐことはできないかもしれない。保健師は何人もの専門家に手紙で助けを求めたのでした。

「手紙の返事はどれも『見守ってください』でした。でも、24時間見守ることはできません」。見守りは予防につながらない、それ以外の方法はないのかと探し求めていた保健師は、ＭＹ ＴＲＥＥプログラムをその母親に紹介しました。

通うのに2時間以上もかかる遠距離だったにもかかわらず、母親は、保健師のサポートを受けながらＭＹ ＴＲＥＥプログラムに最後まで参加し、誰もが驚くほどの大きな変化を遂げられました。本書の出版に際して、15年ぶりに彼女と連絡をとってもらい、あれからずっと暴力のない温かくてにぎやかな家庭を作っていることを知りました。

深刻な虐待に至ってしまった親へのケアが無きに等しいその最大の理由は、家庭裁判所（家裁）が虐待をした親に直接、回復プログラム受講を申し渡す制度が日本にはないことです。

司法による直接関与という強制力がないとき、しばしば親たちは自分の意思ではプログラム受講を求めようとしません。たとえプログラムにつながっても、最後まで参加するにはかなりのモチベーションを要します。深刻な虐待行動に至ってしまった親たちは、精神疾患、DV環境、薬物依存、貧困などなど、それぞれさまざまな多重のストレッサーにさらされているので、不安定な生活の中でプログラムを休まずに受講するのはハードルが高いのです。

前述の母親がMY TREEプログラムにつながり、最後まで受講できたのは、保健師とMY TREE実践者による通常の職務時間をはるかに超えた特別な援助があったからです。誰にでもできることではありません。そんなことをしなくてもよい仕組みと制度が必要なのです。

MY TREEプログラムの17年間の実践の中で、回復プログラムを必要とする親はたくさんいるのに、本人がその気にならなければプログラムにつながらないために、参加者が集まらずに実践を断念しなければならないことが何度もありました。そのたびに、裁判所が親に受講を直接命じる制度の必要性を強く意識しました。

「はじめに」で言及したACE研究を持ち出すまでもなく、虐待に至ってしまった親の回復に公的な資源を使うことは、社会全体への極めて高い費用対効果をもたらします。さらにお金の問題以上に、虐待を受けたために分離措置になった子どもたちの多くが心から願っていることは、親に変わってもらいたい、そしてその親と一緒に暮らしたい、なのです。

虐待対策で国の総指揮の立場におられる山本麻里さんの話では、2017年の画期的な法改正によって、虐待に至ってしまった親への裁判所の関わり方にも変化が起こることが期待されます。

虐待問題に関しての先駆的な取り組みに長年携わってこられた3人の第一人者を訪れて、現状を語っていただくと同時に、虐待の危機にある、またはあった親たちへの言葉をいただいてきました。

平成28年の法改正で子どもが権利の主体であることが明確に

山本麻里（厚生労働省　子ども家庭局審議官）

２０１７年７月に厚生労働省子ども家庭局が新設され、山本麻里さんはその審議官として国の児童虐待防止対策の総指揮を担っておられます。

新しい社会的養育ビジョン

山本——子ども家庭局は、２０１７年７月に省内の組織再編に伴い、従来の雇用均等・児童家庭局が、働き方改革に特化した「雇用環境・均等局」と子ども・子育て支援に特化した「子ども家庭局」に分かれ、新設されました。

森田さんやＭＹ ＴＲＥＥとの出会いは平成16～18年（２００４～２００６）、私が虐待防止対策室長をやっていた頃でしたね。平成12年（２０００）に児童虐待防止法ができてその3年後の見直しをする議論をしていた頃です。

平成16年（２００４）に防止法と児童福祉法の大きな改正が行われた時期でした。特に大きかったのは児童虐待防止対応における市町村の役割を明確化したことです。市町村レベルでの関係機関の連携ネットワークである要保護児童対策地域協議会を設置し、法律上の守秘義務も明確化しました。同じ16年に司法関与強化の先駆けとなる改正事項も盛り込まれました。28条（家庭裁判所の承認を得て行う児童福祉施設への入所等の措置）による親子分離を有期限化するとともに、施設入所等の措置を承認する審判を行う際に、家裁は都道府県（児童相談所長）に対し保護者指導措置を採るよう勧告できる制度を導入しました。そして、2年ごとに、保護者に対する指導措置の効果や子どもの心身の回復の状態等を見極め、措置の継続が必要な場合には家裁に延長か否かの判断を仰ぐというものです。

その後もかなりのスピードで法改正が進みました。例えば平成19年（２００７）の、児童の安全確認のために児童相談所（児相）が警察と合同で行う立ち入り調査の強化（裁判所の許可状により行う臨検・捜索の新設）。平成23年（２０１１）の民法改正による親権の停止制度の新設などです。

そして平成28年（２０１６）の児童福祉法等の改正によって大きな展開がありました。何よりも大切な点は、子ども家庭福祉や虐待対応において寄るべき理念が明確化されたことです。子どもは適切な養育を受け、健やかな成長・発達や自立を保障される権利を有するとして、子どもが権利の主体であることが明確にされました。もう一つは子どもの養育環境として、家庭養育優先の原則が明確にされました。まず実親を支援すること、それが適当でない場合は家庭における養育環境と同様の環境（里親委託や特別養子縁組の活用）で養育されること、それらが適当でない場合は施設における小規模グループケアやグループホームなど、できる限り良好な家庭的環境で養育されることというものです。

この法律は平成29年（２０１７）４月から施行されています。改正法の理念を理解していただいて、平成30年度中にもそれぞれの都道府県において社会的養育のための体制整備を計画していただくことが目下の最大の課題です。平成29年8月には、厚生労働大臣の下に置かれた検討会から「新しい社会的養育ビジョン」が示されました（厚労省のウェブサイトに全文が掲載されています）。これは、在宅での支援から代替養育、養子縁組まで社会的養育分野の課題と具体的な改革の方向性を網羅しつつ、これらを一体的かつ全体として改革を進めることを求めているものであり、奇しくも7月に新設された私たち「子ども家庭局」が最初に受け取ったレポートとなりました。現在はこのビジョンの基本的考え方を踏まえ、各地域における推進方策を関係者を交え議論しているところです。

虐待に至った親の回復プログラム受講命令の仕組み作り

森田――虐待対応の法整備の中でこの18年間いつも一番後回しにされてきたのが、虐待に至ってしまった親たちの回復プログラム受講命令の制度化です。虐待の発見、介入がされても、親が変わらなければ子どもは家庭に戻れません。あるいは親が変わらないまま在宅になれば、再虐待の危険性は大きいです。

プログラムを受講すると多くの親は大きく変わります。しかし週1回13週のグループセッション＋3回の個人セッションのプログラムを休まずに参加するモチベーションを維持できない人も少なくないです。重篤な虐待をしてしまった人であればあるほど、プログラム参加への強制力が効果を発揮します。裁判所による強制力があるとないとでは大きな違いがあるのです。

山本――児童虐待対応における司法関与のあり方については、平成28年児童福祉法改正における積み残し課題として直ちに検討に着手しました。そして、平成29年通常国会に児童福祉法の一部改正法案を提出し、6月に成立をみました。これは平成30年（２０１８）4月に施行されます。改正の眼目は、保護者に対する指導への司法関与についてです。今までは児相が虐待する保護者に対応してきましたが、対立構造があるためにうまくいかないことが多いので、指導の実効性を上げるため裁判所を関与させるべきとの指摘がありました。改正の概要は以下のとおりです（図１－１参照）。

①里親委託・施設入所の措置の承認（児童福祉法28条）の申し立てがあった場合に、家庭裁判所が都道府県などに対して保護者指導を勧告することができるとし、都道府県などは、当該保護者指導の結果を家庭裁判所に報告することとする。

②上記の勧告を行い、却下の審判をする場合（在宅での養育）においても、家庭裁判所が都道府県などに対して当該保護者指導を勧告することができることとする。

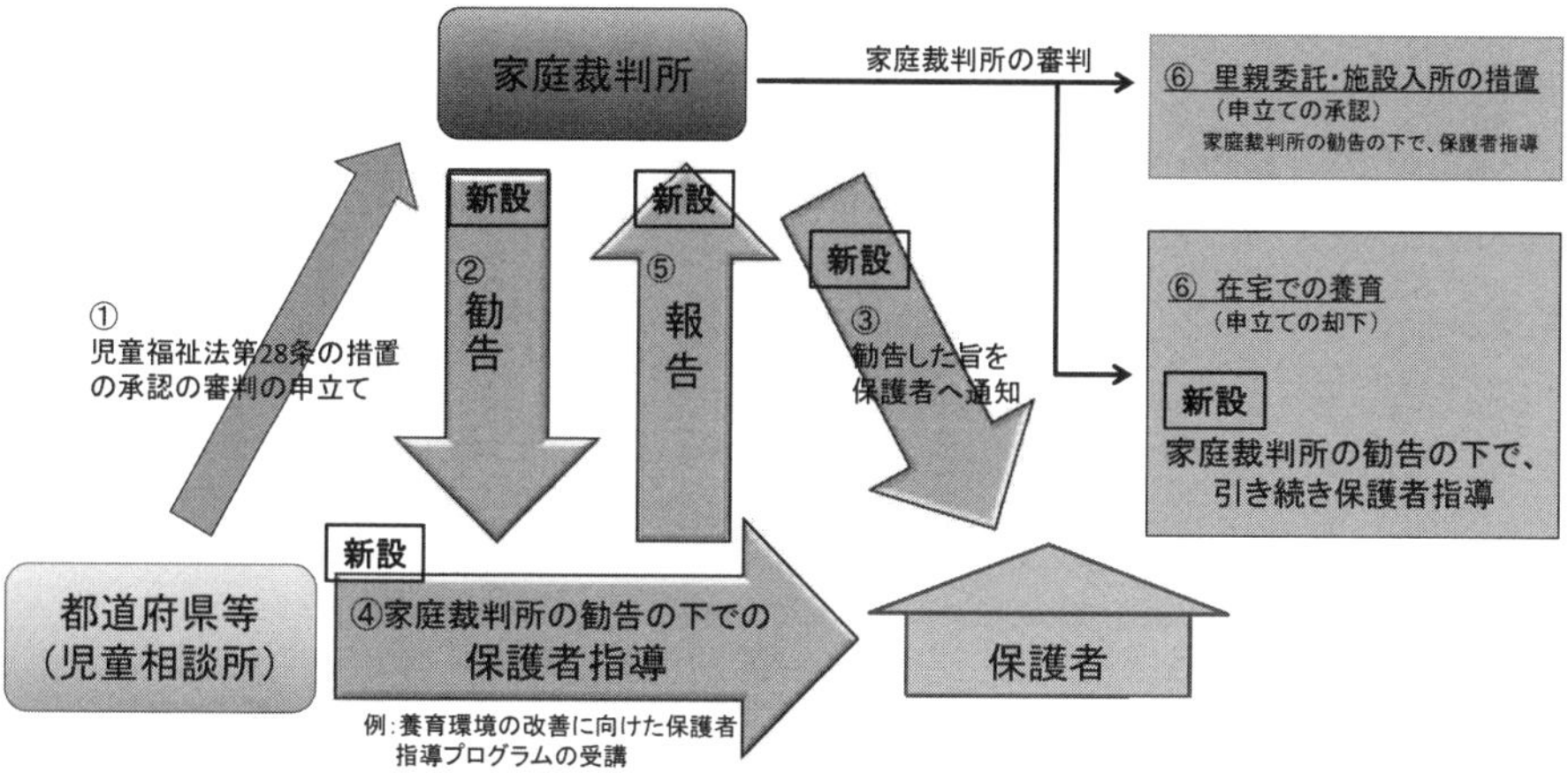

図 1-1　平成 29 年児童福祉法改正による保護者に対する司法関与の概要の図（平成 29 年 12 月 2 日付、厚労省子ども家庭局家庭福祉課作成資料より）

③家庭裁判所は、勧告した旨を保護者に通知することとする。

これらの改正内容は、平成16年改正で盛り込まれた保護者に対する指導措置に家庭裁判所が関与する仕組みをさらに前に推し進めるものです。この指導勧告を審判前に出すことで、審判の判断材料にすることができるようになります。また、従来は親子分離が承認された場合のみに保護者指導勧告が出せるとされていましたが、却下の審判がされる場合、すなわち在宅での養育の場合でも家裁の勧告が出せるようになりました。

森田――でも家裁が親の指導勧告を児相に対してするのではなく、親に直接虐待的言動を止めるためのプログラム受講を言い渡す法制度が必要なのです。現場の私たちはそのことを求めてきました。

山本――今回の改正ではその点も考慮されています。

森田――エッ、そうなんですか？　新聞報道などではそれは聞いていません。

山本――③に、「家庭裁判所は、勧告した旨を保護者に通知することとする」（児童福祉法第28条第5項及び第8項）と追加されました。図1-1を見るとわかりやすいです。新設③のところです。

森田――「通知」って、書面を送るのですか？　児相のケースワーカーを通しての通知ですか？
山本――いえ、家裁が直接通知することになります。書面による通知はもとより、審判の過程の中で運用されることから、保護者からの意見聴取の際に裁判官が直接保護者に対して口頭で伝えることもできます。
森田――そうなんですか。もしそれが実際に運用されるならば、大変に大きな前進です。平成12年の児童虐待防止法制定以来、ずっと私たちはその法制化を要望してきましたが、裁判所は「保護者への直接勧告は行政の役割で、司法の役割ではない」と返答し続けてきました。それは私たちにとってとても嬉しい前進ですが、裁判所が実際どう運用していくかに期待します。
山本――保護者指導に関わる裁判所命令を行っている主要国に比べて、日本の家庭裁判所の児童虐待に対応する体制は充分ではないとの指摘があります。日本の裁判官はジェネラリストが多いのですが、虐待問題に必要な専門性を高め、施行に向けてしっかり取り組んでほしいという意見が国会審議の中でも出されました。例えばドメスティック・バイオレンス（DV）家庭の親子面会交流に関する家裁の判断を例に挙げながら、家裁の裁判官、調査官の専門性の保障が重要とのご意見が多かったと承知しています。もちろん、家裁に申し立てをする側である児童相談所においても、法的対応力をはじめ専門性の向上や体制強化が不可欠であることは言うまでもありません。これからは家裁と児相とが車の両輪としてコミュニケーションを密にしていくことが求められます。

新しい制度は貴重な第一歩です。平成29年改正法では、施行後3年を目途とする見直し規定が附則に盛り込まれています。私どもとしましては、自治体にこの制度を十分に使っていただき、全国の活用例を共有しつつ、その効果を見ながら、必要な見直しをしていきたいと考えています。

父親対策

森田――統計数値的には身体的虐待の加害者は実母が5～6割を占めていますが、死に至るような重篤な身体的虐待の加害者は父親、または母親の恋人、同居人であることが多いです。怒りの感情や暴力言動の裏側に抑圧してきた気持ちを見つめていくＭＹ ＴＲＥＥプログラムは男性参加者も想定して開発したプログラムですが、男女別にグループを作ります。11回目の学びの「母親らしさ、父親らしさ、自分らしさ」というジェンダーを考えるセッションのアクティビティは男女混合ではできないからです。

10年ほど前に、3人の子どもを抱えてネグレクトに陥っていた父子家庭の父親が、留置場で弁護士が差し入れてくれた拙著『しつけと体罰――子どもの内なる力を育てる道すじ』（童話館出版、２００3年）を読んで、手紙をくれたことがありました。留置場から出たらすぐにでもＭＹ ＴＲＥＥプログラムに参加したいとの趣旨でした。彼の住む近隣地域の市町村の家庭児童相談センターがＭＹ ＴＲＥＥプログラムを実施していたのですが、彼以外に受講したい父親がすぐに集まらず、結局開催には至りませんでした。一地区で、同時期に複数の父親がプログラムを受講する状況を作るには、裁判所の受講命令が不可欠です。

山本――これからは裁判所による保護者指導勧告の通知が父親に届くことで、彼らの回復プログラム受講動機が高まることが期待できます。森田さんが言われるように、虐待の背景にジェンダー問題があることを考えると、父親には母親とは別のプログラムが必要だと思います。以前に比べると父親のニーズにあったプログラムが増えつつありますね。

父子家庭の方も子育てに悩んでおられる。父子の対策にもっと光を当てていかなければなりません。

在宅支援

山本――虐待で介入したケースの大半が在宅での支援となっています。在宅の親子への支援はこれからの大きな課題です。先ほどお話しした「新しい社会的養育ビジョン」でも、子どもと家庭の多様なニーズに応じた在宅支援サービスのあり方が示されています。そのためには、子どもやその家庭と最も身近な立場にある市町村の役割充実は必須です。市町村レベルで機能する他機関連携システムとしての要対協（要保護児童対策地域協議会）の全国稼働率は99％です。形は全国にできました。そのシステムを効果的に運用していくソーシャルワークの力量が充分でないのが現状です。平成28年改正では、これら要対協の調整機関に専門職の配置と研修受講を義務付けたほか、市町村には子ども家庭の支援拠点の整備に努めることが盛り込まれました。これからも平成28年改正法の施行状況や「新しい社会的養育ビジョン」を踏まえさまざまな見直しを進めていく必要があるでしょう。虐待問題を解決するには家族全体を見ていく視点が必要です。好事例を横展開して共有していく姿勢を推進していきます。

森田――今おっしゃられていた市町村が多様なニーズを持つ家庭の在宅支援を担っているとてもいい例が、ＭＹ ＴＲＥＥプログラムを毎年実施している市にあります。人口4万人、市の事業として4年前から市の児童主管課の職員3人（ベテラン相談員）がスーパービジョンを受けながらＭＹ ＴＲＥＥプログラムを実施しています。

ＭＹ ＴＲＥＥペアレンツ・プログラムのファシリテーターたちが、市の職員として要対協（要保護児童対策地域協議会）の事務局やケースを担当しています。Ａさんは娘が双子の幼児を残して自殺したため、双子の孫を育てているシングルの50代女性です。Ａさんは実母からすさまじい虐待を受けて育ち、子どもとの関わりが不適切で、家が片づけられず、ゴミ屋敷状態であることで要対協に上がっていました。娘の自殺による痛手、被虐待経験、うつ病、経済的不安、孤立、そして残された双子の養育が不適切になる、などものすごい多重のストレスの中にいるこの方へはＭＹ ＴＲＥＥがふさわしいだろうとの判断からプログラムを受講されました。ゴミ屋敷状態は市の養育支援訪問事業によるヘルパー支援を導入し、相談員さんも手伝いに行き解決しました。若い母親たちとＭＹ ＴＲＥＥのグループの中でＡさんは、ご自分の苦しさを語り、また子育てのスキルも学ばれました。修了後もＭＹ ＴＲＥＥのファシリテーターが市の子育て相談員を兼務しているので、フォローとしてカウンセリングを受けることになりました。

これは市町村だからこそできる在宅支援の包括的ケアのよい例です。ただそれを可能にしたのは、3人のカウンセラーとしての力量と、多様なニーズに見合う支援をするという許容力のある上司及び市の児童主管課全体のスタンスにあると思います。虐待に至ってしまった保護者たちをダメな親として「指導するスタンス」では、親たちは防衛の鎧《よろい》を厚くするばかりで、子どもとの関係は悪化することはあっても改善を期待することはできません。虐待に至ってしまった心の深いレベルでの葛藤、生活全般における多重なストレッサーからの苦しさや困り感に共感し、本人の解決への力を信じて働きかける姿勢が必要不可欠です。

予算

山本――こうした在宅支援にきちんとお金を充てていくことが大きな課題です。補助金ではなく「負担金」という認識で予算をつけていく方向に持っていかなければならないと思います。補助金というのは奨励金であるのに対して、「負担金」とは、国、自治体が当然負担を義務付けられた費用という認識です。

森田――その認識、いいですね。国にはどんな予算があるのでしょうか。

山本――虐待に至ってしまった親の回復支援のためのさまざまな家族療法などを地域の実情に応じて活用していただくための補助金（厚生労働省子ども家庭局家庭福祉課が所管する「児童虐待・DV対策等総合支援事業費」のうち「保護者指導・カウンセリング強化事業」）を用意しています。在宅支援メニューを広げ、そのための経費を負担金化していくことがこれからの大きな課題です。平成28年改正法によって在宅支援を推進する一定の枠組みはできましたが、そこにお金がちゃんと流れる仕組みづくりをさらに進めていく必要があります。

ＭＹ ＴＲＥＥの修了生へのメッセージ

森田――最後に山本さんからＭＹ ＴＲＥＥプログラム修了生へのメッセージをいただけたら嬉しいです。子どもの虐待防止対策の国の総指揮を担われておられる山本麻里さんからの直接の声かけは、ＭＹ ＴＲＥＥプログラムの参加者にとって大切な言葉となることでしょう。

山本――平成16～18年に国の児童虐待防止制度づくりを担当し、その後しばらく間が空きましたが、その間もずっとＭＹ ＴＲＥＥの方々との関わりもあり、横からプログラム展開を見てきました。平成28年6月から再びこの分野に取り組むことになりました。

自分の中に、気がつかなかったけれど眠っている力があることを信じてください。そうしたら子どもにも力があるんだと気づくことができるでしょう。

誰一人生きていく価値のない存在なんかいません。自分は価値ある人間なんだという自己肯定感がすべての出発点です。そこから子どもと家族との関係へと広がっていくのでしょう。ＭＹ ＴＲＥＥプログラムに最後まで通われた方々はその第一歩を踏み出し、着実に歩み続けておられます。同じグループにいた仲間を思うと、一人ではないという気づきが思い出されることでしょう。助けを求めていいんだと知ってください。

これからのＭＹ ＴＲＥＥプログラムの発展を願っています。

森田――長時間丁寧にお話しいただきありがとうございます。

被虐待児の人権を守る司法の役割とは？

吉田恒雄（法律学者　駿河台大学教授）

吉田――私は児童虐待問題に関して、２０００年の児童虐待防止法の制定、その後の改正に関わってきました。防止法制定の際は森田さんと、衆議院青少年問題特別委員会の意見陳述でご一緒しましたね。現在は、ＮＰＯ法人児童虐待防止全国ネットワークの理事長もしています。この団体の活動の一つは、法律や制度改正への提言、もう一つはオレンジリボンキャンペーンによる児童虐待防止に向けた啓発活動です。この両輪で児童虐待問題の解決をもたらすことを目指しています。

吉田――２０１７年春の児童福祉法の改正で、家庭裁判所が、虐待に至った保護者が指導を受けるように児童相談所（以下、児相）に勧告する制度が新設されました。今までも都道府県知事の勧告に基づく児相の指導はあったのですが、実効性が乏しかったため、裁判所からの勧告ということで保護者への影響力を強める意図があります。２０１８年度からの施行予定です。この法改正は、児相が児童福祉法28条による強制的親子分離を家庭裁判所（以下、家裁）へ申し立てた後、緊急に分離する必要はないが家庭環境の改善が必要な場合を想定しています。家裁が分離の是非を決める前に、一定期間、児相に指導の継続を求める。保護者が指導に従わなければ子どもを引き離す判断材料にします。例えば子どもへの暴力はないが、極端なゴミ屋敷状態でネグレクトになっているといったケースが想定されます。

森田――ＭＹ ＴＲＥＥでもゴミ屋敷のケースがありますが、親が統合失調症か重篤なうつ病という人ばかりでした。

精神疾患で衣食住の世話ができないんですね。こういうケースに効果的だったのは市町村レベルでの包括的支援でした。

吉田——そうなんですよ。また、子どもを学校に行かせない親のケースでも使えるでしょう。学校に行かせるようにとの児相の指導を拒否する親には、子どもを分離する措置もありうるでしょう。

森田——私たちは「裁判所が児相に対して親指導を勧告する」のではなく、深刻なケースに対しては、子どもとの関係回復のためのプログラム受講命令を「裁判所が直接親に出す制度」を求めています。

吉田——そうですね。ただ裁判所は、直接勧告することは、行政作用を裁判所が行うことになり司法の役割を超えると言います。また裁判所は公正中立の機関なので、家裁が児相の権限行使を後押しするような機能を果たすのは、司法の本来の役割から離れるとも言っています。

森田——それって、理論的にもおかしくないですか。子どもの命に関わる案件、子どもの人権に関わる案件に関して判断を下すのは行政でなく司法の役割ですよ。子どもの心身の安全に危険の伴う重篤な虐待のケースは、まずは家裁が、親子を一時的に分離する、そして親に対して親子再統合の条件として回復プログラムの受講を義務付ける、いつまでにそれをすることが分離解除の条件となるかを明示するという一連の決定を下し、その司法判断に基づいて行政機関である児相が実務に動くということなのではないですか。国外のこの分野で仕事をしていた者としては、本来の司法の役割を行政に押し付けてきたのが、今までの日本の虐待対応だと思わざるをえないのです。

吉田——うん。子どもの福祉のために裁判所が動くべきで、子どもの福祉のために裁判所と児相が連携することは当然だし、諸外国でもそうしている。

技術的な問題で言うと、児童福祉法28条の親子分離の申立人は児相です。児相の申立に対して裁判所が判断を下すわけで、そこに親や子どもは当事者としては関与していない。裁判所が判断を下す相手は児相です。一方、外国では、裁判所が回復プログラム受講命令を出す相手は親です。虐待の場合は、実質的には、児相と親が争っているわけだから、行政と一般市民とが同じ立場で争う状況になっています。しかし、28条審判の手続きは、行政権限の行使を裁判所が承認するという構造なので、中立人―相手方という関係ではない、そこが問題なのです。

森田――MY TREEプログラム5年目の2006年に発行した報告書で弁護士の岩城正光さんがこう言われていました。「日本の司法改革の一番遅れているのは、司法福祉の分野だと僕は考えています。家裁の中に司法福祉のスペシャリストの裁判官を養成しなくてはいけない。調査官に丸投げするのではなく、裁判官の中にもソーシャルワークのスペシャリストを作っていくようなシステムができれば、治療命令という制度に繋がっていくと思います」(「MY TREEプログラム実践報告書2001~2005年」より)

確かに、カリフォルニアでの私の経験では、虐待ケースを専門にする検事や裁判官がいました。DVケースのスペシャリストの検事さんにDV被害者支援の民間団体の活動に参加してもらったこともありました。このあたりどうお考えですか。

吉田――福祉問題に対する裁判所のスタンスでいえば、日本は消極的であると思います。

児童福祉法の改正で、裁判所による指導勧告制度ができましたが、これは親の指導について裁判所が児童相談所に勧告するものであり、親に対して直接命令するものではありません。このときの議論で、裁判所は、しきりに「公正中立な司法」という言葉を使いました。すなわち、本来児童相談所が行うべき指導を裁判所がバックアップするような制度にすることは、親から見て裁判所が児相と一体となっていると思われ、司法による公正な判断への不信感が生じるおそれがあるので、直接の命令制度は適切ではないという趣旨です。このように日本の裁判所は、福祉行政機関とは一定の距離を保ちながら、判断機関としての役割を果たそうとする意図があるように思われます。

これに対して、私が知る限りでは、ドイツでは、虐待のような人権に関する事案について、裁判所は、行政による人権侵害をチェックする目的で積極的に関わっており、地域によっては児童保護機関と勉強会を開き、裁判官が講師となることもあるようです。ただ、アメリカは多様なようで、私がシアトルの裁判所を訪ねたときは、虐待事件を担当していた判事は、前の裁判所では一般の民事事件を担当していたとのことでした。それでも、その裁判官は、自分が特に専門性に欠けているとは思わないとのことでした。

これに対して、日本では、調査官と児童相談所との協議はあるようですし、最近では、検察官と児童相談所の協議も行われるようになってきましたが、裁判官が行政機関と連携する話は、今のところ、聞いたことがありません。となると、裁判所が機能する「司法福祉」は実現の見込みが乏しいように思われます。これは裁判官個人の問題というよりも、わが国の司法の在り方に関わる根本的な問題であり、根が深そうです。

ただ実際、家裁はＤＶ問題、ハーグ条約のケースでは直接親に関わっていますからね。さらに家庭内の子どもの人権を守るために、児相の権限行使によって、親の権利も制限されるわけだから、公的介入による児相の権限行使をチェックするという家裁の役割があります。また、このようにして裁判所が厳正に判断し、児相の措置の適正性が確認されることで、親も児相の判断に従うことにつながると思われます。いずれの面からも、司法にはもっと積極的に関わってほしい。それこそが公正中立な裁判所の役割だと思います。

これは私だけの見解ではなく、民事訴訟法や刑事法の研究者にもそう考えている人がいます。ただ、裁判官や調査官の人数等、裁判所の体制や役割認識の根幹に関わることなので、公正中立な判断機関という役割を踏み出さないというスタンスを変えるのは相当の方向転換です。海外の例を見ると、裁判所は人権を守るところなのだから踏み出してもいいのではないかと考えますが。

他方で、児相の体制の整備も課題です。児相が司法を活用し、司法の判断に支えられて親への指導を行うためには、児相自体が司法手続に精通し、裁判所を説得できるだけの体制を質・量ともに整備し、司法対応の力量を高めることも重要です。

吉田――私がこの問題に関わって最初に不思議に思ったことは、児相も児童養護施設も経験主義的なのですね。ソーシャルワークの仕事が名人芸になっている。しかし、それでは法に基づく行政の仕事とは言えない。名人芸に留めておかないために、対応のガイドラインやマニュアルをきちっと作っていく必要があります。児童虐待は従来の福祉とは違います。援助してくださいと求めてくる従来の福祉に対して、虐待は援助を拒否する親から子どもを守るなど、法的強制力をもって福祉を実現することが必要です。そのためには人権の視点が不可欠です。

ＭＹ ＴＲＥＥのような親へのプログラムを受講命令という強制力でやるのでいいのかという課題もあります。命令されて受講して治療効果が上がるのかどうか。

森田――私たちの経験では、効果は上がります。初めはイヤイヤで参加しても、2回目、3回目ぐらいから熱心に参加するようになる人が多いです。最初は児相への怒りと不信でいっぱいの親も、次第に自分を見つめる機会を得たことに感謝するようになり、親たちと信頼関係を作れるようになったと児相のケースワーカーから言われます。

吉田――児童虐待問題全般を視野に入れると、これからしっかりと取り組まなければならないことは、予防と性虐待だと考えています。

虐待の介入に関しては、充分とは言えませんが、「189（イチハヤク）」のような全国共通の通告ダイヤル、48時間以内の安全確認、一時保護の目的の明文化と有期限化、裁判所関与など、介入のための制度、人権に配慮した制度は、ある程度作られてきたかと思います。あとは虐待状況に陥らないように予防策を張り巡らせていく。子育て支援と健全育成の活用として、児童館や保育所、市町村の子育て支援事業などで親の育児負担を軽減する地域の取り組みを広げていくこと。例えばにんしんＳＯＳなど、とてもいい防止プログラムです（望まない妊娠について相談できる体制の充実のために２０１１年度10月より電話やメールによる相談窓口「にんしんＳＯＳ」が各地で開設されている）。

性虐待は森田さんが翻訳されたデイビッド・フィンケルホーの『子ども被害者学のすすめ』（岩波書店、２０１０年）では、アメリカで性虐待ケースが１９９０年以降、半分以下に激減しているとの報告ですね。

森田――アメリカで虐待問題への法的対応が進んだ70年代から少なくとも15年間は対応ケースは着実に増加しました。潜在していたケースが表面化したためです。そして１９９０年初めに横ばいになり、93年頃から減少し始めその後10年間で半分以下になりました。

吉田――減少の要因の一つに性犯罪の厳罰化があったかと思いますが、日本で２０１７年7月に施行になった改正刑法で児童への性的虐待を罰する監護者わいせつ・監護者性交等罪の法制化が今後どのような影響を及ぼすか興味深いです。

（「監護者わいせつ・監護者性交等罪」の法文　①18歳未満の者に対し、その者を現に監護する者であることによる影響力があることに乗じてわいせつな行為をした者は、強制わいせつ罪の例によるものとすること。〔１７９条1項関係〕②18歳未満の者に対し、その者を現に監護する者であることによる影響力があることに乗じて性交等をした者は、強制性交等罪の例によるものとすること。〔１７９条2項関係〕③①及び②の未遂は、罰するものとすること。〔１８０条関係〕）

大阪のＳＡＣＨＩＣＯやハートフルステーション・あいち他、東京、神奈川、福岡など、性犯罪、性暴力の被害者ワンストップ支援センターの設置が全国各地で進んでいますね。

また２０１１年には、児童相談所における性的虐待対応ガイドラインが発表されるなど、性虐待への取り組みは進行していますが、この問題は対応が極めて困難です。性虐待は、我々が虐待防止に向けて今までやってきたのと同じくらいの総力を挙げて取り組まないとならない課題だと思っています。

体罰に関しての法改正もやらなければなりません。２０１６年の児童福祉法改正で「児童の親権を行う者は、児童のしつけに際して、監護及び教育に必要な範囲を超えて当該児童を懲戒してはならない」という児童虐待防止法14条1項の文言が入りましたが、傍線部分を、「体罰をしてはならない」と明言できたらと思います。

森田――本当にそうですね。ＭＹ ＴＲＥＥをやってきて痛感していることは、「体罰は時には必要だ」という考えがある限り、身体的虐待は決してなくならない。「体罰が必要なときはない」との意識転換が広がっていかなければなりません。法改正へのご尽力に心から期待しています。

今日は、ご多忙の中、お時間をとっていただき本当にありがとうございました。

孤立が一番危険です。少しずつ人の力を借りて

小西聖子（精神科医　武蔵野大学心理臨床センター長）

ＰＣＩＴ親子プログラム

森田――小西さんがセンター長をされている武蔵野大学の心理臨床センターでは、親へのどんなプログラムをされているのですか。

小西――親子に来ていただいて、それぞれに心理的に関わることは以前からやっています。子どもにはプレイセラピー、親にはカウンセリングというイメージです。さらに、今はＰＣＩＴ（Parent Child Interactive Therapy 親子相互交流療法）を行っています。これはもともと米国で行為障がい等の子どもとその親のために開発されたもので、子どもの否定的行動を減らし、肯定的行動を増やしていく目的で行われます。親子両方に来ていただいて、いわば育て方のライブコーチをします。ワンウェイミラー、ビデオカメラ、インターコム、プレイセラピー用の部屋などの設備が必要です。親と子どもとが遊んでいる様子をビデオカメラで撮影し、それを別室のモニターに生中継で映し出し、セラピストがモニターを見ながらトランシーバーを使って養育者にライブコーチングをします。

もちろんそれだけではなく、親への丁寧な心理教育もセットになっています。アメリカで開発された方法ですが、精神科医の加茂登志子先生がＰＣＩＴ Japan を運営されています。東京や埼玉の児童相談所の中では、再統合を目指す親子等のケースにこのプログラムを提供していると聞いています。うちの大学でも、子どもを叩いてしまうなど、子どもとの関係に悩む人や、ＤＶがあって、父親とは別れたが、親子関係が安定しない人などにＰＣＩＴを導入しています。

両親にやっていただく場合もあります。

実際の親子の場面でリアルに具体的に子どもへの対処を学べていくことが、親子関係に継続的なよい影響をもたらすと思います。具体的に学べるというのは手ごたえがあっていいです。精神論ではなくて、「こうしたらよい」という具体的な指針があることが、子育てがうまくいっていないと感じている人には大事です。ＰＣＩＴのよくないところを挙げるなら、設備が必要だということ、セラピストに一定の技術が必要で訓練がいるということでしょうか。ただ工夫をすれば、遊べる部屋があればそれなりにセットを持ち込むことも可能です。

このプログラムのもう一つのよいところは、汎用性が高いことです。行為障がいの子どもでも、発達障がいの子どもでも、また実の親でも、里親でも行うことができます。

小西——ＤＶの被害を受けた女性や子どもにとって、ＤＶから逃れても、それだけで一件落着となるわけではなく、その後に、さまざまな問題があって苦しい状況にあることは、支援をする人にはよく知られていると思います。安全の問題、経済的な問題、健康の問題などさまざまなことが起きますが、傷ついた親と傷ついた子どもが一緒に生活することになるのですから、本当に大変なことです。制度的にも、ＤＶ後の母子にもっと手厚いサポートが欲しいところです。

私が専門としているのは精神健康のケアの部分ですから、そこを支えたいと思いますが、親に対する心理的ケア、子どもに対する心理的ケアとともに、親子関係の改善も必要です。親子関係の改善がすべてを改善するわけではありませんが、親の力も子の力もつけてくれるこのプログラムは大変有用だと考えています。子どもは、傷つきやすいけれども、一方で素晴らしい回復力を持っています。子どもの長い将来のことを考えると、早い時期に介入できることの意味は大きいです。

ＰＥ（持続エクスポージャー認知行動療法）

私自身は、もっぱら大人対象のＰＴＳＤ治療をしています。一番若い人で中学生くらいですね。ＤＶ、性暴力、犯罪遺族などのケースを対象にしています。被害者には、お子さんがいる方も多いです。現在は中でも性暴力被害の方が多いです。性暴力被害者支援ワンストップセンターのＳＡＲＣ（性暴力救援センター）東京から紹介されたケースを、ＰＴＳＤに強い臨床心理士２名と一緒に外の病院の精神科で診ています。ＳＡＲＣから精神科に行ってみたらどうですかと助言されて来院された方たちの８割ぐらいにＰＴＳＤの診断がつきます。すごく多いですよね。ＳＡＲＣから来られる方は被害後３ヶ月以内の方が半数を超えます。私が今まで見た被害を受けた患者さんの中でも、ＰＴＳＤが多くて被害後の急性期の人たちが多いという特徴があります。

ＰＴＳＤ症状を持つ人たちへの薬物療法や心理教育を病院で必要に応じて行い、条件が整ったら、武蔵野大学心理臨床センターに紹介してＰＥ（持続エクスポージャー療法）というＰＴＳＤに特化した認知行動療法をやれるようにしています。認知行動療法までくると多くの人が、ぐっと改善します。そのほかにも、ＣＰＴ（認知処理療法）やＣＰＴ－Ｇ（集団認知処理療法）、ＣＧＴ（複雑性悲嘆療法）などをほかの研究者とも共同で実施していますから、大学では、トラウマに関してはかなりたくさんの種類の認知行動療法を行っているということになります。セラピストを訓練しながら行っていますので、複数の治療法を複数のセラピストで扱うことができています。どの方法も症状を改善しますので、ＰＴＳＤのある本人にも、また私たちにも、やりがいのある治療法です。

ここまでに上げてきた心理療法は、ＰＣＩＴも含め、科学的なエビデンスが見出されている、言い換えれば効果があることが、実証的な研究で確かめられている心理療法です。実際よく効くというのが実感です。むしろこの治療を行うことができるところまで、ある程度の感情の安定化や、回復へのモチベーションの向上を図るのが、なかなか大変なところです。あまりに具合が悪い人は、大学に週１回通うことも難しいですし、落ち着いて治療に取り組む状況にない人もたくさんいるわけですから。

　このような治療状況を、子どもの親という立場から見れば、親のＰＴＳＤや悲嘆からの回復を図ることで、子どもと関わる力を取り戻してもらうとも言えるでしょうか。実際に性的虐待やＤＶの被害者で、自分の治療をして初めて、子どもが自分を脅かしているのではないとわかり、安定して関われるようになる人もいます。

　ＰＴＳＤの生涯有病率――一生のうちに一度でもＰＴＳＤになる確率――は日本でも１％以上あります。アメリカでは大体６～７％ですから、それよりは少ないですが、生涯有病率１％の病気はそれほどまれでないことは確かです。統合失調症と同じくらいということになります。おそらく実際にはもう少し高いでしょう。

　よく、ＰＴＳＤになってしまったら、一生治らないと考えている人もいるのですが、決してそうではありません。むしろどちらかと言えば精神科の病気の中では、治りやすい病気ではないかと思います。特に被害後初期の頃に環境が整えられ、治療ができれば、きれいに治る人もたくさんいます。

　虐待やＤＶなど長期間にわたる慢性のＰＴＳＤの場合は、他の問題も一緒に存在していることが多いので、より回復が難しくなることはありますが、それでもＰＴＳＤの症状は比較的よくなるものです。

　ただし、それは、暴力被害後の問題が、なんでもきれいに解決するということではありません。ＰＴＳＤの症状はよくなったとしても、子どもの問題も、経済の問題も、裁判の問題も残っているのです。さらにかなり時間と手間がかかることも問題です。スキルのあるセラピストの育成も問題です。

　この治療は、大変よく効く。でも受ける側にも、提供する側にもハードルが高い。週に1回90分、10～15回継続して通う。宿題もある。たとえ採算を考えず無料でやるとしても、それだけの治療に時間をさける人はかなり生活が安定している人です。うちの心理臨床センターを自分で調べて、アクセスして来られる方の中には、結構、有料でも払える生活基盤がある人たちがいます。もともとフロイトの時代から個人心理療法の対象は、そういう人たちでした。一方で、病院からの紹介の方や、地域の相談から紹介される人は、お金も仕事もない方も少なくない。トラウマの治療の前に、まず何とか子どもを育てなきゃね、という状態の人もいます。子どもが小さくて保育園も入れてないし、治療どころじゃない、とか。あるいは子どもを進学させてやりたいから、絶対に仕事は休めないので、治療には来れない、とか。集中的に行う治療法そのものが対象を限定してしまう。こんなにたくさんのPTSDの人がいるんだから、もっとハードルが低い治療法が必要ですね。

認知行動療法をやれる臨床家を育てるのも、専門性が高いことですから、すぐにというわけにはいきません。4日間の研修を受けていただいた上で、2ケースのセラピーを全部ビデオで見ながらスーパービジョンをします。その2ケースが成功裡に終わるとようやく独り立ちしてやれることになる。早くてここまでに1年はかかります。全国の方を集めて研修をしてきていますが、1年に20人の人を研修して、そのうちの1人が実際に独り立ちできるライセンスを取ってくれる程度です。みなさんやる気は持っていらっしゃるのですが、セラピストにもハードルが高い治療法なんです。武蔵野大学心理臨床センターには、セラピストが7人、10ケース以上の経験があるスーパーバイズできる人が私を含めて2人います。でも今やいつも満員の状況です。セラピストのやりくりで苦労しています。

またPEは、じっくり聞く、本人のペースに任せる、という対応とはかなり違いますので、実践を躊躇される方が多いのかもしれませんが、今のところなかなか広がらない。でも認知行動療法に、効果があることはだんだん広まってきましたから、そのうちに状況は変わるかもしれません。

孤立させない

スピード感あふれる認知行動療法の良さとは対照的に、医学臨床のいいところはかなり長い期間患者さんを診られることです。何年という単位で関われる。患者さんも医療保険のおかげでそんなに負担にならないし、こちらもそんなに負担ではない。長い期間診ていられると、大変な時期を支えていれば、たとえ積極的なことはできなくても、トラウマの症状は変化していくことがわかります。その変化にずっと付き合って孤立しないように支援できる。孤立は何にもまして回復を阻害する要因なので、これが防げるのは大変いいことです。ＰＴＳＤはよくなったが、見えてきた孤独にやられて、先の希望が持てず死にたくなってしまうのでは意味がありません。孤立を防ぐためにもあまり早く診療をやめてしまわない方がよさそうだと最近は思っています。

また、ＰＥでＰＴＳＤ症状はよくなった。夫の暴力から逃れて、生活保護も受けられたけれど、今度は子どもからの暴力が始まったというＤＶ被害者もいます。治療して症状がなくなったから解決、ではないのです。その人の人生全体への支援が必要です。制度的には医師の守備範囲はＰＴＳＤ治療で、そのあとは別の機関につないで支援をしていってもらうのが社会的に効率いいかもしれません。でも今はつなぐ先が見つからないということが多い。できる範囲で息長く支援したいと思います。

特に、仕事をしていて、一応自分で生活できているけれど、子どもの問題を抱える親には、資源（リソース）がないと感じます。子どもが不登校になることもあるし、子どもが暴力をふるうこともある。資源がないから、孤立し、どうしたらいいかわからない中で、親が子どもを叩いたり、暴言を浴びせたりということも起こってしまいます。せっかく一歩進めても、その後の問題でうまく生活できなくて、さらに10年間引きこもる、となるとその人の人生の質は大きく異なってきますよね。

その後をどう生きていくのか。立派な生きがいとかじゃなくてもいい。小さなことでいい、生きる楽しみを見つけて、生活のクオリティを上げていく、そこを支えることが必要です。ＭＹ ＴＲＥＥプログラムもきっとそういうことにも貢献するのでしょう。

性暴力犯罪の大幅な改正

森田――2017年7月に、明治時代に作られた強姦《ごうかん》罪が110年ぶりに大幅に改正され名称も強制性交等罪となり、男性も被害の対象となりました。小西さんは法制審議会で意見を述べられたと聞いていますが。

小西――はい、法制審議会の刑法部会の検討委員でした。性暴力被害の現場を知っている委員は、私の他には弁護士の角田由紀子さんのみ、それから心理的被害者支援をなさっている齋藤梓さんが幹事ということで入っておられました。強姦の法律改正をするのに全部で30人弱の委員と幹事がいたと思いますが、被害者の実状をよく知っているのはその3人だけ、という感じでした。

森田――18歳以下の子どもに対する性虐待は大変な数で起きていて、MY TREEプログラムでも子ども時代の性虐待に苦しんできた母親たちが多いのですが、今回の法改正で「監護者わいせつ罪」と「監護者性交等罪」が新設されましたね。画期的なことです。

小西――そうですね。親など監護・保護する立場の人が、その影響力を利用し、18歳未満の子どもと性行為をした場合に、暴力や脅迫がなくても処罰できるようになりました。私たちにしてみれば、当たり前の法律がようやくできた感がありますが、審議会では、慎重論を述べる人も少なくなかったです。母親の愛人と娘が恋愛関係になってセックスすることもあるだろう、それも処罰対象になるのはどうなのか、みたいな反論が出てくるんですね。義父からの強姦は性虐待の典型的ケースで、どこにもここにもあるのに、なんでそんな特殊な状況にだけこだわるのかわからないです。しかも、パズルのような考え方で、母親の愛人と子どもとの間にどんな力関係があるのか、現実的な状況を何も考慮していません。この新しい罪名に関しては、保護者だけでなく教師も対象にしたかったです。教師による生徒への性暴力は後を絶ちません。

森田――それは3年後の見直しで改正したいですね。もう一つ、性暴力被害者支援の現場にいる者にとって従来の法律の最大の問題点の一つは加害者が暴行、脅迫を行ったことが立証できないと罪に問えないという点でした。被害者を苦しめてきたこの条項の問題は完全にスルーされてしまった。

小西――そうです。今回は討論不足でした。被害者にとってのこの重大ポイントを論議する時間がなかったです。「強盗・強制性交罪」というのが新設されたのですが、強盗と強姦の両方をしたケースでは、強盗が先で強姦が後の方が罪が重いか、あるいはその逆か、といった私にはどちらでもいいと思えることに法的な論議の時間が費やされていました。結果的には、従来は強盗が先の方が重い刑罰となっていたのですが、どちらが先でも同じ刑罰ということになりましたから、確かに前はおかしかったのだと思います。ここでも、被害にあうときの恐怖が見過ごされています。こういうことを言うと法律に無知だから、と言われそうですけど、自分の感覚でおかしいことはおかしいと誰かが思い、言うことが必要だと思っています。

暴行・脅迫要件をなくすために3年後の見直しに向けて今から準備していきたいですね。私が見てきた性犯罪被害者のケースでも、強く抵抗できなかった人がほとんどです。

森田――レイプの現場では恐怖に固まって抵抗できなくなってしまうという被害者心理が理解されないのですね。また多くのレイプケースの加害者は知らない人ではなく知人だということも理解されていないですね。

小西――実証データを集めないといけないです。私のところにもたくさんの人たちの体験のデータがありますから、それを蓄積してデータを作って、3年後の改正に備えたいです。まだまだ法律の課題は多いですが、私は基本的に楽天主義者なので、まあ25年前と比べたら状況はよくなりましたよ。あの頃はＤＶ防止法（配偶者暴力防止法）も犯罪被害者基本法もなく、ＤＶという言葉すらなかったのですから。

修了生へのメッセージ

森田――児童虐待に関しても同じですね。１９９０年までは虐待の統計もなかったですから。最後に、ＭＹ ＴＲＥＥプログラムの修了生へのメッセージをいただきたいです。たくさんの傷つけられた体験、そして生活上の多重な問題を抱えながら、それをプログラムの中で乗り越えて子どもとの関わりを大きく変えていった方たちです。被害者のトラウマ治療を25年間にわたってリードしてこられた小西さんからの言葉は大きな励ましになると思います。

小西――誰でも誰かに支えられて生きています。回復は、絵に描いた餅ではなく、完璧でなくてはいけないものでもなく、その人なりに一歩ずつゆっくり進んでいけばいいんです。孤立が一番危険だと感じています。ＭＹ ＴＲＥＥに参加なさったことはとても勇気のいることだったと思います。でも大きな一歩ですよね。この後も、少しずつ人の力を借りて、人に力を分けてもらってください。ちょっとだけでいいから自分にとっていいこと、楽しいことをしましょうよ。

森田――今日は、ご多忙な中、お時間をいただきありがとうございました。

第2章

MY TREEペアレンツ・プログラムのあらまし

その言葉に惹かれて――親たちへの案内

「子育てにしんどさを感じている」「気がつけば子どもを叩いている」「子どもを無視してしまう」「このままではどうなってしまうのかとても不安」そんなあなたを大切にするプログラムです。少人数での語り合いを中心とした、支え合いのグループです。参加者の秘密は厳守されます。安心してご参加ください。お待ちしています。

参加の案内チラシはこのような文で始まります。

この文言にひかれて参加する親は大変多いです。一般公募で参加者を募る場合、連絡してくる方たちは、「これはまさに私です」「私が今必要としていることにぴったり」などと言われます。17年間同じ文言のチラシを使ってきました。

ＭＹ ＴＲＥＥプログラムは

13回のグループセッション（毎週1回2時間）

＋

3回の個人セッション（1人50〜60分）　開始前面接、中間面接、修了時面接

＋

3ヶ月後と6ヶ月後の同窓会（リユニオン）グループセッション（各2時間）

から成り立っています。

時間	構成内容	保育
60分	学びのワーク	子どもの泣き声が会場に届かないほどの距離のある場でする
10分	休憩	
50〜60分	自分をトーク	
30分	フォロータイム（1人15分程度、必要な人のみ）	
	緊急電話相談	

図2-1　プログラムの１回の構成。受講中は子どもを保育する体制を整備する。

セッション・プラン——いのちの力をとりもどす

セッション・プラン13回の前半は、主に自分の内面を掘り下げ見つめる作業とそのためのツールを手渡します。後半は主として、自分の外とのコミュニケーション力をつける練習や、自分と家族を社会の中で意識化する知識や気づきをもたらします。13回のグループセッションとフォロータイム、3回の個人セッションとリユニオンが総合的に影響しあって、「セルフケアと問題解決」の力を取り戻す目的に向かいます。その全体構造は、第4章の「ビルディング・ブロックス——構造的心理教育とナラティブ・トーク」（153ページ）を読んでください。

〈電話でのスクリーニングまたは、担当ケースワーカーからの参加候補者紹介説明〉

〈開始前　個人面接〉

1回目　安心な出会いの場：瞑想ワーク、約束事、目的の共有

2回目　安心な出会いの場：瞑想ワーク、約束事、私の木、Ｉメッセージ、気持ちについて、木の絵

3回目　瞑想ワーク、約束事、私のエンパワメント

4回目　瞑想ワーク、約束事、「怒りの仮面」

5回目　瞑想ワーク、約束事、「死の危険」

6回目　瞑想ワーク、約束事、しつけって何?、しつけの3つの形、体罰の6つの問題性

〈中間　個人面接　8つのストレス要因〉
7回目　瞑想ワーク、約束事、心のエネルギー量
　コミュニケーション・スキル1：気持ちを聴く、対立の仲介（ピーストーク）
8回目　瞑想ワーク、約束事
　コミュニケーション・スキル2：気持ちを語る、キャッチボール
9回目　瞑想ワーク、約束事、自己肯定感、否定的ひとり言の対処
10回目　瞑想ワーク、約束事、自分をほめるセルフケア、子どもをほめる5つのコツ
11回目　瞑想ワーク、約束事、母親らしさ・父親らしさ・自分らしさ、3歳児神話、愛着の再形成
12回目　瞑想ワーク、約束事、ちかいの言葉、虐待の世代連鎖はほんとう?、体罰に代わる10のしつけの方法
13回目　瞑想ワーク、約束事、木の絵、セレブレーションのセレモニー
〈修了時　個人面接　8つのストレス要因〉
3ヶ月・6ヶ月後　リユニオン（同窓会）

MY TREEプログラムでは全セッションを通して自然に注意を払うことが基調音として流れています。大自然は私たちに多大な安らぎを与えてくれます。海や山へ出かけなければ自然に出会えないわけではありません。大都会のビルの間にも小さな自然は息吹いています。コンクリート道路の隙間から茎を伸ばし花を咲かせているたんぽぽの姿にも人は安らぎを得、生命力を感じます。

私自身の記憶を辿っても、ほんの些細な自然との関わりが予想以上に心のバランスを取るのに役立ってきました。か

ってこんな文章を書いたことがあります。

> 小学生のころ、家の庭にある大きなビワの木に登って一時間でも二時間でも座っていることがよくありました。気に入りの枝があって、そこに座ると、とたんに心がいっぱいに開いていく解放感に満たされるのでした。流れる雲と、空と、木と、風と、鳥と、蟻と、話したり、笑ったり、ただみつめあったりしていたそのころの私は、自分の内なる〝自然〟を思う存分あふれさせていたのでしょう。
>
> 心を癒すことは、誰もの内にあるこの混沌とした豊かな〝自然〟にいのちを吹き込んでいくことだと思うのです。何者かに成ろうと懸命に励んで知識や技術という服を幾重にも着こんでいくのではなく、逆に着ぶくれしている服を一枚一枚脱いでいき、自分の生命力の源に触れることです。
>
> 『沈黙をやぶって』あとがき、森田ゆり編著、築地書館、1992年

わたしたちは誰でもが内なる広大な自然を持っています。無意識という自然です。回復のプロセスとは、自分の内なる自然＝無意識を受容し、ケアし、そこに息づく生命力と呼吸をあわせることです。自分の内なる自然の生命力が充分に感じられないときは、本物の外なる自然に身を置き、素足で地面をしっかり踏みしめて大地の命を吸い上げることです。木の葉に跳ね返る光の空気を胸一杯に吸い込むことです。

プログラムの構成――瞑想ワーク・学び・語り

10人前後の参加者＋3〜4人の実践者（2人のファシリテーターと1〜2人の記録者）。本書で、実践者とはファシリテーターと記録者を意味します。記録者もグループと個人の動向を客観的に見ていた人として、毎回の実践者

間の振り返りや、スーパーバイザーとの会合で積極的な役割を果たします。

週1回同じ曜日に実施

事前面接で「マイツリー・ネーム」を決めてきてもらいます。第1回目で、りんご、ひまわり、ロック、フクロウといったそれぞれが決めてきた名前で自己紹介をし、最後までこの名前しか使いません。住んでいる地区名や子どもの保育園や学校の名前も言いません。

〈学びのワーク〉は、丹田《たんでん》腹式呼吸法、単純な気功のボディワーク、瞑想を毎回することで始まります。そのあとは、ロールプレイをしたり、ダイアッド（2人1組）あるいはグループで話し合いをしたり、絵を描いたり、学びを練習したりと、13回毎回異なるさまざまな参加型のワークをします。

休憩後の〈自分をトーク〉では、参加者が今自分の語りたいことを自分の気持ちに正直に語ります。テーマは定めません。等分した時間の中で話します。3回目以降は実践者が一人ひとりの語りを傾聴し、必要に応じて、短く適切なフィードバックのコメントを入れます。

MY TREEプログラムには、誰にとっても安心な場を作るために、5つの約束事があります。「自分の気持ちに正直に話す」ことも、その一つです。約束事は毎回必ず最初に確認し合います。

120分のセッション終了後、必要な人には、個別に話をする「フォロータイム」の時間があります。緊急電話相談先や受講中の無料保育は、プログラムの全体構成の欠かせない部分です。

テキストは『気持ちの本』『しつけと体罰』（ともに森田ゆり、童話館出版、2003年）を使いますが、学びのメインは参加型のアクティビティで、本は補助的な役割です。主催団体に予算的余裕のあるときは団体が購入し参加者に無料で提供しますが、そうでないときは貸し出し、希望者には購入してもらいます。識字が困難な参加者のためにふりがなをふった本を準備しているグループもあります。

目的と対象者——セルフケアと問題解決で虐待的言動を終止する

ＭＹ ＴＲＥＥの特徴の一つはプログラムの**目的**と**対象者**を明確に限定していることです。目的を明確にし、それを参加者と共有することは、グループプログラムを成功させるために不可欠な要素だからです。

目　的——参加者が**セルフケア**と**問題解決**の力をつけることによって子どもへの不適切な関わりを終止する。
対象者——身体的虐待、心理的虐待、ネグレクトに至ってしまった保護者。

休まずに参加できることが前提です。性別は問いませんが、グループは男女別に形成します。参加費、保育費は無料です。

深刻な虐待的言動がある親、すなわち分離、要保護または訪問などによる継続支援が必要な保護者を対象としています。子育て不安を抱えてはいるが子どもへの虐待的言動があるわけではない保護者は対象としていないので、他のプログラムを紹介していただいています。

性的虐待の加害親は対象としていません。性虐待は他の虐待とは大きく異なる社会心理行動の要因を内包するので、性虐待加害親の回復のためには別個のプログラムが必要です。

性虐待被害を受けていた親は参加可能です。実際子どもへの暴言暴力を繰り返してしまう保護者の中には過去の性的虐待被害体験のトラウマを抱える人は少なくありません。また伴侶からの暴力（ＤＶ）被害を経験している人も対象です。今までのＭＹ ＴＲＥＥプログラム参加者の内、約4割の母親が夫・恋人からの暴力を受けていました。重度のアルコール・薬物依存の課題を持つ人は、ＭＹ ＴＲＥＥと並行して依存症治療プログラムへの参加が必要です。

精神科通院や入院中であってもＭＹ ＴＲＥＥに参加することは可能です。かかりつけ医師にＭＹ ＴＲＥＥ参加が適切かどうかを相談するように勧めています。実際、ＭＹ ＴＲＥＥ参加者の3～4割が精神科または心療内科にかかっているか過去にかかっていました。

支援に対して攻撃的、否定的な人は、このプログラムに適さないわけではないのですが、プログラム受講命令制度がない2018年現在の日本の状況では、支援に拒否的な人が回復プログラムに継続的に参加することは極めてまれなことです。

虐待に至った親たちの苦悩を受け止める

マスメディアは「虐待――この深い病理」「虐待という家族病理」といったキャッチフレーズをよく使いますが、ＭＹ ＴＲＥＥでは、虐待言動を病理とは捉えません。一人ひとりの苦しさ、困り感、その文脈（背景、環境など）に着目し、生きること全般に対する困難課題を当人が識別し、問題解決の選択肢を行動に移していくプロセスを支援します。

ＭＹ ＴＲＥＥが対象とする子どもへの虐待言動に至ってしまった親たちは、以下の課題に苦悩しています。

・多重のストレッサーを抱えている：精神疾患、伴侶からの暴力、親族との関係の悪さ、経済困難、健康問題、トラウマ症状、対応困難な子どもの特性、コミュニケーションが困難な自分の特性、等々中間面接のセッションでは、ＭＹ ＴＲＥＥ独自のシート「8つのストレス要因」に色を塗るツールを使って以下のような困難課題を整理し、ＡＣＴ（acceptance and commitment therapy）の脱フュージョンやメイトリックスなどのツールも使い、ストレスに対応する具体策を話し合います。

・孤立感、疎外感：自分を受け入れてくれるところがどこにもない。たった一人で子育てをしている、こんなダメな親は自分だけだと思っている、他者の視線、評価、世間体が過剰に気になる
・しつけに体罰は必要、あるいは時には必要と考えている
・低い自己肯定感と自己効力感、強い自責感情
・未解決な心的外傷がある
・伴侶や恋人から精神的・身体的暴力を受けている
・感情制御が困難で、子どもに怒りを爆発させては自己嫌悪に陥る負のサイクル
・精神疾患：うつ、統合失調症、ＰＴＳＤ、ＢＰＤ（境界性パーソナリティ障がい）、パニック障がい、解離性障がい、摂食障がい、依存症など
・身体症状：腰痛、線維筋痛症（ＦＭ Fibromyalgia）、糖尿病など
・スペシャルニーズの子どもの親としての負担：子どもの特性、またそれに対する周囲の反応に圧倒されている
・パートナーによる子どもへの暴力的な関わりを制止できない
・性別役割のとらわれ：母親らしさ、父親らしさ、3歳児神話
・経済的余裕がなく、生きることに疲れている
・虐待通告、児相の介入、子どもの保護などの出来事にショックを受けている

・通告した人への怒り、児相ワーカーへの不信、子どもを奪われたような気がしている

虐待の世代間連鎖はほんとう？――連鎖の神話に苦しむ親たち

ＭＹ ＴＲＥＥプログラムの親たちの中には「虐待の世代間連鎖」を信じ込んでいて不安を募らせて生きてきた人も少なくありません。中にはその不安が「８つのストレス要因の一つ」になっている人もいます。自分は虐待をされて育ったから、子どもに虐待するのは当然の帰結、そして自分の子どももまた虐待を繰り返す。もうどうすることもできないと諦めのため息をつきます。

この「虐待の世代間連鎖」説は、日本では専門家の間ですら広く信じられていますが、米国ではかなり早い時期から疑問が投げかけられていました。マスメディアが読者の関心を呼ぶキャッチフレーズとして使うことはあっても、80年代に筆者が米国で受けた専門職トレーニングと現場での共通認識では、「あまりに大雑把で不正確な言い方」とされていました。

虐待に至った親の生い立ちを聞くと子ども時代の被虐待体験がある人の割合が高いことは、臨床現場の調査報告、児童保護局や警察など介入機関の統計、刑務所に入所している人の調査報告などから、米国でも明らかにされています。ＭＹ ＴＲＥＥプログラムに参加している親たちもしかりです。しかしその逆は事実とは言えません。

このことに関する調査研究として米国でよく引用されていたのはカフマンとジグラーが過去の多くの調査をレビュー検討した結果をまとめた１９８７年のメタアナリシス研究です。それによると被虐待児のうち大人になって子どもを虐待する人は33％、しない人は67％。しない人の方がずっと多いのです。また別の研究は、過去40件以上の虐待のサイクルに関する調査研究を検討して、65～75％の被虐待児は子どもを虐待する大人にはならないことを報告しています。(Honita Zimrin, A Profile of Survival, 1986)。

もし虐待を受けた子どもの7割もが大人になって子どもを虐待していたら、子ども虐待の発生件数は膨大な数になって、いたるところ被虐待児だらけになってしまいます。

MY TREEプログラムの親たちのみならず私が今まで相談を受けた日本の虐待のサバイバーの中には、この神話（事実として実証されていないにもかかわらず一般に信じられている事柄）と偏見の流布ゆえに不安や自信喪失によって苦しんでいる人たちが少なくありませんでした。例えば次のようなことを言ったり、手紙をよこす人にしばしば出会います。

「虐待されて育った人は子どもを持つと虐待をしてしまうと言うから、私は結婚しません」

「虐待された体験を持つ私は子どもを持つ資格がないのだろうか」

「虐待体験を持つことをオープンにしている自分は周りから、子どもを虐待するかもしれない人が保育士をしているなんてと非難の眼差しを向けられることがよくあります」

過酷な子ども時代を生き抜いてきた人々を、なぜ根拠のない不正確な知識を安易に口にすることでさらに痛めつけようとするのでしょう。圧倒的多数の被虐待児だった人は自分の子どもに虐待をしないのです。不正確な「虐待の世代間連鎖」を口にする人はいわれのない差別に無自覚に加担してしまっていることを知ってください。

ただ留意したいことは、33％という数は少ない割合ではありません。3％ではなく3割ですから、大きく目に見える数です。児相のケースワーカーさんからも言われました。「そうは言っても、私たちが関わっている虐待する親のほとんどが、虐待されて育っていますよ」と。そうです、MY TREEプログラムでも虐待を受けてきた親は多いです。

ここで考えてほしいことは、33％を多いと見るか、少ないと見るかです。そのことで、この問題に向き合うあなたのスタンスが問われます。虐待を受けて育った人の脆弱性に注目するのか、あるいは彼らのレジリアンス、すなわちストレンス（strength）に注目するのかです。MY TREEプログラムはストレンスに注目します。12回目のセッションでは「虐待は連鎖しない人の方が多い」ことを親たちに伝えます。親たちは驚き、安堵し、希望を持ちます。

ところで、もう少し踏み込んでこの問題を見るなら、子ども時代に虐待を受け、大人になって子どもを虐待しない７割近くの人の中には、子どもは虐待しないものの自分を虐待する人はいます。自殺してしまった人、自殺未遂を繰り返す人、自傷行為を重ねる人、拒食・過食症の人、アルコールや薬物依存の人、無防備な性的関係を繰り返す人、暴力的支配を受けるようなパートナーとの関係を自ら選んでしまう人。いずれも自分をいじめ、自分を虐待している人たちです。それぞれのパーセンテージを示す統計数値に出会ったことはありませんが、かなりの割合になると推測しています。

図２-２は、虐待された体験を持つ人は大人になり、子どもを虐待している、自分を虐待している、子どもも自分も虐待していないの３つの現在に分かれると考えられることを示しています。もちろんその人生の経過は図のように単純に一直線であるわけではなく、子どもを虐待している人で自分も同時に虐待している人もいるし、虐待をしない人でもかつては自分を虐待したことがあったかもしれません。

いずれにせよ、私たち援助者にとって最も関心のあることは、何が図のＡの分岐点になるのかです。

虐待体験がその後の人生にどのような影響を与えるかは、虐待の続いた期間の長さや、加害者との関係や、異なった被害体験の重複度などさまざまな要因が複雑に絡んでいます。でもその複雑さの迷路の中に援助者が入り込んでしまう前に確認しておきたいことは、Ａ点です。

重要な分岐点Ａは、**できるだけ早い時期にその子の苦悩に共感をもって理解を示してくれた誰かがいたかいないか**です。その誰かは、専門的知識をもったカウンセラーや医療関係者である必要はありません。その子の身の回りにいる誰かであればよいのです。実際、虐待を受けた子どもの声にできるだけ早い時期に耳を傾けることができる立場にいるのは心理医療福祉の専門家ではなく、家族の一員、近所の人、教師や保育士といった子どもと日常的に接する立場にいる人たちです。

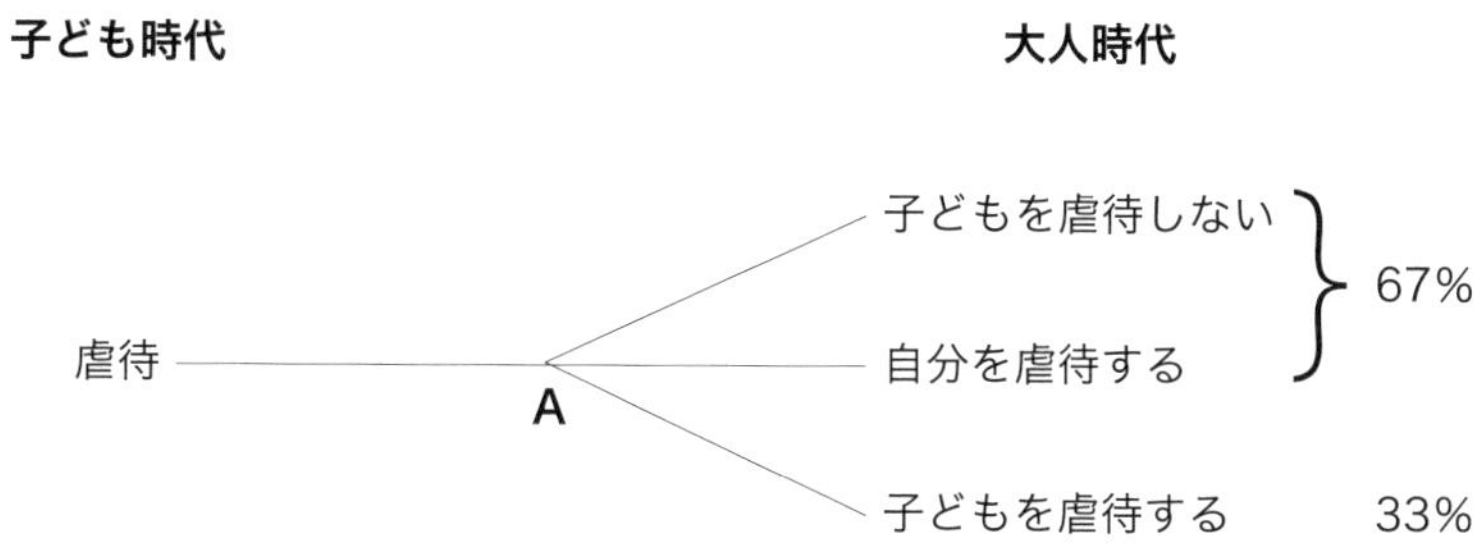

図 2-2　被虐待児で大人になって子どもを虐待する人・しない人の割合
（『子どもと暴力――子どもたちと語るために』森田ゆり、岩波書店、1999 年を改変）

その人たちの役割がいかに重要かを今まで何度思い知らされてきたことでしょう。その人たちに必要なことは虐待のカウンセリングに関するたくさんの知識ではなく、共感をもって聴くという姿勢と、子どもの内にある生命力、回復力への信頼だけです。ささやかな出会いでもいいのです。救出することができなくてもいいのです。人を信じるという人間存在の核心を奪われた子どもが、かすかにでも信頼できそうだと思える第三者との出会いは、その子のその後の人生の方向を決定するほどの力を持つものです。

では、寄り添ってくれる大人に出会えなかった人はどうなのかとＭＹ ＴＲＥＥプログラムの親は聞きます。出会いがないまま、心的外傷（トラウマ）を抱えたまま大人になったらもう回復できないのか、というとそんなことはありません。回復はいつでも可能です。

トラウマとは、過去に強烈な恐怖や長期に続く不安を体験したことで、恐れ、悲しみ、見捨てられ不安、嫌悪感などさまざまな感情が、記憶とともに凍結した状態と考えるとわかりやすいです。ＭＹ ＴＲＥＥプログラムの親の中には子ども時代のトラウマから、自分の子どもを虐待している人もいます。「子どもは何も悪いことしていないのに、素直に甘えてくる子に腹が立つ、いらいらする。そういう私はサイテーの母親。鬼です」と。

子どもが「お母さん、私の絵を見て」と近寄ってきたときに、自分でも意識しないまま「そんなもの何よ」と突き飛ばしてしまう。「私が子どものとき、母に絵を

悲しみ語れる場を

虐待から回復支援 森田さんに聞く

ルポ 虐待 ある事件

　虐待で娘を死なせてしまった夫婦をめぐる連載「ルポ虐待　ある事件」に寄せられた反響には、「私も過去に虐待を受け、今も苦しんでいる」という内容が少なくなかった。つらい過去を抱える人の心を癒やすにはどうすればいいのか。民間研修機関「エンパワメント・センター」（兵庫県西宮市）の主宰者で、米国と日本で虐待防止専門職の養成に25年以上携わり、虐待する親の回復を支援する「MY　TREEペアレンツ・プログラム」を開発、実践している森田ゆりさんに話を聞いた。　（西見誠一）

森田ゆりさん

カリフォルニア大主任研究員などを経て97年から日本在住。「聖なる魂」（朝日新聞社）、「子どもと暴力」（岩波書店）、「新・子どもの虐待—生きる力が侵されるとき」（岩波ブックレット）、「ドメスティック・バイオレンス」（小学館）などの著書がある。

「世代間で連鎖」不正確

　子ども時代に虐待を受けた人は自分の子にも虐待をするという「虐待の世代間連鎖」の考え方が日本では誤って伝えられている。

　国際的な学界レベルで頻繁に引用されるエール大学のカフマンとジグラーの研究（1987年）によると、子ども時代に虐待を受けた人が、大人になって子どもを虐待してしまうのは全体の33%。7割近くが虐待をしない。別の研究でも同様の結果が出ている。そもそも世代間連鎖が事実なら、世の中は虐待の加害者だらけになっていないとおかしい。膨大な「虐待しない人」を見ずに「連鎖」というのは不正確だ。

　私がこの問題にこだわるのは、子ども時代の虐待を生き抜いてきた人々のなかに、「どうせ私は自分の子を虐待してしまうから」と、結婚や出産をあきらめる人が少なくないからだ。不正確な情報が、さらにその人たちを苦しめている理不尽さを見逃すことはできない。

　とはいえ、33%という割合は低いとは言えない。さらに7割近い「虐待しない人」の中には、リストカットや自殺未遂を繰り返したり、アルコールや薬物に依存したりと「自分を虐待する人」もたくさんいる。被害者へのケアの重要性は極めて高い。

寄り添い認めてあげて

　虐待の後遺症から回復する人としない人の違いはどこにあるのか。

　虐待を受けてきた期間や加害者との関係なども影響するが、この問題にかかわる多くの専門家が経験上知っているのは、虐待を受けてからできるだけ早いうちに、寄り添って話を聴いてくれる人が周りにいたかどうかが大きな分かれ目になるということだ。家族、隣人、保育士、教師ら、子どもの周りにいる人々の役割はとても大きい。

　ただし話を聴くときには、批判しない、分析しない、同情しない、安易に同感しないという四つのことが重要。「あなたはそう思っているんだね」と、ただ認めてあげる。「この人だったら話せるかな」と子どもを安心させ、孤立させないことが大切だ。

　では、寄り添ってくれる人と出会えず、心的外傷（トラウマ）を抱えたまま大人になったら回復できないか、というとそうではない。回復は十分に可能だ。

　トラウマとは、過去のある時期に強烈な体験をしたことで、恐怖、驚《きょう》愕《がく》、悲しみ、嫌悪感など様々な感情が、記憶とともに瞬間的に凍結した状態——と考えるとわかりやすい。

　例えば、子どもが「お母さん、絵を描いたから見て」と近寄ってきたときに、自分でも意識しないまま「そんなものなによ」と突き飛ばしてしまう。「私が子どものとき、両親は絵もみてくれなかった」というトラウマがちょっとした刺激で溶け出し、恐れや悲しみが急に襲ってきて混乱している状態だ。だから、凍結した過去の感情を放出し、「あれは過去のこと」と、通常の記憶に合流させる必要がある。それが回復につながる。

　人間として尊重されなかった悲しみや恐れを語り、それを受けとめてくれる人と共に涙する。「私は大切にされて当然の人間だったんだ」と再認識し、「必要のない人間」と思い込んできたそれまでの信念を覆していく作業だ。

　「自分を変えたい」と願う人は、すでに回復への道をずいぶん歩んでいる。あとは、孤立せず、悲しみの記憶を語れる場を求めていくこと。そしてあきらめないことだ。

図 2-3　朝日新聞記事（2007 年 10 月 19 日付）

見てほしくてもいつも無視された」ときの悲しみがちょっとした刺激で溶け出し、恐れや不安が急に襲ってきて混乱している状態です。そんなときは「あなたの内の甘えることを許されなかった子どもがねたんでいるのかもしれないね」と返すこともあります。その上でそのつらかった悲しみの経験を語り、凍結していた感情を放出し、グループの中で共感してもらうことで、「あれは過去のこと」と、通常記憶に合流させることが可能になります。ナラティブセラピーの方法です。

そしてグループの力です。人として尊重されなかった悲しみや恐れを語り、それを受け止めてくれる人とともに涙する。「あのとき私は、『いい絵だね！』って誰かに言ってもらいたかったんだ」「私はもっと大切にされるに値する人間だったんだ」と確認し、「自分は必要のない人間」とそれまで信じてきた思い込みを手放していく作業です。

ＭＹ ＴＲＥＥプログラムに「自分を変えたい」と願ってたどり着いた人たちは、それだけでもすでに回復への道を何歩も歩み始めています。あとは自分に正直に語ることで、気づかなかった自分を発見し、変わりたい自分を実現していくだけです。

第3章

MY TREEのフレームワークという思想

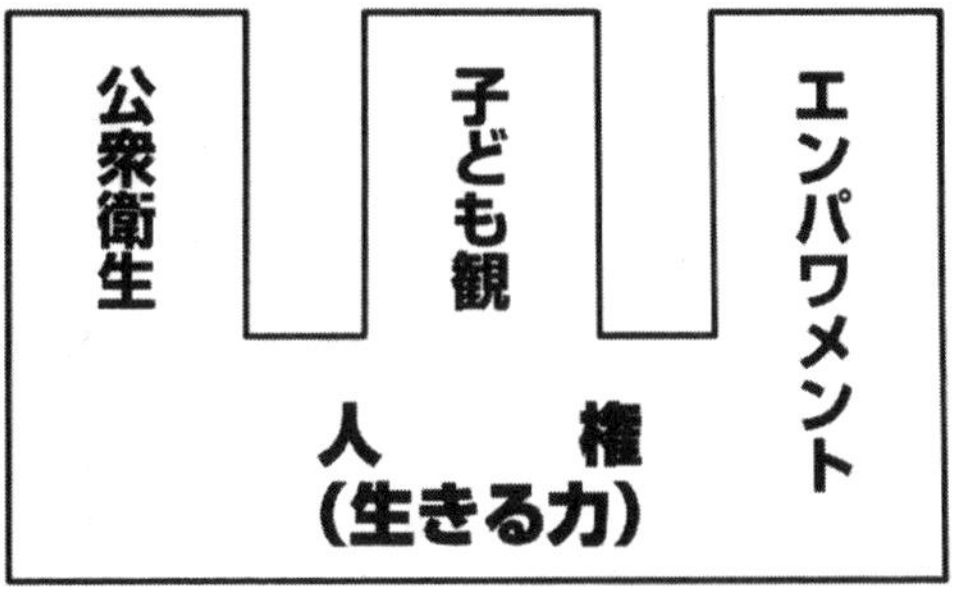

図 3-1　子どもの虐待対応のフレームワーク
（『新・子どもの虐待』森田ゆり、岩波書店、2004 年より）

子どもの虐待に関する断片的な知識をたくさん持っていても、虐待の事例をたくさん知っていていても、この問題に対応するためのフレームワークをしっかりと持ち、その枠組みの中に知識や経験や感情を有機的に収めていなければ、知識や経験はばらばらに散在しているだけで、必要なときに適切に使うことができません。フレームワークのない援助者は、何か大きな事件が起きるたびにその特殊性や社会の反応によって事柄への見立てや理解がぶれてしまいます。

この問題に取り組むとき、子ども虐待は「公衆衛生の最重要問題である」というアプローチ、子ども虐待は「子ども観を持って対応する問題である」「子ども虐待の当事者を援助する方法はエンパワメントである」という３つの柱が重要です（図３－１）。その３つの柱すべての土台は「人権」尊重という子どもの生きる力を信頼することです。（『新・子どもの虐待――生きる力が侵されるるとき』森田ゆり、岩波書店、２００４年より要約引用）

ＭＹ ＴＲＥＥプログラムは、このフレームワークにそって構成されています。

「虐待」とは力の濫用という意味

虐待という語を国語辞典で引くと「むごい扱い」とあります。辞書を引くまでもなく、子どもの虐待という語は多くの日本人にとって残虐な行為を連想させる言葉です。しかし「虐待」と日本語訳されたアビューズという英語は、本来はそのようなイメージを持つ言葉ではありません。

アビューズ（abuse）には「誤用、濫用」という意味があります。日常の英会話の中でも立場・職権の濫用（abuse of the position）、地球への虐待（abuse of the Earth）、などといずれも力・権力を持つ者が、その力を誤用したために起きる事柄に関して使われています。だから血だらけで残虐なむごい扱いでなくても、子どもに対して大人がその力を濫用した対応のことが本来の child abuse の意味です。残虐な扱いを連想させる「虐待」という訳語が日本で定着してしまったことは、とても残念なことです。（『子どもの虐待——その権利が侵されるとき』森田ゆり、岩波書店、１９９５年より要約引用）

子どもは力を持たされていません。子どもが自分の意思で何かを決定できることはまれです。子どもの人としての尊厳が、親や教師やその他の大人の都合で無視され、踏みにじられることは日常茶飯事です。このように大人と子どもの圧倒的な力関係の不均衡が容認されている社会では、子どもの虐待は、たとえ目に見えず、耳に聞こえてこなくてもかなりの数で起こっています。力を有するものが、力を持たされていない者に力を誤用することが大手を振ってまかり通っている社会には、それは必ず起きています。

子どもの人権が認められるようになったのは最近のことです。子どもは親や家族や国家の従属物ではなく、一個の人格であるとの見方が広まるのと並行して子どもの虐待問題も表面化し始めました。日本で子どもの虐待が社会問題として取り沙汰されるようになったのは１９９０年前後からです。一方、１９８９年に国連総会で採択された子どもの権利条約が日本で批准されたのは１９９４年でした。子どもの人権を尊重するという大人社会の子ども観の変化が子どもの虐待という闇に光を当てたのです。

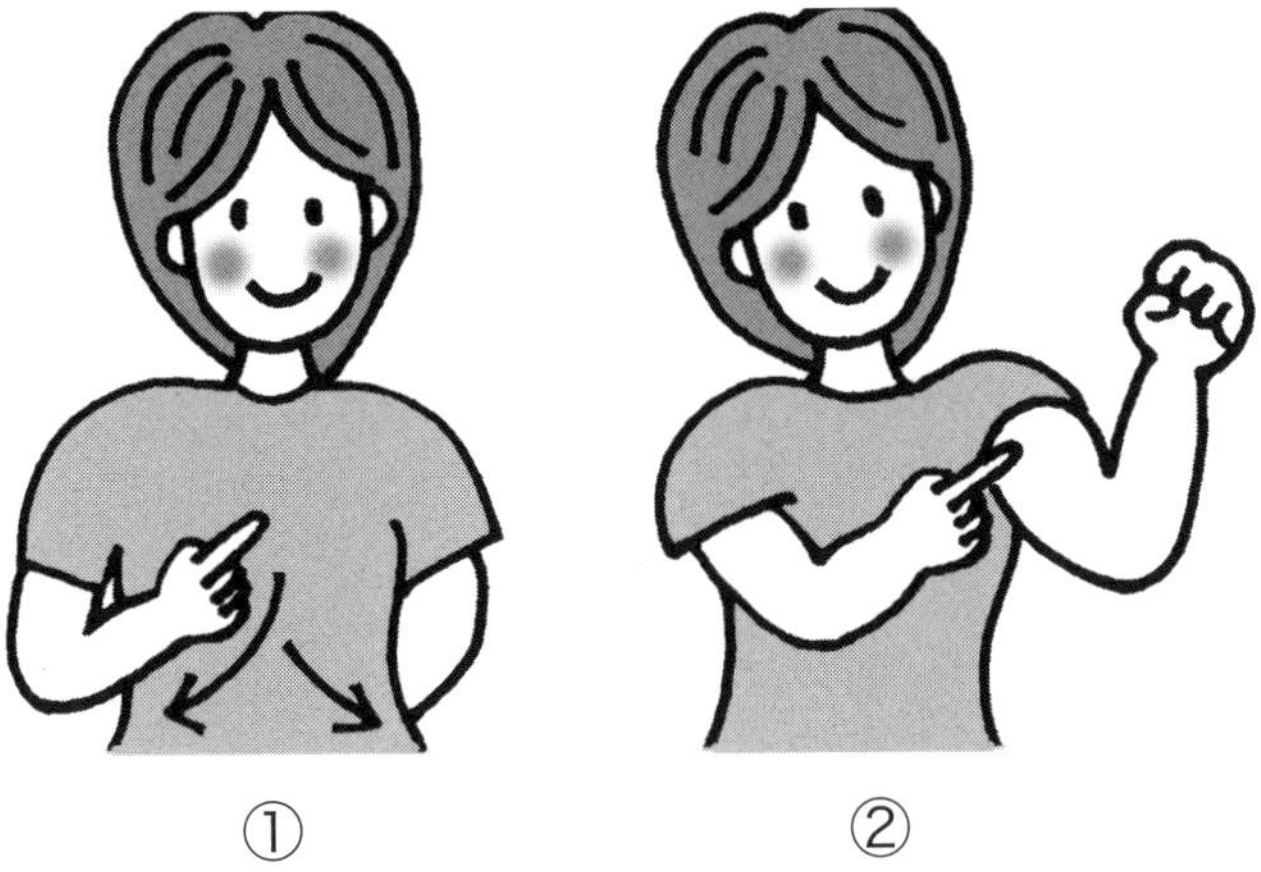

図 3-2　人権を手話で。「①人」の「②力」と表現する。

「人権＝生きる力」がプログラムの土台

子どもの人権尊重がこのプログラムの土台です。

日本では「人権」というと何やら固い言葉、法律や条約に関係する用語との印象が強くあるのですが、その一方、日本語の手話では人権を上の図のように「人の力」と表現します。なんと明快な理解でしょう。そう、まさに人権とは人の生きる力、生まれながらにして持っていて、決して奪われてはならない人の力です。それが奪われると人は心身を病み健康に幸せに生きることができなくなります。

２００９年に文部科学省は学習指導要領を改定して「生きる力とは知、徳、体のバランスのとれた力のこと」「この3つをバランスよく育てる教育」をうたいました。ずいぶん難しい目標です。「知、徳、体のバランスのとれた」スーパー優等生は何人育つのでしょうか。生きる力の教育とはそんな実現困難なことではなく、もっとずっとシンプルなことです。

生きる力とは子どもが「自分は大切な人」と思えることです。なぜなら自分を大切に思えなくなったとき、人は生きる希望を失うからです。「自分は自分のままで充分尊い」と思えるとき、人は困難をも乗り越えて生きていく力を発揮するからです。生きる力は外から大人が身につけさせるものではなく、子どもの内にすでにあるものです。周りの大人たちから一つの個性として尊重され大切に扱われることで輝きを増す、生まれながら持っている力です。それを別名「人権」と呼びます。

子どもの人権の話をすると決まって、「それはわかるが、権利ばかりを主張するわがままな人間になっては困るのでまずは義務を教えないといけない」と言う方が出てきます。

この考え方は日本の人に特に多いのが私の経験ですが、まずは人権と権利の混同があることに気づいてもらわないといつまで話し合っても実りはありません。

人権と権利は似た言葉ですが、別の概念です。人権と権利は3つの点で異なっています。①人権は赤ちゃんからお年寄りまで、すべての人が生まれながらに持っているもの。権利はすべての人が持っているわけではありません。例えば、自動車を運転する権利は人権ではなく権利ですが、赤ちゃんや子どもは持てません。②人権は、それがないと健康に生きるのが困難になるもの。暴力や戦争や放射能汚染の恐怖のない環境で育つことは人権です。その人権が奪われると殺されたり心身を病んだりします。しかし権利はそれがなくても生きられます。自動車を運転する権利がなくてもたいていの人は健康に生きられます。③権利と義務は一つのコインの裏表です。権利はそれを得た途端に義務が発生します。自動車を運転する権利を持つ人は、安全運転をするという義務を果たさなければ権利は取り上げられます。しかし人権には義務がありません。赤ちゃんは人権を持っていますが、義務はありません。もし義務のようなものがあるとしたら、他の人の人権を侵害しないということだけです。人権とはこのように権利の中でも特別なものです。

すべての子どもは、安全、そして安心な環境で育つ人権を有しており、一人格として尊重に基づき扱われ、体罰や虐待、そのほかのどのような屈辱的な扱いも受けてはならないのです。この理念の実現のため、虐待に至った親が子どもとの尊重に基づいた健康な関わりを持つための土台は、まず親が自分自身の人権尊重、自分という存在の唯一無二のかけがえのない大切さを心から深く感じることから始まります。

この人権という「生きる力」の土台の上に立つＭＹ ＴＲＥＥプログラムの３本の柱は、公衆衛生のアプローチ、子ども観、エンパワメントとレジリアンスの具体的な支援のノウハウです。

公衆衛生の視点

ＷＨＯ（世界保健機構）がプライマリー・ヘルスケア（ＰＨＣ）を提唱し、「世界のすべての人々に健康を」実現するビジョンを掲げてからすでに久しい。すべての政策を健康の視点から見直そうとする「ヘルスプロモーション憲章」（１９８６年オタワ憲章）の採択では、健康の推進のためには“Supportive Environment”の推進が不可欠なこと、すなわち健康と環境整備の不可分な関係を明確にしました。

「すべての人々に健康を」は今日の公衆衛生学の中心理念です。日本でも地方自治体レベルでも、住民参画によるさまざまなヘルスプロモーションの実践が進められてきました。それは例えば心肺蘇生の講習会の敷衍《ふえん》であり、学校を場にしたＡＩＤＳ予防教育であり、禁煙マラソンの実施であり、暴力防止教育であり、セルフヘルププログラムの敷衍化であり、医療モデルの均てん化でありと、無数のクリエイティブな試みがなされています。

〇児童虐待が公衆衛生の重要課題である理由

疾病対策や健康管理は、公衆衛生の最もよく知られた分野ですが、子どもの虐待およびＤＶ問題もまた公衆衛生の最重要課題です。それは次の２つの理由によります。

ａ）虐待がもたらす健康医療上の深刻な被害において、まずそれは公衆衛生の問題です。Ｏ－１５７や鳥インフルエンザなどの疫病が公衆衛生の課題なのはそれが死に至る深刻な被害をもたらすからです。

厚生労働省の統計によると、２０１５年４月１日から２０１６年３月31日までの子ども虐待死事例（心中を含む）は

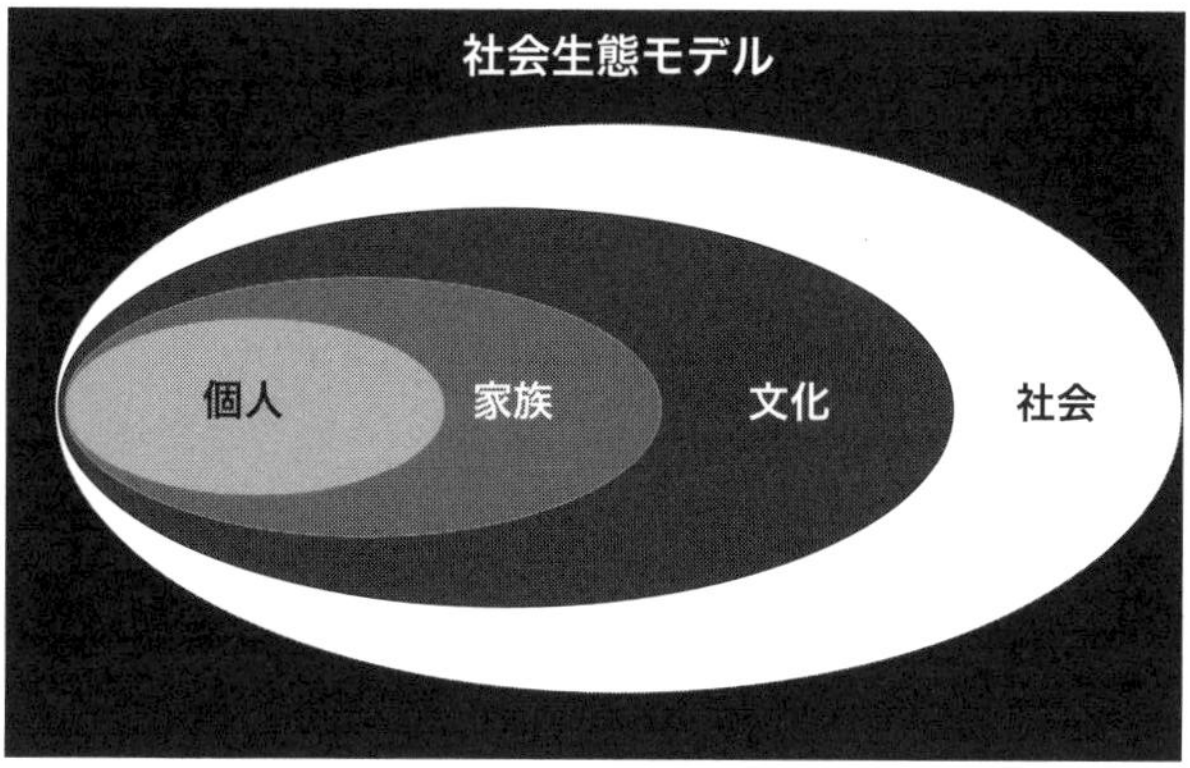

図 3-3　社会生態モデル

72例で84人の児童が虐待死しています。2014年度は64例71人、2013年度は63例69人となっています。つまり日本では約4日に1人の割合で子どもが虐待でいのちを落としていることになります（ただし、日本小児科学会は2011年に虐待で死亡した可能性のある15歳未満の子どもが全国で推計約350人となり、厚労省の2011年度の集計数値の3〜5倍になることを報告。2016年4月5日付、毎日新聞）。

もし何らかの疫病の蔓延で4日に1人の割合で子どもが死亡しているとしたら、社会はどう対応しているでしょうか。もし、O-157で年間80人の死亡が確認されたとしたらどうでしょう。おそらく国の深刻な非常事態として、厚生労働省や地方自治体の保健所は予算の投入を含めてあらゆる手段を投じて、その予防と被害者への援助に取り組むに違いありません。

b）虐待が公衆への予防教育の徹底によって、その発生件数を減らすことができる点においても、公衆衛生の課題です。O-157など疫病の最も効果的な対応法は予防教育です。どうしたら感染せずにすむのか、感染したらどうしたらよいのかなどの啓発研修です。虐待も同じです。保護者、保育士、学校教職員、そして子ども自身への効果的な予防教育を徹底することによって、虐待の発生件数を減らすことが可能です。虐待は教育、福祉、保健、医療、司法のすべてが地域ごとに連携することなしに効果的に対応することはできません。

１９９５年から始まった米国疾病管理予防センターによる画期的なＡＣＥ（Adverse Childhood Experience 逆境的児童期体験）研究は、18歳になるまでに体験した虐待、親に精神疾患がある、親の死や離婚、親が服役中などの逆境的養育環境が、その後の人生にどう影響するかを調べた大掛かりな疫学調査で、21世紀の世界の児童虐待対応分野に大きな話題を投げかけました。

児童期の逆境的体験が深刻な人ほど、男女ともに、喫煙率が上がり、米国での10大死因の一つである慢性閉塞性肺疾患、心臓病や糖尿病の罹患率が上がり、うつ病と自殺未遂の経験も上昇、職業生活でも問題を抱えやすくなるという統計的事実はその調査結果の一例です。

この研究には、カリフォルニア州サンディエゴ郡を拠点とする、医療保険会社カイザー・パーマネント・メディカル・ケアの会員１万７３３７人（男女比46対54、平均年齢56歳）が参加しました。白人が75％、大卒者が39％の中産階級が調査対象。調査時期は95年から97年で、同時期に米国政府が行った疫学調査を比較対象にしています。

ＡＣＥ研究の概要は以下に公開されています。http://www.cdc.gov/ace/index.htm

この研究についてトラウマ治療研究の世界的第一人者であるベッセル・ヴァン・デア・コーク博士は次のように述べています。

ＡＣＥ研究のデータが自分のコンピューター画面に現れ始めると、その研究者たちがアメリカで最も深刻で最も費用のかかる公衆保健問題に行き当たったことに気づいた。その問題とは、児童虐待だ。彼の計算では、児童虐待の問題の対応にかかる費用の合計は、癌にかかる費用も、心臓疾患にかかる費用も上回るし、アメリカの児童虐待を根絶すれば、うつ病の割合を半分以上、アルコール依存症を３分の２、自殺や静脈注射薬の使用、家庭内暴力を４分の３、減らせるという。また、児童虐待をなくせば、職場での勤務成績にも劇的な効果をもたらし、投獄の必要性が大幅に減少するだろう。

『身体はトラウマを記録する――脳・心・体のつながりと回復のための手法』
ベッセル・ヴァン・デア・コーク、柴田裕之訳、紀伊國屋書店、２０１６年

ＡＣＥ研究の逆境的児童期体験は、虐待だけではなく、親の死や離婚、収監なども含むのですが、子ども虐待への公衆衛生アプローチの大切さを数字をもって改めて社会に明示しました。

公衆衛生のアプローチは、問題を環境、社会との関連の中で理解し解決を求めるという点において、１９９０年代の社会生態モデル、または２０００年以降の第三波行動療法の文脈的フレームワークと重なると筆者は考えています。

子ども観か子ども像か――あるがままに子どもを観る

子どもを一個人として尊重されるべき人格と見るのか、親や家族や国家が期待する人間像へと導く、育成の対象と見るのか。このことは子どもへのあらゆる関わり方の基本として極めて重要な点です。この子ども観の違いによって子育て、しつけの仕方も異なってきます。

子どもとは、感じる力、人とつながろうとする力、自己治癒力、問題解決力などたくさんの力を内に持つ存在と見るのか、あるいは大人が指導し教育することで初めて力をつける存在と見るのか、この子ども観の違いによっても、子育ての仕方は大きく異なってきます。

ある私立学校の案内にこう書かれているのを見て驚きました。

私たちがめざす子ども像――豊かな心とたくましい体、元気に挨拶ができ、人のことを考える優しさを持ち、自分のことは自分でできる自立心のある子で、遊びも勉強も意欲的で、みんなと仲良く、はっきりと意見を言える子ども

理想の子ども像としてこんなにもたくさんの期待をかけられたら、子どもはたまらないだろうなと思いませんか。そもそも過大に期待する子ども像を親に持たれた子どもはおおむね不幸になります。子ども像にとらわれると、親は子どもを比較してしまうからです。「○○ちゃんはあんなにはっきり元気に挨拶できるのに」「どうしてあんただけ協調性がないの」「○○君のようにたくましければいいのに」。いったん比較し始めると、とどまることを知らず比較し続けることになります。比較は子どもにとって最大の不幸であるだけでなく、親にとっても終わらない苦しみをもたらします。

子ども像にとらわれると、子どもがその像に合わないことが許せなくなってしまい、強引に像に当てはめようとします。子どもを変えようとします。これをコントロールと言います。子どもは別の人間なので親が自分の望むように変えることはできないのです。もし自分の期待通りになっていると見えたら、それは外側だけで、内面のどこかに大きなしわ寄せが起きているはずです。親は子どもを変えようとするよりも、自分を変える方がずっと子育てに効果的です。

もちろん親からまったく期待されない子どもも、寂しいものです。だから理想の「子ども像」を持つのではなく、「子どもに願うこと」を一つだけでいいので親として言葉にしておくとよいでしょう。

子ども像に対して子ども観は、子どもを大人の期待する像に当てはめるのではなく、その子なりの個性、特性、こだわり、ニーズをしっかり観《み》て、注目して、その多様性を受け入れることです。私たちは皆、違うからこそ尊いのですか

ら。

また、子どもは、身体も心も思考も日々変化しています。子どもの変化に興味を持ち、観察しながら、その都度対応していく子育て。子育ての主人公は子ども。これが「子ども観」を持つということです。

「観自在菩薩《かんじざいぼさつ》」。有名な般若心経の最初の言葉です。自在に観る菩薩とは、偏見、先入観などにとらわれず、ただあるがままに観ることのできる菩薩のことです。それができると子育てが新しい発見の驚きの連続となって、俄然おもしろくなります。もちろん子育てがいつでもおもしろくて仕方ないという具合にはいかないでしょう。子どもは可愛いときもあれば、憎らしいときもありますから、子どもの世話をするのが嬉しいときもあるでしょうが、疲れることも多いです。

あるがままを自在に観る目を養っていると、そんな自分の正直な気持ちも受け入れることができて、子育ては確実に楽になります。子育てはこうあらねばならないという「親像」からも解放されて、子どもとの時間を楽しむことができるようになります。

さて、あなたは「観派《かんは》」ですか、それとも「像派《ぞうは》」ですか。

発達障がいではなく脳神経多様性

ここ数年のMY TREEに参加する親の3割から時には5割ぐらいが、子どもにADHD（注意欠陥・多動性障がい）やASD（自閉症スペクトラム障がい）などの「発達障がい」があり、子どもの言動に振り回されて体罰をするようになったと語られます。特に「子どもはこうあるべき」の子ども像にとらわれている親は、子どもの極端な言動とそのエネルギーに対応することに疲れ切ってしまいます。さらに家族、親族、学校の理解がないと、親は一人孤立して追い詰められ生きることそのものがつらくなってきます。

「冷蔵庫の物を全部出してしまう、レストランに行けば止める間もなく、テーブルの上の塩胡椒をいたるところに振りまいてしまうなど、もちろん言葉で言ってやむわけはなく、脅したり、叩いたりしてやめさせようとするしかすべがありませんでした」

「あの子の障がいゆえに、すみません、すみませんと、学校でも、夫の親族にも、レストランでも、電車の中でも、いつも頭を下げ続ける日々でした。だんだん怒りがたまっていきました。そしてちょっとしたことでそれは爆発して、あの子に向けられました」

自閉症スペクトラム障がいは、2013年に出版されたアメリカ精神医学会の『DSM‐5』(『精神疾患の診断・統計マニュアル』第5版)において、これまでアスペルガー症候群、高機能自閉症、早期幼児自閉症、小児自閉症、カナー型自閉症などさまざまな診断カテゴリーで記述されていたものが「自閉スペクトラム症/自閉症スペクトラム障がい」の診断名のもとに統合されました。支援方法も共通であることが多いため、「連続体」を意味する「スペクトラム」という言葉を用いて障がいと障がいの間に明確な境界線を設けない考え方が採用されたのです。

一方、当事者の中から、自閉症スペクトラム障がいという診断に対しても、自閉症は障がいではない、それは脳神経多様性の一つだという主張が出されています。その主張には次のような思いが込められています。

・私たちに〝治療〟はない。必要なのは脳神経の違いへの理解と共感に基づく関わりである。
・欠陥、疾病、異常などの言葉を私たちに対して使うのは不適切だ。私たちの特性はしばしば定型発達の人々にない能力やストレンス（strength）である。

脳神経多様性運動（neurodiversity）の推進者たちは、行動療法が自閉症者たちの苦悩を軽減するよりも、定型発達の人々の都合に合わせるように要求されていると言います。自閉症の子どもは手をひらひらさせることをやめるように訓練させられたり、人の目を見て話すことを指導されたりするのですが、当人たちにとっては、目を合わせることは不安を引き起こすきっかけになるので、誰かの目を見ないようにしようという自然な傾向を抑え込むことは相手が何を話そうとしているか理解することを妨げることにもなりかねないのです。

ＭＹ ＴＲＥＥに参加した親たちの中には、「フツー」の子どもとちょっとだけ違う子を産んだために、周囲の冷たい目にさらされ、孤立した苦しい日々を過ごしてきた人が少なくありません。

「彼が生まれてから、ずっと、息子の病院や療育、親の会など、彼の子育てに頑張ってきました。一生懸命、いいお母さんになろうとしていました。その背景には、『障がいを持った子どもを産んでしまった』子どもへの申し訳なさがありました。ずっと自分を責めていました。ちゃんと産んであげられなかったことを責めていました」

「同年齢のほかの子どもの親たちがうらやましかったです。なぜこの子だけが、なぜ私だけがこんな子を、と障がいを恨みました。自分を責めました」

『自閉症の僕が跳びはねる理由――会話のできない中学生がつづる内なる心』が２０１４年に世界的な大ベストセラーとなって以来、作家として執筆活動を続ける東田直樹さんは、自閉症の人の内的世界を次のような美しい詩的な表現で教えてくれました。

手のひらをひらひらさせるのはなぜですか？

これは、光を気持ち良く目の中に取り込むためです。

僕たちの見ている光は、月の光のようにやわらかく優しいものです。そのままだと、直線的に光が目の中に飛び込んで来るので、あまりに光の粒が見え過ぎて、目が痛くなるのです。

でも、光を見ないわけにはいきません。光は、僕たちの涙を消してくれるからです。

光を見ていると、僕たちはとても幸せなのです。たぶん、降り注ぐ光の分子が大好きなのでしょう。

分子が僕たちを慰めてくれます。それは、理屈では説明できません。

『自閉症の僕が跳びはねる理由』東田直樹、エスコアール出版部、２００７年

『気持ちの本』はＭＹ ＴＲＥＥプログラムのテキストの一冊ですが、最初は子どもたちに「どんな気持ちを持ってもいいんだよ」「どんな気持ちも大切なんだよ」と伝えたくて、さらに自分の気持ちを言葉にし、それを表現することを知ってほしくて出版しました。その本の最後に書いた言葉があります。

「いちばん悲しいときは　気持ちがわかってもらえないとき　いちばんうれしいときは　気持ちが通じあえたとき」

この言葉は当時知り合った自閉症の青年の口から出た言葉で、それを聞いたとき、私はとても深いところでその青年と出会えたように思えて、涙があふれて仕方がありませんでした。

１９９０年代、カリフォルニア大学で多様性研修の参加型プログラムを開発していた頃出会ったアメリカの動物学者のテンプル・グランディンによって、私は初めて自閉症の人々の独特な視点が定型発達の人にはできない創造をもたらすことを知りました。彼女は、自分の空間認知能力や細部への徹底した集中力は自閉症ゆえに持っているもので、そのおかげで世界的に活用されるようになった非虐待的屠畜場を設計することができたことで知られていました。子ども時

代から人間よりも自然と動物を友達にしてきた経験も影響しているそうです。彼女は、もし自分たちのような脳神経タイプがいなかったら、人類は今もって洞窟生活をしていたかもしれないと言いました。電球を発明したエジソンが発達障がいを持っていたことを念頭においてのコメントでしょうか。他の著名な発達障がいのあった人物として、アインシュタインやスティーブ・ジョブズ、モーツァルトらが名を連ねます。これらの人々が存在しなかったとしたら……と想像するだけで、自閉症的な脳神経が人類の進歩にとって不可欠だったことに納得がいきます。ちなみに彼女の半生をTV映画にした「テンプル・グランディン～自閉症とともに」は2010年エミー賞を受賞。日本語でも視聴可能です。

脳神経多様性推進者たちは、自閉的な特性を異常症状とみなして精神疾患として分類する社会を皮肉って「普通の人たち」を「フッー病症候群」または「定型発達症候群」と命名してその症状を以下のようにリストアップしました。

1 はっきりと本音を言うことが苦手
2 いつも空気を読んで行動することに懸命
3 いつも誰かと一緒でないと不安になる
4 必要なら平気で嘘をつける
5 フツー病の人たちの和を乱す者を許さない

脳神経多様性を主張する人々のこの指摘は耳が痛いです。あらためて、「フツー」は「異常」かもしれないと気づかせられます。あなたが、あなたの仲間が、あなたの職場が、TVのワイドショーが、国会答弁の場がフツー病に陥っていないかどうかを検証することは、多様性受容力を高めることにつながります。

私はMY TREEとは別に、関西圏の児童養護施設、児童心理治療施設、児童自立支援施設などで発達に特性のある子どもたちや虐待のトラウマを抱える子どもたちにヨーガを教えてきました。すでに300人以上の子どもたちを教えてきた中で、彼らとベストにつながるために、自閉症スペクトラム障がいやADHDの診断基準の知識はまったく必要ではありませんでした。必要だったのは、子どもたち一人ひとり、脳神経のありようが多様だという「違い」の受容と、言葉や顔つきの表現の仕方が違っていても、嬉しさや悲しさや悔しさの感性は「共通」なんだとの多様性理解でした。

かつて14歳の東田直樹くんは、アインシュタインやスティーブ・ジョブズやテンプル・グランディンのような高機能発達障がいのある有名な人々が、テクノロジーや文明の発展に貢献したということよりはるかに重要なことを指摘してくれました。自閉症の人は有名人にならなくてもただ自閉症のあるがままで、地球の命の美しさと大切さをフツーの人々に思い出させてくれる人々なのです。

自閉症についてどう思いますか?

僕は自閉症とはきっと、文明の支配を受けずに、自然のまま生まれてきた人たちなのだと思うのです。これは僕の勝手な作り話ですが、人類は多くの命を殺し、地球を自分勝手に破壊してきました。人類自身がそのことに危機を感じ、自閉症の人たちをつくり出したのではないでしょうか。

僕たちは、人が持っている外見上のものは全て持っているのにも関わらず、みんなとは何もかも違います。まるで、太古の昔からタイムスリップしてきたような人間なのです。

僕たちが存在するおかげで、世の中の人たちが、この地球にとっての大切な何かを思い出してくれたら、僕たちは何となく嬉しいのです。

『自閉症の僕が跳びはねる理由』

東田君の透き通るような美しい言葉に感動しながら、同時に東田君に表現手段を与え、サポートし続けてきた彼の母親の存在に意識を向けないではいられません。

ＭＹ ＴＲＥＥ実践者認定必須研修の一つ、「多様性人権啓発ファシリテーター養成講座」では、脳神経多様性について参加型アクティビティをし、意見を交わします。

数年前その研修に参加されたＢさんは、４人の息子が全員、ＡＳＤとＡＤＨＤと診断された多様な特性を持っていて、今はそれぞれ大きくなったけれど、子育てでどんな工夫が必要だったかを話されました。一人のＡＳＤの子の特性を把握するだけでも振り回され感があるのに、４人も、それも一人ひとり特性が大きく違うというダイバーシティ。その母親の苦労にひれ伏したい思いでした。そしてＢさんが言われた次の言葉の知恵の深さに感動し、その後何度も引用させていただきました。

「発達障がいの子を持つ親は、４つの気が必要です。のん気、元気、根気、そしてときどき勇気です」

Ｂさんが言われるから、重みを持って響く言葉でした。するとその研修の参加者で年配の男性Ｃさん。定年退職後に、多様性の勉強を始めた方でした。

「４人も育てたんですか。すごい、気迫ありますね。その４つ、私なんぞは勇気はない、根気はない、元気もない。まあ私にあるとしたらのん気ぐらいですわ」

と苦笑いをしながら言うと、Ｂさんが返しました。

「のん気が一番難しくて大変なんですよ。自分が先に死んだらこの子はどうなる、なんて考え出すといてもたってもいられなくなる。のん気に構えてなんかいられません。だからと言って何をすれば良いかの助言は錯綜していて不安で焦ります。そんな不安を抱え続けていると一歩間違えば一家心中になることもあるんです」

のん気に構えるベストの方法は、その子の将来を考えるのではなく、その子の今を大切にしてあげることです。将来像に当てはめようとするのではなく、その子の今をしっかりと観て、今必要なことを提供することです。像派ではなく観派です。「今ここ」にフォーカスして生きるのは、言うほどやさしくないですが毎日の瞑想（扁桃体トレーニング）を続けることが必ず役に立ちます。

ＭＹ ＴＲＥＥに連なる親たちに、改めて４人の脳神経多様性の子どもの一人ひとりの多様性を大切にするために奮闘した母親Ｂさんの言葉を伝えます。

「親には４つの気が必要です。のん気、元気、根気、そしてときどき勇気です」

エンパワメントは援助の具体的スキル

エンパワメントは、日本では、個人や集団が力をつけて自立するといった意味合いで理解されていることが多いですが、本来は人が生まれながらにして持つ生きる力を発するには、抑圧のない、公平に分かち合う社会が不可欠であるという人権の考え方を基本にしています。60年代ブラジルの教育思想家パウロ・フレイレらが提唱したと、70年代の人権運動の中では言われていましたが、文献では私は確認できていません。ただ、70年代以降のアメリカで、フェミニズム、先住民、障がい者運動の中に身を置いていた者として、その運動の中で実践され広がった概念であることは確かです。それは人権と不可分に結びついた考え方であると同時に、極めて具体的な支援の方法です。

エンパワメントの考え方は、第１回目のセッションの冒頭で「氷山の話」の絵をホワイトボードに描きながら参加者に伝えます。（テキスト本から）

氷山の話

みなさんは、よい親になるために、このプログラムに参加しようとされたのかもしれません。でも、MY TREEペアレンツ・プログラムは、よい親になるためのプログラムではありません。

では、何のためなのでしょう。《ホワイトボードに氷山の絵を描く》

この絵を見てください。

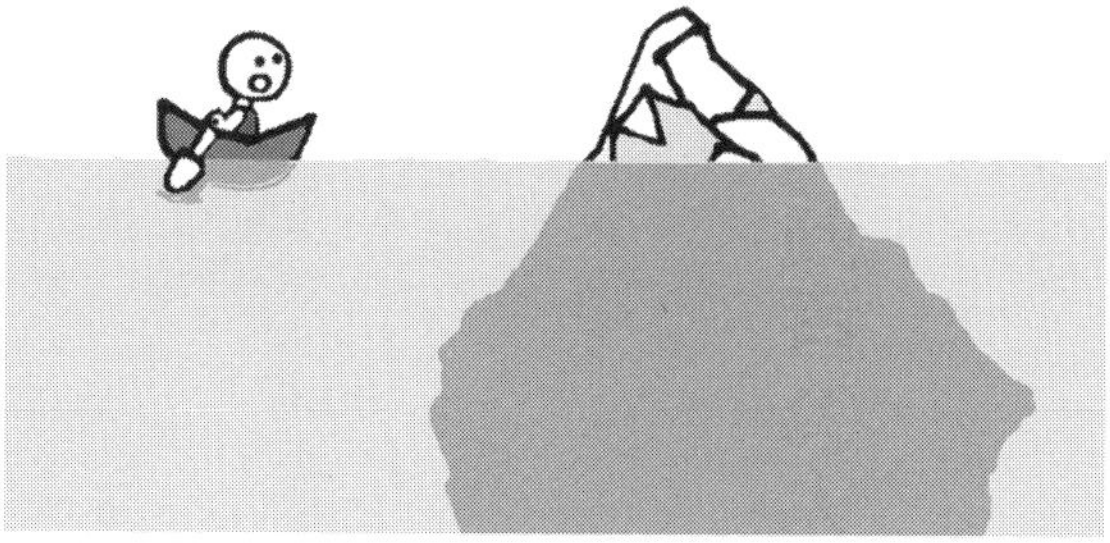

私たち一人ひとりは氷山のような存在です。自分について自分で知っていること、気づいていることは、水面の上に出ているわずかな部分です。水面下には自分でも気づいていない膨大な部分があるのです。わたしもあなたも、自分について知らないことの方がはるかに大きいのです。あなたはあなたが知っているよりはるかに深く力のある存在です。その豊かさに気づいていきましょう。

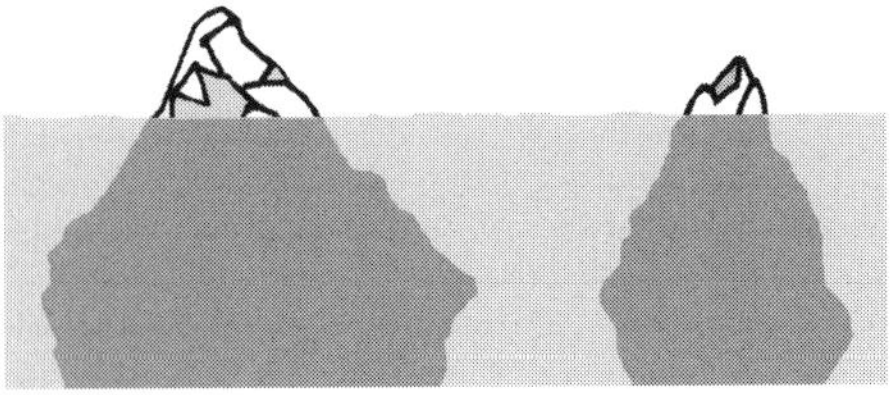

ここにも氷山があります。《小さな氷山を描く》

これはあなたの子どもです。あなたは自分の子どものことは誰よりもわかっていると思うかもしれません。でもそれは水面上のわずかな部分です。子どももまた水面下には深く豊かな力があるのです。今まで気づかなかったあなたの子どもの水面下の豊かさにも気づいていきましょう。

ところで、子どもが言うことを聞かない、何度言ってもわからない、そんなときあなたは腹を立てて子どもに暴言や暴力をふるってしまうことがあるでしょう。それはこの二つの氷山がぶつかったときです。《図をさしながら》この二つは最初にどこでぶつかるのですか？

そう、水面下です。目に見えないところであなたは子どもとぶつかっているのです。

なぜ子どもと衝突してしまうのか、それにも気づいていきましょう。

遺伝子研究の世界的権威、分子生物学者の村上和雄博士は、ヒトの遺伝子はじつはどのヒトも99・5％同じだと言っています。さらに大半のヒトの遺伝子はその97％は眠っているとも言っています。すなわち私たちが自分で気がついている自分（氷山の表面）は自分の3％だけ。97％の自分を私たちは知らないのです。眠っている遺伝子のスイッチをオンにすれば、生まれながらのたくさんの力をもっともっと発揮して生きることができるのだと、村上博士は何十冊もの著書の中で繰り返し力説されます。どうすればそのスイッチをオンにできるのか。エンパワメントという方法は、そこにつながります。

○生きる力のみなもと

エンパワメントとは、人は皆生まれながらにさまざまの素晴らしい力（パワー）を持っているという人間観から出発する考え方です。そのパワーの中には自分を癒す力、ふりかかってきた問題を解決する力、個性という「自分が自分であることの力」も含まれます。

生まれたばかりの赤ちゃんにはどんなパワーが内在しているでしょうか。図3－4を見ながら考えてみてください。どの赤ちゃんにも生き続けようとする生理的力があります。そして人とつながろうとする社会力があります。赤ちゃんは泣くことで生きるニーズを発信し他者とつながろうとしています。それに応えてくれる他者との身体的接触や視線の交換や情動の交流の心地よさを通して自分の存在の尊さを確認していきます。その他に赤ちゃんはその子にしかない個性という力・パワーを持っています。

この赤ちゃんの存在の中心には、目で見ることはできないけれど、大変に重要な力が内在しています。それは人権という生きる力です。赤ちゃんからお年寄りまで、誰でもが持っていて、それがないと安心して健康に生きられないもの、それが人権です。人権とは私たちの生きる力です。人権とは私が私であることを大切に思う心の力です。私を尊重し、他者を尊重する力です。

赤ちゃんは自分の存在の大切さを言葉では認識していません。でも周りの人から受け入れられ、大切にされ、視線を交わし合ったり、身体接触の安心感と心地よさを感じることで自分の存在の尊さを知っていきます。そして潜在的に持っているさまざまの力を豊かにしていくのです。私たちはみな、自分の持つパワーを充分に発揮させて生きる可能体と

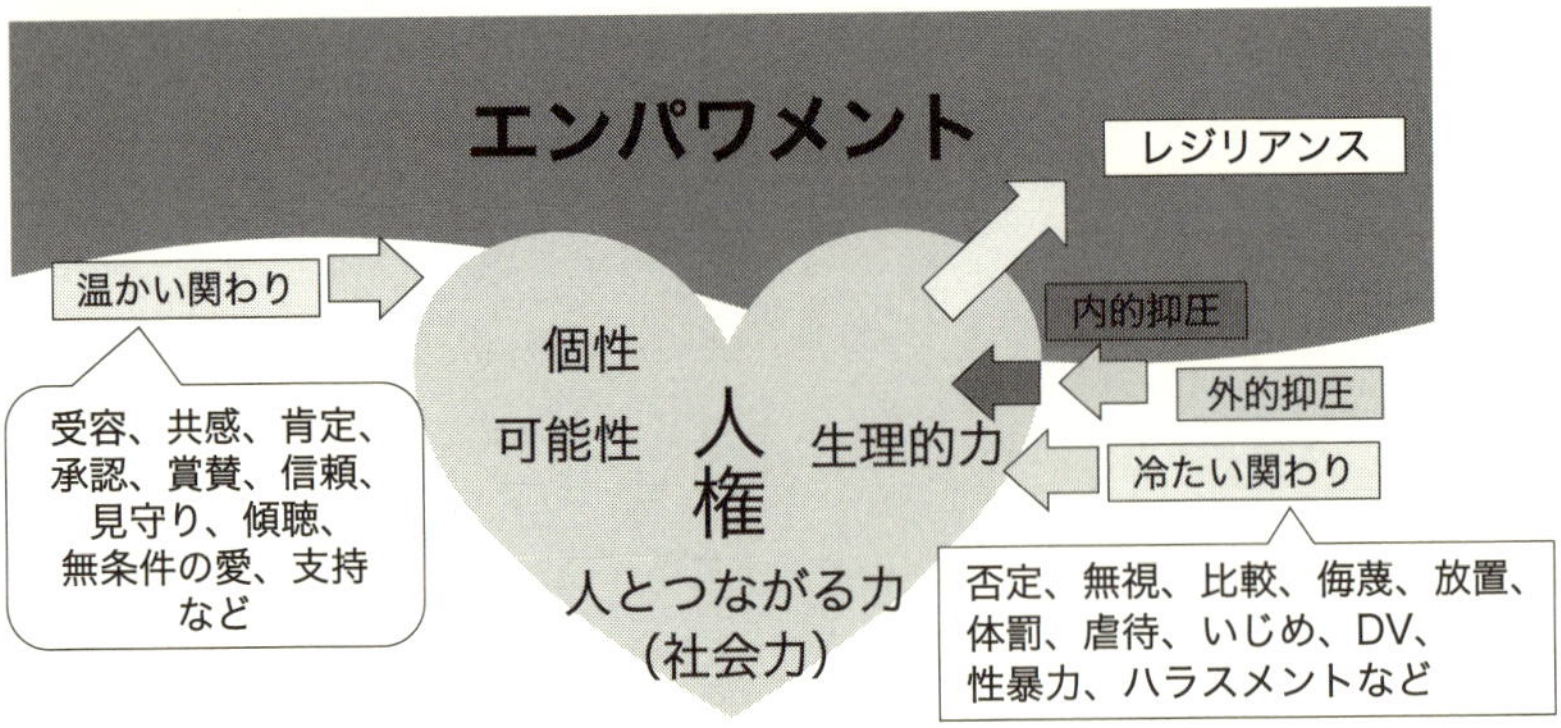

図3-4　エンパワメントと人権とレジリアンス（©森田ゆり）

して生まれてきました。この「私」のもろもろのパワーを育ててくれるのは、「私」を条件抜きで、まるごと受け入れてくれる他者との信頼関係です。とりわけ乳幼児期の保護者との基本的信頼関係、無条件で受け入れられ愛されるという安心の体験とその記憶はその後の人生を通して、その人の生きる力のみなもとになります。

○外的抑圧と内的抑圧

しかし残念なことに、現実はこのような受容の関係ばかりが子どもの周りにあるわけではありません。自分の持つもろもろのパワーを傷つける外からの力に人は次々と出会っていきます。こうした外からの力は必ずしもむき出しの敵意や悪意に満ちた抑圧として子どもに向けられるわけではありません。

外からの抑圧の最も卑近な例は「比較」です。比較は幼少のときだけでなく、学校で、受験競争の中で、職場で……と一生私たちにつきまとい、私たちの本来のパワーをそぎ落としていきます。「無償の愛」ではなく「条件付きの親の愛情」もこのパワーを傷つけます。もろもろの差別や偏見も本来のパワーを奪っていきます。さらに暴力も個人としての境界線を破り侵入してくる力です。虐待、体罰、いじめ、レイプ、両親間の暴力を目にするなどの暴力の最大の残酷さはあざや身体的外傷ではなく、被害者から自分を大切に思う心と自分への自信を奪い、自分の尊さ、自分の素晴らしさを信じられなくしてしまうことにあります。

外的抑圧は比較、いじめ、体罰、虐待とさまざまな形をとりながらも、共通するひとつのメッセージを人に送り続けます。それは「あんたはたいした人間じゃないんだよ」という嘘のメッセージです。人はしばしばその外からのメッセージを信じてしまい、自らを抑圧してしまいます。それを私は内的抑圧と呼んでいます。「そうか。自分はたいした存在ではない、つまらない人間なのか」と。でも、私たちは誰でも皆たいした人間なのです。「私」はただ「私」であるだけで、もう充分にたいした人間です。生きたいという生命力を持ち、人とつながって生きようとする力を持ち、女である、男である、障がいがあるないといった私ならではの個性を持った、かけがえのないたいした人間です。

エンパワメントとはこのような外的抑圧をなくすこと、内的抑圧を減らしていくことで、本来持っているもろもろの力（生理的力や人とつながる力や人権という自分を尊重する力など）を取り戻すことです。外的抑圧をなくすためには法律、システムの改革が必要になります。社会の差別意識や偏見を変える啓発活動も不可欠です。内的抑圧をなくすためには、社会から受けた不要なメッセージを一つひとつ取り除いていき、「私」の存在の大切さを感じていくことです。エンパワメントとは、誰でもが持っている生命力や個性を再び生き生きと息吹かせることです。（『新・子どもの虐待』より要約引用）

レジリアンス――受けてきた抑圧が大きいほど跳ね返す力は強い

外的抑圧のまったくない環境など有り得ないし、人間関係に葛藤や対立はつきものですから、子どもも大人もさまざまなストレッサーに出会っていくのが現実です。こうした外からやってくる抑圧は時には人の内に深く侵入し、内的抑圧となって自己肯定感を低め、健康に生きるさまざまな力に傷をつけてしまうこともあります。しかし、いつもそうなるわけではありません。なぜなら人は外的抑圧を跳ね返してしまう力も持っているからです。さらに抑圧がいったん内に侵入し、心を傷つけられたとしても、その傷を自分で癒してしまう自己治癒力も人は持っています。

このような力のことを英語ではレジリアンス（弾力性・復元性）と呼びます。先の図でいえば、内的抑圧の矢印・力の方向を逆にした力です。私たち誰もがレジリアンスを持っています。

レジリアンスは本来は、「弾力性」「復元力」という物理用語で、押す力が強ければその分、跳ね返す力も強いという物理学の定式を持つ意味です。この言葉が、米国の人文分野で使われた文献に最初に私が出会ったのは、１９９５年Bonnie Beard 著「Fostering Resilience in Children」（ボニー・ベアード著「子どものレジリアンスをはぐくむ」）ＥＲＩＣでした。当時私は、カリフォルニア大学で大学教職員にダイバーシティ研修をするためのプログラム開発とその実施を担っており、他の大学の研究者や実践者たちとの研究会で、レジリアンスに関する初期の論文を読んでいました。レジリアンス研究の端緒を切ったことで知られる80年代の「カワイ島縦断研究」（Werner EE, Smith RS : Vulnerable but invincible : a longitudinal study of resilient children and youth「脆弱しかし不屈：レジリアントな子どもと若者の長期研究」McGraw-Hill, New York, 1982）を学んだ時は、実に新鮮な感動を覚えました。それは１９５５年に始まった40年間に及ぶ長期研究で、ハワイのカワイ島のパイナップル労働者家族の過酷な生活環境に育つ子どもたちのリスク要因を分析しようと始めた研究目的が、研究実施中に、レジリアンス要因の分析へとシフトせざるを得なくなった稀有なそして驚きの研究です。リスク要因と思った社会環境が実はレジリアンス要因になり得ることを明らかにしたのです。

リソースの無いコミュニティの貧困、人種差別、不十分な保育・教育環境。それらは子どもを抑圧しているが、だからこそ、子どもたちの抑圧を跳ね返す力も大きい。逆境ゆえに彼らが内包する力、これがレジリアンスです。以来、筆者が米国で仕事をした社会教育論やコミュニティー論の分野では、レジリアンスは単に「回復力」や「ストレンスStrength」を意味するのではなく、環境が厳しければ、その分跳ね返す力も大きいという意味で使われていました。

ＭＹ ＴＲＥＥプログラムに参加する親たちはどの人もたくさんの社会的抑圧、すなわち、健康問題、生まれへの差別、ＤＶそのほかの暴力被害体験、貧困などを抱えています。その分彼らは、回復する力も強いわけです。適切な支援があれば、過酷な環境を生きてきた人ほど、回復がめざましいというのが私たちが17年間の実践で立ち会ってきたことです。

この用語が、米国の心理分野で個人の回復力レジリアンスとして使われるようになったのは２０００年に入ってからで、今日では極めて頻繁に使われています。しかし、抑圧が大きい分、跳ね返す力も強いという筆者が米国で使用していた意味合いが理解されていることはまれですので、ＭＹ ＴＲＥＥでは、抑圧が大きい分、跳ね返す力も大きいという本来の意味でレジリアンスという言葉を使っていることを付記しておきます（90年代にカリフォルニア大学の研究者仲間の間では、レジリアンシー resiliency の単語を使っていたので、筆者の90年代の日本語著作『子どもの虐待』『子どもと暴力』などでは「レジリアンシー」を使いました。しかし近年は英文においてもレジリアンス resilience の単語がはるかに多く使われているので、この本の執筆から「レジリアンス」を使っています）。

ストレンス（strength）という英語は、「レジリアンス」が人文分野で使われるようになった90年代に前後して、米国の子どもの虐待分野の研究者や実践家の間では「strength based program」（人の強さに着目するプログラム）と言った文脈で使われ始めました。

児童福祉の分野で「strength based」を70～80年代に最初に主張したのは、マイノリティの人々でした。エンパワメントの用語が人種マイノリティ、女性、障がい者たちの人権運動の中で生まれ普及していったのとそれは歴史を共有しています。

例えば、ニュージーランドの先住マオリ族の教育者であり言語学者のDr. Te Kapunaga Dewes（1930〜2010）はコロデューズ"Koro" Dewesの愛称で呼ばれて尊敬を集め、その一生をマオリの言語と尊厳と権利の回復のために捧げた長老でした。

彼の次の言葉は、ニュージーランドの児童福祉におけるソーシャルワークの基盤を、白人中心の西洋個人主義ベースから、strength baseへと大きく舵を切る原動力となった主張を見事に代弁しています。

「我々マオリは落第者だと言われ続けてきたことにとことん嫌気がさしている。我々の否定的な面、欠点、弱点ばかりに焦点を当てられることに苛立ちを隠しえない」

「わたしの欠点よりもわたしの長所に注目してほしい」

マオリには拡大家族（ワナウンガタンガ、ハワイ先住民はオハナ）のメンバーの中で食事を交えながら長い時間をかけて問題を解決してきた伝統があります。従来の子どもの福祉政策においては、そうした伝統が尊重されることはなく、行政機関や有識者らが、彼らが正しいと思うやり方で、マオリ家族を指導、教化するというやり方が当たり前でした。80年代になってようやく上からの指導中心の福祉政策が見直されるようになったのです。

文化的多様性のみならず、個々の家族の多様性を尊重し、それぞれが持つストレンス（strength）にアクセスしながら援助を提供していくエンパワメントの方法は、strength basedと呼ばれて福祉、教育の援助方法として普及するようになりました。

（ちなみに、日本では学術書においてもstrengthをストレングスと標記することがすでに定着しているように見受けられますが、strengthはストレングスとは発音しないので、その標記を目にするたびに強い違和感を覚えます。Strongの「ng」はストロングとgを発音しますが、名詞になるとngthと子音が続くので「g」はサイレントになります。日本語にない発音なので音声をカタカナ表記にすることに無理があるのは確かです。「ストレン（ク）ス」と喉の奥にク音をかすかに飲み込むように発音しますが、それを「グ」と発音する英語のネイティブスピーカーに出会ったことはありません。「ストレンス」の方がはるかに本来の音声に近いカタカナ標記です。long の名詞 length はレンスで、レングスとは発音しないのと同じです。外国人に寿司をズシと発音されたら、私たちは一瞬理解に戸惑うように、gを「グ」と発音してしまうと通じないこともあるでしょう。

本書ではストレンスの言葉を多く用いたので、「ストレングス」に慣れている読者に意味が伝わらないと困るので、ストレンス〔strength〕と英語を併記しました）

ＭＹ ＴＲＥＥプログラムは「人権」の土台の上に「エンパワメント」「子ども観」「公衆衛生」の3本の柱を立てたフレームワークの思想をもって開発されました（60ページ、図3-1）。

思想とは方法論であり、関わりの具体でなければならないと常日頃考えています。ＭＹ ＴＲＥＥプログラムでは、エンパワメントと人権の思想は極めて具体的な言葉かけ一つひとつに反映されます。

実践者はこのフレームワークを自分のものとするトレーニングを受け、グループでの語りに対して、適切で短いコメントを返し、受容と気づきと変化を促進するValidation（承認・有効化）の技《わざ》を積んでいきます。

第4章

瞑想と学びと語りの方法

シンボルとたとえ話

「優れたリーダーは例外なくたとえ話とシンボルを駆使する」

90年代の初めに、当時アメリカで最も著名な経営コンサルタントの一人だったトム・ピーターズのこの言葉を聞いたとき、とても納得したことを覚えています。確かにたくさんの人を導いた歴史上のリーダーたちはたとえ話とシンボルを多用しました。ゴータマ・シッダールタ（ブッダ）は生き物のたとえで弟子たちに説法し、イエス・キリストの教えを記した新約聖書にはたとえ話が満載です。ブッダの教えは蓮華や車輪のシンボルとともに、キリストの教えは十字架や魚のシンボルとともに後世に伝えられました。

宗教リーダーだけでなく、企業や社会活動のリーダーたちも教師もセラピストも、たとえ話とシンボルを駆使することで、子どもから老人まで、文字の読めない人から大学教授まで、どんな層の人に対しても極めて効果的に教えが届くことを実感することでしょう。ＭＹ ＴＲＥＥプログラムではいくつものたとえ話とシンボルを使います。前章で引用したテキストで、エンパワメント概念の導入として、氷山のたとえ話を使うのを見ていただきました。ほかにも大波乗り、ＭＹ ＴＲＥＥ号の出帆、なめらっこ（後述）、エネルギー量の絵など、どれもたとえ話とシンボルです。

世界の多くの神話や伝統が円・サークルのシンボルを持っています。仏教の伝統には円と四角からなる曼荼羅《まんだら》の豊かな文化があります。日本人に馴染みの深い、円を一筆で描いただけの掛け軸を眺めたとき、私たちは言葉では説明しがたい何か大切なことが表されているように感じます。ネイティブ・アメリカンの伝統的な信仰と生き方は、座り方から住居の形、儀式に至るまですべて円の形をとります。ヨーロッパのグノーシスの伝統の蛇が自分の尾を口に入れて円形をなしているウロボロスというサークルもよく知られています。世界中で最も古くから広く使われてきた楽器はドラムですが、その基本形は円です。

ＭＹ ＴＲＥＥは畳の上に円・サークルに座ることから始めます（図４－１）。

図 4-1　プログラムは畳に円になって座って行う。

丸いいのちのシンボリズムの上に座ってグループは進行します（畳部屋が確保できない場合はイスを円にして行います）。

円と同様に、木は世界中の多くの文化でいのちのシンボルとされてきました。ここでは、木というシンボルを使って、たとえ話で、ＭＹ ＴＲＥＥプログラムの方法を説明しましょう。

方法の全体像――1本の木

プログラムの全体像は1本の木に例えることができます（図4－2）。

◎5つの根

根は理論です。ＭＹ ＴＲＥＥプログラムには5つの根があります。エンパワメント、ホーリスティック、コミュニティー、ジェンダーの視点、多様性（ダイバーシティ）の5つをベースになる考えとしてプログラムは開発されています。

〈エンパワメント〉

人は誰もが本来素晴らしい力を持っています。そこがエンパワメントの出発点です。プログラムに参加するプロセスを通して、参加者の内なる力の回復を促していきます。参加者は、自分の体験と人の語りの接点を見出し、人の痛み

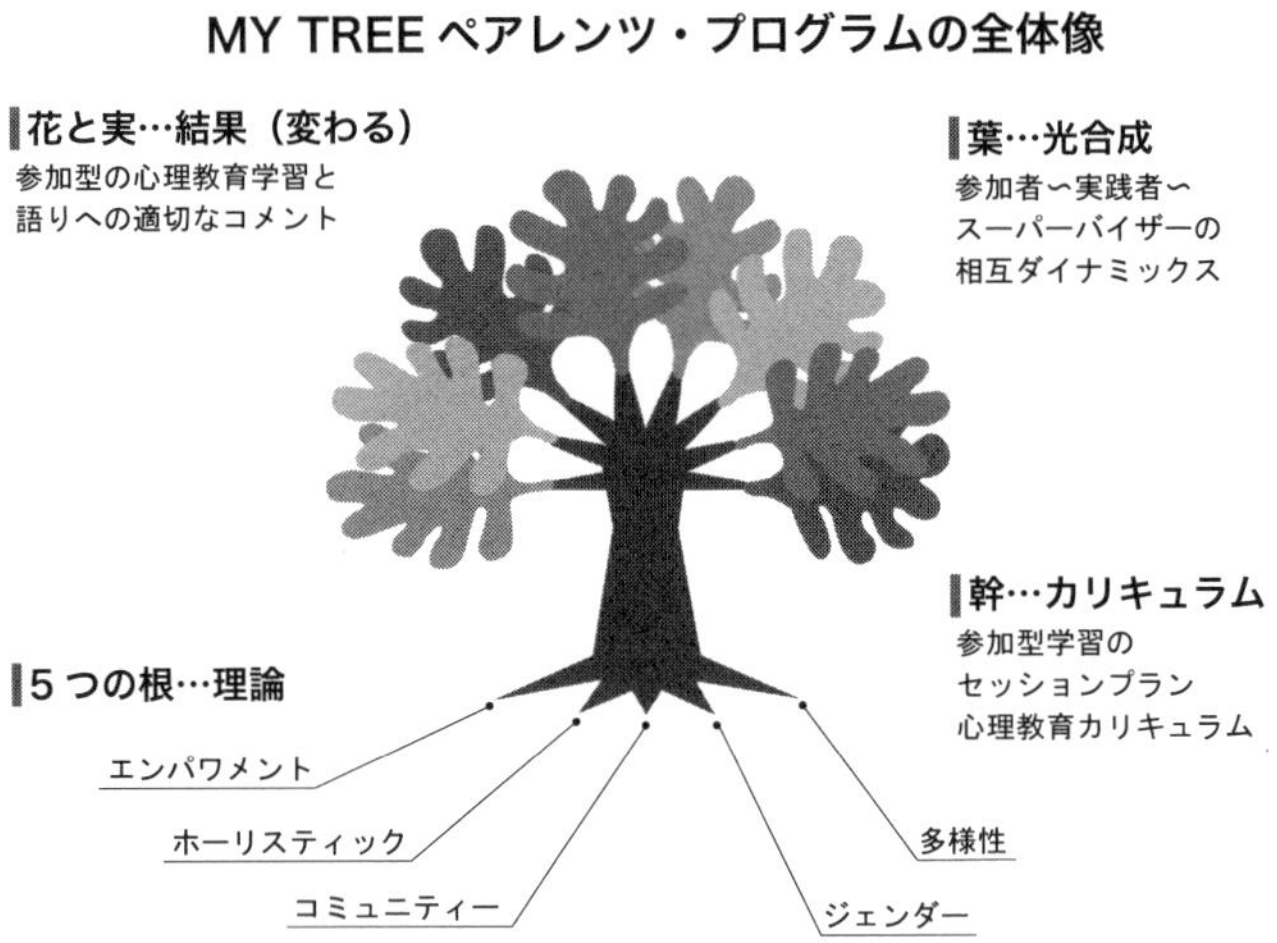

図 4-2　MY TREE ペアレンツ・プログラムの全体像

に共感し、自分の痛みに涙してくれる人と出会うことで、孤立感は連帯感に、無力感は希望へと変わっていきます。

〈ホーリスティック（全体性）〉

人は、身体・感情・思考・魂（生命力）が一つの全体として個人を成しています。MY TREEプログラムでは、子育てのスキルやコツや考え方を教える認知レベルの学び以上に、身体に働きかけるボディワークや瞑想、音、イメージ、たとえ話の多用によって、身体・感情・思考・魂の全体からアプローチしていきます。

また、参加者を母親、父親という役割に分割して捉えるのではなく、母であり、父であり、妻であり、娘であり、労働者でありとのさまざまなアイデンティティを持った全体の人として捉えたカリキュラムを提供しています。

癒しを英語ではヒーリング（healing）という。ヒール（heal）という言葉はヘルス（health）などと同じ語源のhal（古い英語でwhole全体の、無傷の、という意味）にある。heal（癒し）の語源がwhole（全体の）であることは、少なくとも英語では癒しという概念が本来どのような意味を持っていたのかがわかっておもしろい。(中略) 病める現代という言い方がよくされるが、いったいその「病める」とはどんな病なのかといえば、全体性を失ってしまった自我、からだと心、意識と無意識、理性と本能、自然と人間が分裂してしまっている病なのだと思う。自然から疎外され、自分の中の無意識という自然からも疎外されて二つ三つ四つに引き裂かれている自己は、その統合を求めてやまない。(中略) 癒しとはまさにこの全体性を取り戻すことにほかならない。

『エンパワメントと人権』森田ゆり、解放出版社、1998年

美しい夕焼けに出会ったとき、深山の清冽な空気に触れたとき、私たちは自己が宇宙と一体化する全体性をほんの瞬時だけでも取り戻して、深い感動を得るのです。

(中略) 時には長すぎると思えるその癒しの旅は、身体と感情と理性と魂が交流し合ういのちの全体性を回復する歩みです。

『癒しのエンパワメント――性虐待からの回復ガイド』森田ゆり、築地書館、2002年

〈コミュニティー〉

MY TREEプログラムは地域の社会資源の連携、ネットワークをフルに活用した協力体制なしには実施できないプログラムです。コミュニティーの社会資源の確保と活用は回復にとって不可欠なものです。

コミュニティーは現代人の最も恐ろしい敵＝疎外から身を守ってくれる防波堤です。今日の地縁コミュニティーのつながりを媒介しているのはかつての生産手段ではなく、経済でもなく、じつは子どもです。それまで自分の住む地域に目を向けなかった人も、ひとたび子どもができると、地域の活動に参加するようになります。ただしコミュニティーは

居住地域に限定されることはありません。生活意識、興味、関心を共有できる共同体ならば、帰属意識を持つことのできる場、個人が健康な生活をするためのサポートを提供してくれる場であれば、それはコミュニティーです。

第6章「親たちと向き合ってきた実践者からのメッセージ」からは、MY TREE実践のためのコミュニティーづくりに取り組んだ多様な努力を読み取ることができます。

大阪では伊藤悠子を始めとする3人の実践者たちの勤務先だった大阪府・市同和地区医療センター芦原病院が参画していた「わが町にしなり子育てネット」の全面的な協力を得て、MY TREEは地域をあげた取り組みとなりました。この子育てネットは、児相や保健所も入る官民の地域のネットワークですが、大阪の中でも格別に人種や文化の多様性度の高い地域、西成や同和地区も含む、躍動する生命力が多彩にあふれる地域で、他では見たこともないほど迅速な真摯さで連携が展開する、そのコミュニティーの力に何度も感銘を受けました。

「MY TREEの環境として、障子を開けるとクスノキの大木が見守る温かな和室は理想的であり、そこから遠くなく、あえて近すぎない保育場所の提供と充実した保育など、実践者以外の多くの守り手が、表から見えないところで支え合う形が確立されていった」（第6章　伊藤悠子）

大阪府富田林市の人権協議会は実践者中川和子らとともに、2004年から今日まで14年間、毎年欠かさずMY TREEプログラムを実施してきました。このコミュニティーではMY TREEは子育て支援や虐待対策としてだけではなく、人権尊重のまち作りの一環として実施されてきたのです。

大阪府摂津市は家庭児童相談室の職員が通常業務に加えてMY TREEを実践していました。案内のチラシは、全幼稚園、保育所、小学校に配られました。保健センターや庁内、各関係機関の窓口、広報でも周知しました。救急隊員が、子どもにあまりの剣幕で暴言を吐いているお母さんにMY TREEプログラムを紹介したこともあったそうです。その頃のMY TREEプログラム修了時アンケートにこう書いた人がいました。

「公的機関に不信感を持っていたけれど、もう一度信じてよかった」（第6章　白山真知子）

第5章の「県、市の関係機関との協力が実ったケース」では、日光市の「NPO法人だいじょうぶ」の代表畠山由美が、家庭児童相談室、児童相談所、保健師、家庭相談員、NPO団体の密な連携が、MY TREEプログラム修了生の回復を支えた2ケースを報告しています。

東京都国分寺市にあるアフターケア相談所ゆずりはは社会的養護の卒業生への支援の場です。地縁コミュニティーではない場でのMY TREE実践ということになります。広瀬朋美はこう書いています。

「5年間の実践を通して、MY TREEペアレンツ・プログラムのエッセンスとゆずりはの日常の活動がリンクして混ざり合い、お互いの血肉になってきている」（第6章　広瀬朋美）

〈ジェンダーの視点〉

ジェンダー社会における構造的な力関係や、母親らしさ、父親らしさの固定化は、親戚縁者を含む家族内の人間関係、ライフスタイル、しつけの方針、介護、コミュニケーションの仕方などに大きな影響をもたらします。第11回目は特にそのことを考え、語るセッションですが、全回を通して〈自分をトーク〉で参加者は、夫婦、親、拡大家族との関係、母性神話や、DVや性暴力などについて語ります。

MY TREEは母親父親どちらをも想定して開発したプログラムですが、男女別にグループを作ります。それは11回目のジェンダーの学びのセッションで、参加者が安心して本音を語れる場を保障するためです。

身体的虐待は、統計上は実母によるものが6割と言われていますが、深刻な身体的虐待ケースでは父親や母親の恋人・同居人によるものが多いです。ただし、回復プログラム受講命令を出す制度が整っていない日本の現状では、強制力なしにMY TREEの父親グループが成立することは困難です。虐待言動からの回復を自ら求めて、13回のセッションに継続して参加する意志がある父親たちが10人前後、同時期に、一定の地域にいるという状況は今までありませんでした。

一度だけ、3人の子どもを抱えた父子家庭の父親が留置場から手紙をくれたことがありました。母親が宗教に入れ込んで出奔してしまった後、焼き肉屋をやりながら子どもたちを育てていましたが、通報で児相の指導を受けるようになりました。児相担当ワーカーが代わり、新しい男性職員の態度があまりに侮蔑的だったことにカッとなって、相手の胸ぐらを摑んだために、即刻逮捕、留置所行きになったと書いてありました。弁護士が差し入れてくれた拙著『しつけと体罰』を読んで、ここを出たらすぐにMY TREEプログラムを受講したいと書かれていました。その人の住む地域でもMY TREEプログラムが行われていたのですが、彼以外に参加希望する男性は一人も集まらず、男性プログラムの実施はなりませんでした。子どもへの関わりを変えて、4人でいい家庭を作りたいと願っていたその父親の希望に添えなかったことが今も心残りです。

〈多様性(ダイバーシティ)〉

MY TREEプログラムでは参加者の多様性を徹底して尊重することで、一人ひとり違っていい、比較しないでいい、競争しないでいいという学びを促進します。虐待言動の背後には、比較と競争社会の中で痛めつけられてきた親が子どもを比較と競争に駆り立てる要素が強くあります。

「同じ年齢の子ができていることが自分の子はできていないとなると不安でたまりませんでした。(中略)他と比べて育てることがどんなに子供を傷つけて心を小さくしてしまうことなのかを知ったとき、自分は何てことをしていたんだろうと思いました」

「障がいがあろうがなかろうが、命、その人としての大切な命、（中略）周りの目ばかり気にしてたけど、なんかまず自分が守らないといけないものは何なのかというのをすごい教えてもらえて、やっぱり一番幸せにならないといけないのは自分やということに気づいたんですよ。自分のことを好きでないと相手のことも愛せないし、人のことも好きになれへんし」

第５章　プログラムを修了した親たちからのメッセージ　１８０・１８３ページより

多様性の尊重は実践者間でもチームワーク作りにおいて、第7章で述べる臨床のガイド「MY TREEの10の前提」の一つとして大切にしていることです。
子どもの虐待問題における多文化理解は、日本ではまだ注目されていないテーマですが、臨床における極めて重要な認識です。第7章の２２０〜２２２ページではそのことについて書いています。

多様性とは、**人は皆その存在価値において等しく尊い**という人権概念を核にして、さらに人は皆**違うからこそ尊い**との認識に立つ考え方である。

『多様性トレーニング・ガイド——人権啓発参加型学習の理論と実践』森田ゆり、解放出版社、２０００年

◎幹・カリキュラム
幹は、参加体験型の13回の心理教育カリキュラム〈学びのワーク〉とそれに続く〈自分をトーク〉です。実践者は安心な場を保障しつつ〈学び〉を進行し、〈トーク〉に短く適切なフィードバックをして、気づきと変化を促すことに熟練しています。

◎葉・光合成
葉は変化の場です。木は葉で光合成を行い、水と二酸化炭素を酸素とエネルギーに変えます。参加者と実践者とスーパーバイザー相互のダイナミックスによって参加者の変化が生み出されます。

◎花と実・果実としての変化
花と実は変化の結果です。親子の関係が変わり、虐待行動が終止、減少します。子どもとの関係、夫婦関係、原家族との関係の変化以外にもさまざまな回復の結果が、形となって現れます。よくある変化の最初の兆しは、髪型が変わったり、化粧や服装が明るく軽くなることです。猫背だった人の背筋がすっと伸びていることで内面に変化が起きていると気づくこともあります。

週一で本音をファシリテーターさんに、徹頭徹尾受け止めてもらい、仲間たちに聞いてもらいました。これは私にとって生まれて初めての経験でした。仮面を被って生きてきた自分に気づき始めたのです。本当の自分である解放感。（中略）あの3ヶ月間は唯一無二の宝でした。（修了生の言葉）

ソマティック（身体から）・アプローチ——瞑想ワーク

前章で述べたように、ＭＹ ＴＲＥＥは、身体からのアプローチを重視するプログラムなので、２００１年の開始からずっと丹田腹式呼吸とイメージ瞑想と簡単な気功の動きを取り入れてきました。例えば、第１回目のセッションでは次のようなイメージ瞑想をします。

瞑想ワーク《音楽をかける》

ストレスでいっぱいのとき、私たちの身体の重心は、胸から喉のあたりまで上がってしまって、肩に力が入ってこんなふうになっています。《緊張の体形をしてみせる》呼吸も浅く速くなります。そんなとき役に立つのが、深い呼吸をして身体の重心を本来の場所、丹田に戻すことです。おへそから指3～4本ぐらい下のあたりが丹田です。東洋医学や東洋の柔術の基礎になっている場所です。ここがあなたの身体の気の流れの中心です。

丹田を意識しながらゆっくりと呼吸を続けると、血の流れがよくなって、体が温かくなります。イライラするときも、悲しいときも、丹田呼吸ができると助けられることが多いです。

MY TREEでは毎回、深くてゆっくりとした呼吸を一緒に練習します。

楽な座り方をしてください。あぐらでもよいですし、足を投げ出して座ってもよいです。

背すじはすっと伸ばします。

丹田を意識しながら、ゆっくり鼻から息を吐いていきましょう。いつも吐くことから始めます。

吐くときは、いつも肩の力を抜きます。吸うより吐く方を長くします。

吐ききったら、自然に鼻から息が入ってきます。胸いっぱいに息が入ったら、またゆっくり息を吐きます。肩の力を抜いて。自分のペースで丹田呼吸を続けてください。《しばらく続ける》

今日は、大きな木になって深い呼吸をしましょう。

立てる方は立ってください。

立つのがつらい方は座ったままでもよいです。

1本の木が大地に根を張って立っている様子をイメージしましょう。
目は軽く閉じるか半眼にして、鼻からゆっくりと丹田腹式呼吸をします。
あなたはその1本の木です。大地にしっかりと根を張った木です。

あなたの足の裏から、たくさんの根がやわらかい大地に伸びています。
息を吐くごとに根が深く伸びていきます。
息を吸うと、根から、水と養分が体内に入ってきます。
根っこから、大地のエネルギーを吸い上げていきます。
太陽は、あなたに光のエネルギーを降り注いでくれます。
あなたは葉の一枚一枚で光合成をして、
生きるエネルギーに変えていきます。
そして、酸素を送り出します。
鳥や虫たちが集まり、新しい命が生まれ、育まれていきます。
人々が木陰を求めて集まってきます。
いのちあふれる豊かな木です。

身体を前後左右に少し揺らしてみましょう。

大風が吹くと、しなることはあっても、倒れることはありません。しっかりと大地に根を張った豊かな木です。

《しばらく木の感覚を味わう》

では、大きく1回息を吐いて、木のイメージから戻ってきてください。

ここで毎回している瞑想ワークは、たくさんのストレスでバランスを崩しているあなたに、本来の体と心のリズムを取り戻す手伝いをします。

1日に5分でもよいので、これらの瞑想ワークを、呼吸を深くすることを意識して、毎日しましょう。

練習すればするほど、感情の荒波を受け流し、穏やかな心の状態を取り戻すことができるようになります。人生の大波は誰にでもやってきます。そのとき全身を固く緊張させて身構えてしまったら、氾濫する大波にのみ込まれてしまいます。身体をゆるめて波に乗りましょう。抵抗せずそのリズムに合わせて波乗りをするために、深い呼吸をします。呼吸に意識を集中する練習をします。瞑想は脳のトレーニングですから毎日練習すれば、必ず感情に振り回されないようになります。ストレスが和らぐようになります。

毎日練習することで、何か変化や気がついたことが起きたら、是非、ここで話してください。

ここでは第1回目にする瞑想ワークの一つを紹介しましたが、2～3回ごとにその内容は変えています。家で毎日繰り返しすることが効果をもたらすので、あまりたくさんの動きは教えないようにして、プログラムの修了後もずっと続けることを期待しています。希望する人には「めいそう（へんとうたいトレーニング）35日間ワークシート」（付録を参照）を渡して、毎日続けることで効果を発揮することを伝えています。

小さな子どもを育てている環境で、毎日瞑想をする時間をたとえ5分でも作ることはたやすいことではありません。それでも回を重ねるにつれて、する人が増えていきます。練習をしている人が身体や感情や集中力に変化を感じ始めるのを聞いて、自分もと、やり始めるからです。

「家ではムリ、週に1回、ここだけが無になれる心の安らぎ時間です」という人もいます。

トラウマを抱えている人の中には深い呼吸をしようとすると過呼吸を起こしてしまうので怖がる人もいます。そんな人には、吐くことだけを意識的にするように言い、実践者がその人と向き合って一緒にします。ゆっくりと鼻から吐いて、同時に肩の力を抜いて、お腹をへこませて吐ききります。そうすると息を吸おうとしなくても勝手に吸います。ゆっくりと吐くたびに自分の身体が地に根を下ろすイメージをします。

〈心のエネルギー量〉の絵を描くワークで、「朝から気力がなくて、もうため息ばっかりです」と言った方がいました。その人にこう返しました。「ため息つくこと、いいじゃないですか。やりきれない気持ちになったら、ため息吐いてネガティブな気を出してしまうの、とってもいいことですよ。ため息ついた後に、深く胸いっぱい、吸ってください。そしてまたゆっくりとため息吐いて、ゆっくりと吸ってと、丹田腹式呼吸に続けましょう。そして背中を伸ばします」

その後、猫背だったその人は、背中を伸ばすことを意識されるようになりました。

修了時のアンケートにこう書かれました。「ストレスがたまり、イライラしたり心が折れそうになったとき、背中を伸ばして大きく息を吸う。そして吐く。あれこれ考えず、まず第一歩を踏み出す」

「深呼吸すること、MY TREE（シンボルとしての1本の木）をイメージすることなどはこれまでまったくやってこなかったことで、重要なことだとも思っていませんでした。でも深く根を張り、枝を広げる木をイメージして呼吸すると、真っ黒だった家の中が輝いているように感じました。そして、葉を落とし、それが枯れて栄養となってまた新しい命を育てていくイメージが私の子育て、人生、子どもの人生、夫婦、家族などの価値観につながり、新しい視点になり、目の前の出来事でくよくよしそうな私を何度も救ってくれています」

「家で毎日瞑想を練習していたら、子どもも一緒にやるようになりました」

「相手に嫌われたらどうしよう、という気持ちが先立つ私は、いつも言葉を選んで、いつも緊張して人と接してきた。ここで『自分の正直な気持ち』の大切さを実感できた。いつも頭だけで動いていた私が『体と心』を使って実際に行動することができた。大きな一歩です」

瞑想や呼吸法はＡＤＨＤやＡＳＤの特性のある子どもたちの感情調整に効果が極めて高いことが、筆者がＭＹ ＴＲＥＥプログラムとは別に実施している児童心理治療施設や児童養護施設での子どものヨーガと瞑想の4年間の経験とエビデンスからわかっていることなので、ＭＹ ＴＲＥＥプログラムでも子どもと一緒に瞑想することを親たちに勧めています。（「ＡＬＯＨＡ ＫＩＤＳ ＹＯＧＡ」エンパワメントの道具箱・小冊子シリーズＮｏ．3、森田ゆり、エンパワメント・センター発行、２０１８年）

嬉しい報告をする親たちが出てきました。

「〈天地の呼吸瞑想〉を家で一緒にしていたら子どもが、これって『となりのトトロ』でトトロたちとメイとサツキが一列に並んで、木よ、大きくなれ～って両手を空に上げるのと同じだねって言うんですよ」

そういえば、トトロはメイとサツキの家の隣にそびえる巨大な楠《くすのき》の精霊でした。

〈天地の呼吸瞑想〉が「ドラゴンボールZ」の元気玉だ、という子どももいました。親からのその報告を聞いてこちらもどれどれとアニメを見て、まったくその通りと納得しました。

孫悟空が元気玉を投げるときに、両手を天にあげて「大地よ、海よ　そして生きているすべてのみんな　このオラにほんのちょっとずつだけ元気を分けてくれ！」という口上も〈天地の呼吸瞑想〉のリード言葉に相通じるところがあります。子どもたちの飛躍する感性が楽しいです。

ＭＹ ＴＲＥＥのソマティック・アプローチは、瞑想や身体の意識化を回復につながる重要な要素として取り入れているだけでなく、開始前・中間・修了時の個人面接における参加者理解においても使います。
ＭＹ ＴＲＥＥの参加者には慢性的な腰痛、線維筋痛症（ＦＭ）などの疼痛を抱えている人が少なくありません。海外の最新脳研究では、原因のわからない慢性疼痛は過去のトラウマに関係する脳の部位との関連があることが指摘されています。悩まされてきたその痛みは、もしかしたらあなたの氷山の水面下からのメッセージなのかもしれません、痛みを取り除こうとして痛みと闘うのではなく、その痛みを発する体の声に耳を傾けて痛みと共存していきましょう、と話します。実際に、このアプローチでＭＹ ＴＲＥＥの期間中に長年悩まされた腰痛が治った方も複数いました。第5章に修了生の文章を寄せてくれたたまさんも、そのような経験をされたことを書いています。
瞑想や気功やヨーガが身体の痛みの制御に大きな効果があることは、近年の医療現場におけるマインドフルネスの活用でたくさんのエビデンスが報告されています。

木の絵を描く

セッションの2回目と最終回に絵を描きます。

ファシリテーターが「これから木の絵を描いてください」と言った途端、「それ、私もう前にやりましたから。いいです」と硬い表情で言った方がありました。心理分析やパーソナリティ査定としてのバウムテストやHTPをすでにどこかで受けた方でした。

ファシリテーターは次のように言います。「これはバウムなどの心理テストではありません。あなたが自分のためだけに描く絵です。あなた以外の誰もその絵を分析も解説もしません。上手に描く必要もありません」

この絵は本人が自分の内面のシンボルの一つとして自分のためだけに自由に使うものです。だから描いた本人だけがその絵について語りたいことを語ります。他の人はコメントや質問を一切しません。

Aさんは、「息子をげんこつや平手で殴る、けとばす。『お前なんか生まれてこなければよかった』と暴言を吐く。怪我をさせて救急車を呼んだこともあった。息子は私におびえていました。（中略）最後の木の絵、最初に描いた絵よりずっと明るいものでした。それを家で見せたら、『ぼくも描く』と言い、『おかあさんみたいにうまくかけへんかったけど』と言って見せてくれました。七色のえんぴつで紙いっぱいに描いてくれました。お父さんとお母さんと自分の3人も木の横に描き入れてくれて、涙が止まりませんでした」。（「MY TREEペアレンツ・プログラム実践報告書　2001年度~2005年度」より）

Bさんは最初に描いたとき、太い幹と豊かな葉を茂らせた一本の大きな広葉樹を描くつもりだったのに、なぜか家族と同じ数の4本の針葉樹が嵐にさらされている絵になってしまったと語られました。最終回で描いた絵は、最初に描き

図 4-4　Dさんの絵

たかった木が描けましたと言い、豊かに葉を茂らせた大きな一本の大樹を描かれました。

Cさんは、最後の回で、枝も葉も無い大きな幹が半分に折れて腐っているような木を描きました。夫から児相に通告され、夫の両親と子どもの身柄を争奪する真只中にいた彼女でしたが、皆にその絵を見せて「この木は枯れているように見えるかもしれないけれど、ほらここに、小さな緑の芽が3つあるんです。ここにきて、この小さな芽が出ました」と言いました。2年後、Cさんから「今は生活も落ち着きました」と短い報告の手紙が届きました。

Dさんは12月の最後のセッションで描いた絵をこう説明しました（図4－4）。

息子がよく遊びに行く公園にある寒桜の木です。大体の葉は散っちゃって。2本くらいあるんですけど。最後の最後までつぼみみたいなものと花束みたいなものになってて頑張ってるなーっていう感じがしてます。全部満開じゃなくても1個か2個自分の実になればいいかな。多くを求めすぎてもいけないかなと思いながら

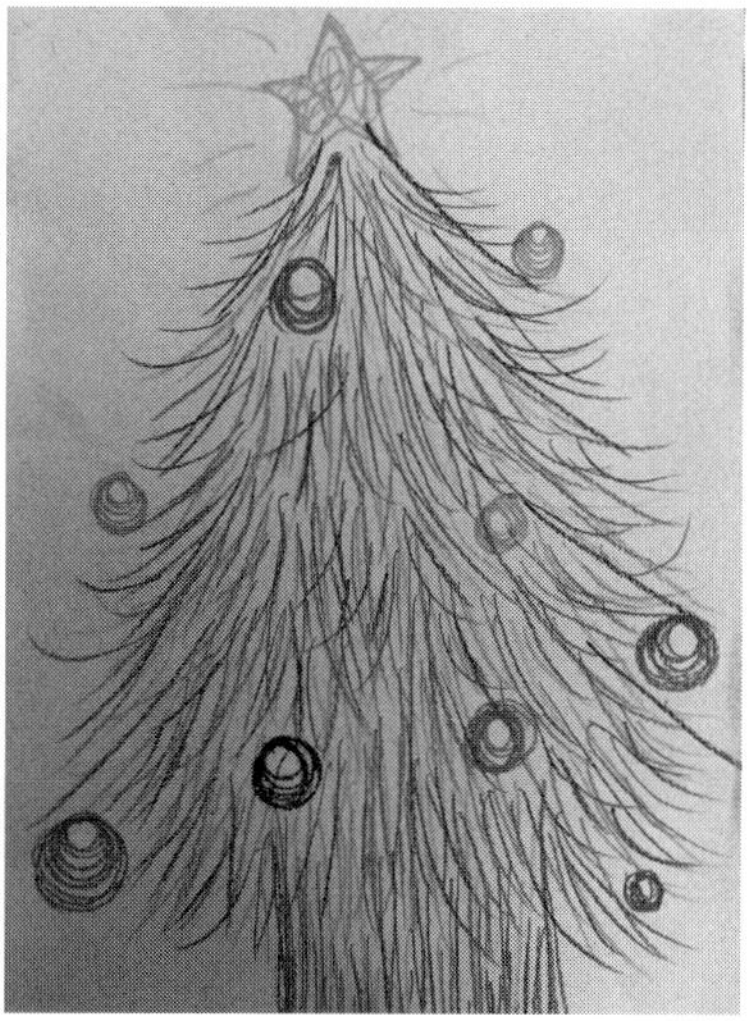

Eさんの木
(左) 2回目セッション：木と言われると、「この木なんの木」のイメージと、あとNHKのニコニコプーにこんなやつがいたような大きいおじいさんの木をイメージしました。
(右) 13回目セッション：いつも通ってる木なんですけどもクリスマスのように描いてみたんですけど、クリスマスツリーオーナメントみたいなやつは、いろんな、例えばやる気つながったり楽しい気持ちを表していたり全部自分につながっていて、でもそれでも……自分が一番大事なものは娘なので、てっぺんに一番大事なものを描いてあるっていう感じですね。

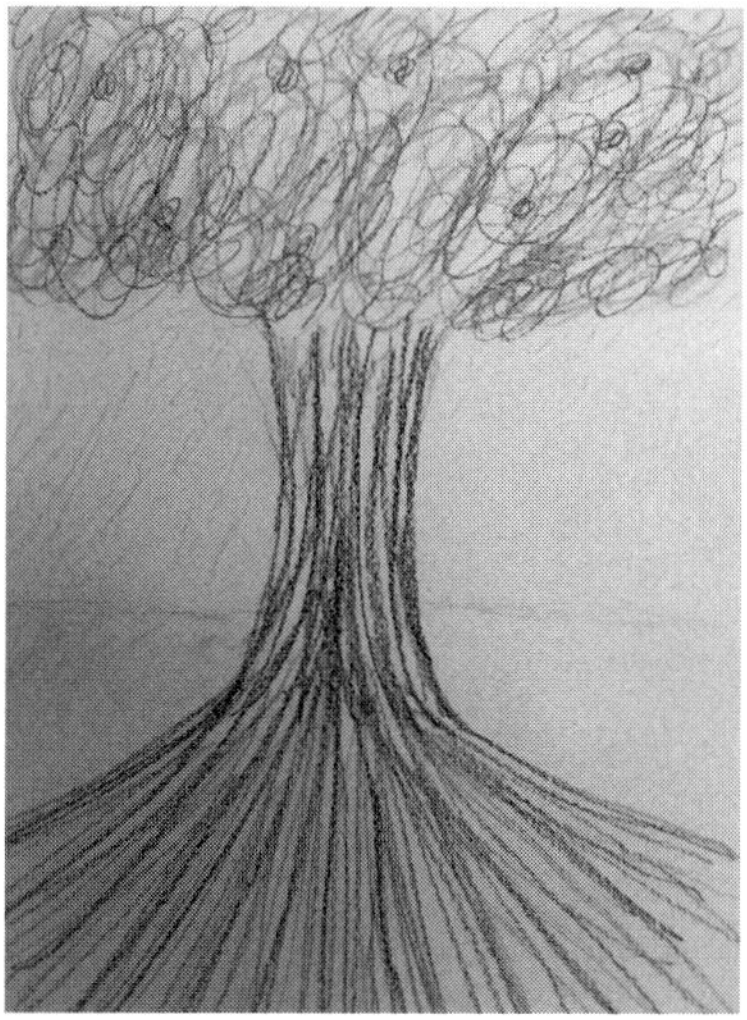

Fさんの木
(左) 2回目セッション：描きかけなんですけど。桜とか紅葉とかあるかなと思ったんですけど、やっぱり変わらないというか。
(右) 13回目セッション：根っこを強調したくて。木って目に見えないものがあって、しっかり根が支えていると思うので。

図4-3　木の絵と本人のコメント

描いていました。

時には、ファシリテーターが木の話をすることもあります。

今日は『なめらっこ』の話をしましょう。

津軽の人は昔から『なめらっこ』といって傷つきや虫食いのりんごを好んで食べます。虫や鳥たちは、一番甘いりんごはどれかよく知っていて突っつきます。傷がついたりんごも、その傷を修復しようと、どんどん甘くなります。『なめらっこ』は市場には出回りませんが、りんご農家のご褒美として、好んで食べられています。

人も同じかもしれないですね。いろいろなことがあった人ほど、味わいのある人なのでしょうね。

「ＭＹ ＴＲＥＥペアレンツ・プログラム実践者養成講座テキスト　第４版」
森田ゆり、ＭＹ ＴＲＥＥペアレンツ・プログラムセンター、２０１３年

ＭＹ ＴＲＥＥプログラムでは、夜寝る前に子どもに本を読んであげることを習慣にするように勧めます。本の読みきかせをする習慣は、親子の愛着再形成の最良の方法だと考えるからです（１３６ページ参照）。どんな本でも構わないのですが、木をテーマにした絵本を紹介することもあります。

木の本を読もう。
世界中どの文化でも、木はいのちのシンボルです。木はおもしろくて深い。

「大きな木がほしい」佐藤さとる　絵本

「となりのトトロ」アニメ　トトロはサツキとメイの家のとなりに立つ巨大なくすのきの精霊

「くすのきだんちは10かいだて」武鹿悦子　シリーズ絵本

「モチモチの木」斎藤隆介・作　滝平二郎・切り絵　勇気ある人だけが見ることができる火に輝くモチモチの木。おくびょうで泣き虫の豆太がそれを見たのはなぜ？

「葉っぱのフレディ〜いのちの旅〜」レオ・バスカーリア作　フレディと葉っぱたちの春夏秋冬

「木はいいなあ」ユードリイ作　2〜3歳向け

「おおきな木」シエル・シルバスタイン作

「空飛び猫」シリーズ　『ゲド戦記』のアーシュラ・K・ル・グウィン作。木の本ではなく猫の本だけれど、表紙の、木の上の猫たちの絵が忘れられない。村上春樹の訳が素晴しい。小学生低学年から大人まで、誰にでも薦めたい本。

大人向けの本

「燃え上がる緑の木」三部作　大江健三郎著

「木」幸田文著

「木を植えた男」ジャン・ジオン著

木の生態を知る理科系の本もおもしろい。

世界一高い木や世界一古い木などの写真集もある。

「ＭＹ ＴＲＥＥ Jr. くすのきプログラム——性暴力加害行動のあるティーンズの回復」ワークブック、森田ゆり、エンパワメントセンター発行、２０１８年

7つ道具（ツール）

ＭＹ ＴＲＥＥプログラムでは参加者自身の自分理解を深めたり、自分の暴力衝動制御のためのツールを4つ「怒りの仮面」「死の危険」「8つのストレス要因」「私の木」、そして、グループの力動を最大にするためのファシリテーションのツールを3つ「小さな動物ぬいぐるみとタイマー」「5つの約束〈尊重・守秘・正直・出席・時間〉」「2冊のテキスト『気持ちの本』と『しつけと体罰』」を使います。

①8つのストレス要因

虐待に至ってしまった親は多重のストレッサーにさらされています。ＭＹ ＴＲＥＥオリジナルの〈8つのストレス要因〉のシートは5回目に渡され、親自身が抱えているたくさんのストレッサーを8つに整理し色を塗ります。ストレス要因シートを最初に書き入れたときは、子どもの障がいがストレス要因だと思っていたのが、子どもの特性を受け入れられない自分の意識がストレス要因だと気づくなど、予想していなかった自分理解をもたらします。6回目のセッションの次の週にする個別の中間面接では、このシートを持って親と実践者が話し合います。このとき、身体の痛みや不調状態を語る人にはそれをストレッサーの一つとして話を聞きます。

同じシートは12回目にも渡され、そのときのストレス状態を色塗りすることで、ストレスがどう変化したかが一目瞭然となります。過去の暴力被害トラウマが最大のストレッサーだと色を塗っていた人が、トラウマ治療に通ったわけで

はないのに、修了時にはそれをとりあえず今は横においておくことが可能になり別の色になった人もいました。

修了時個人面接では〈8つのストレス要因〉シートを実践者と一緒に見ながら、解決したこと、これからの課題への対応方法を〈外的リソース〉〈内的リソース〉の分類を使って話し合います。

②私の木の観察——見る瞑想

第2回目に、家から会場までの間にある「私の木」を決めて、その木を観察する宿題が出ます。以後、できるだけ頻繁に「私の木」を観察し、触ったり、気が向いたら心の中で声をかけるなどもします。毎回、学びが始まる前に「あなたの木はどんな様子ですか?」と実践者が声をかけます。

「色づいた葉がもう全部落ちてしまい、寂しいです」

「そうですか。きっと幹の内に力を蓄えているときなんでしょうね。3ヶ月後にはどんなになっていると思いますか?」

「新葉が出て、花が咲いて美しいでしょうね」

こんな会話になることもあります。

自分の木、マイツリーを決めて見るという練習は、木のシンボリズムが認知と心身に与える影響力を期待していると同時に、〈見る瞑想〉の練習をしています。いつもは通り過ぎてしまうその道端で足を止め、10秒でもいいので木を見ます。ただ見るだけです。

「瞑想の第一歩は静止をすることです。散乱を止め、一つの対象に集中することです。静止することと見ることは、非常に密接な関係があります。静止して見る。これが瞑想です」

これは、今や世界で最も著名なマインドフルネスの師として、シリコンバレーのＩＴ企業を始めとするビジネス分野でも絶大なる人気を博すベトナム人仏教僧、ティク・ナット・ハン師が30年以上前に言われた言葉です。

「私の木、一部枯れているところがあって、今年は紅葉しないかなと思っていたんですけど、枯れてるところ以外もちょっとずつ紅葉してきて、でもどうしてあそこだけ枯れているんだろうかと謎で……」

実践者「木の葉の変化をよく見ていますね」

「傘みたいにこんもりしてるんです。初めて中に入ってみたら、外から見るよりこんもりしてなくていい具合に隙間があって、すごくきれいで鳥がとまってたんです。で、紫の実もいっぱいなっていて、こんな中身やったんやって、今更ながら。で、こないだからずっといい天気なので、毎日中に入ってました。なんかこう木の下から見る木がすごくきれいやなと思って」

実践者「見る角度を変えたら、ほんとうに違うものが見えたんでしょうね。紫の実がつくって初めて知りました。ありがとう」

「ベランダから見える私の木。この前、今みたいに陽がさしていて天気いいなあと思って、ふと外の木を見たとき、『思い出した!』と思って、〈天地の呼吸〉やってみたらすごく体が温まってホッとしました。洗濯物干しながら、木を見たら、『ああ』っと思って」

実践者「いいですね。木を見ながら深い呼吸をしたんですね」

このように参加者は自分の決めた木、〈私の木〉を観察し報告する宿題をすることで、瞑想による脳トレーニングをしているると同時に、次第に木と季節の変化を感じるゆとりの時間を持つようになります。自然と触れる心地よさ、自然に生かされている自分のいのち、穏やかな心の時間、冬の寂しそうな裸の木も春には葉を茂らせ花を咲かせることに希望を見出します。木に語りかけることで想起される子ども心を受容します。

身体を西洋思想に取り戻そうと論考を重ねたフランスの哲学者モーリス・メルロ＝ポンティは「身体とは、世界のなかへのわれわれの投錨のことなのである」と論じました。（『知覚の現象学1』メルロ＝ポンティ、モーリス、竹内芳朗・小木貞孝訳、みすず書房、１９６７年）

先述の瞑想の師ティック・ナット・ハンは、そこからさらに、こう語って人の思考と身体と世界をつなぐものは呼吸であるという古い教えを思い出させてくれます。

感情は風のある空の雲のようにやってきたかと思うと去っていく。
意識的な呼吸こそがわたしのアンカー（錨）だ。

１９８９年、サン・フランシスコでのティック・ナット・ハンの講演より

木を見る宿題については、こんなこともありました。Ａさんが週末にファシリテーターの緊急電話にあわただしく連絡してきました。「大変なことが起きました。私の木が切り倒されちゃったんです」

それはプログラムの前半で、Ａさんがまだ不安定な心の状態を抱えていた頃です。小さなことでも不安や恐怖を誘発する状態でした。電話を受けたファシリテーターは、動揺しているＡさんの話を傾聴し、ただ受け止めました。するとＡさんは話を聞いてもらいながら自分で解決を見つけました。「そういえば、私の木を決めたときもう一本考えていた別のがあって。今にも倒れそうな老木の桜なんだけど。切り倒されちゃったほうの木は元気で若々しくて力強そうだっ

たからそっちにしたんだけれど、へばりついてでも生きて花を咲かせている桜の木の方が私らしくて、今は力をもらえそうです」と嬉しそうに言って、電話を切りました。

ファシリテーターが共感的傾聴とvalidation（承認）の訓練を身につけていたので、余計な助言をしなかったために、本人自身の中から解決が出てきたのです。

図4-5　ぬいぐるみの例。トーキングスティックの役割を果たす。

③ぬいぐるみとタイマー

・小さな動物ぬいぐるみ

これはタイマーとセットで〈自分をトーク〉の必須道具です（図4－5）。アフリカのトーキングスティック（参加型ワークショップのツール）の役割を果たすこの小さなぬいぐるみを手に持っている人が話します。話したくないときは何も言わずにぬいぐるみを次の人に回すだけでいいのです。

・タイマー

全員が等分に時間を使う原則を定め、それを守ることはグループの力動を作るために大切なことの一つです。タイマーが3分で鳴るので話が長くなりそうな人も自分からストップしてくれます。もっと話したい人は2周目にまた3分間で話します。

④5つの約束――尊重・守秘・正直・出席・時間

ワークショップなどの参加型学びの場作りでまず最初にしなければならないことの一つが、約束事の確認です。参加者全員にとっての安心な場を作るためには、約束事の確認が不可欠です。MY TREEの実践者になるための必須研修の中でも最も大切な研修、「多様性人権啓発ファシリテーター養成講座」では、多様性（ダイバーシティ）について学ぶと同時に、参加型学習の理論と方法とスキルを学びます。そこで学ぶファシリテーターの7つ道具の一つが約束事です。一つひとつの約束をどう説明するか、どうその道具を駆使するかによって、参加者が帰属感を感じられる場となるかどうかが決まります。

セッションでは毎回、最初に5つの約束事の確認をします。「人に正直であるよりも、何より自分の気持ちに正直であってください」と説明します。尊重も「他の人のことを話すのではなく、自分のことを話してください。だからIメッセージが役立ちます」とIメッセージの使い方も説明します。「この5つの約束は、ここにいる人全員にとっての安心な場を作るためです。今日も、この約束を守ってくださる方、手を挙げてください」と毎回、挙手を求めます。

手を挙げてもらうことで、約束事は単なる標語ではなく、道具となります。すなわち必要があったときに使うツールになるのです。必要なときとは、約束を守らない人が出てきたときです。だから約束事は必ずホワイトボードに書いておきます。約束に違反があったときは、ファシリテーターはそれを指差して、「さっき、あなたも手を挙げて同意したこの5つの約束の一つですので、守れますよね」と穏やかに言います。

I（アイ）メッセージは簡単に使えて効果の高いアサーティブ・コミュニケーション・スキルなので、参加者は子どもや家族にすぐに使い始め、その効果に驚かれます。筆者が1998年から毎年開催しているアサーティブネス研修のテキストから引用して、その使い方を説明しましょう。

・意見の対立、感情的な確執が起きたとき、相手を尊重しつつ自分の考えや気持ちを率直に伝える方法のひとつとしてよく知られているのが、I（アイ、わたし）メッセージである。

・対立が起きたとき、多くの人が取っている態度は、「you（あなた）」を主語にして「あなたの配慮が足りないから」「あなたのやり方がよくなかったから」などの「you（あなた）」メッセージを発信すること。この言い方だと、受け止める方は自分が批判されていると思い、感情的になり、防御を固めるか、批判を投げ返す。そうすると、互いの間での譲り合いやわかり合おうという姿勢はなくなり、両方が「あなたが」「あなたが」と互いを指差して言い合うことになってしまう。

・言いにくいことを言うときは、「わたしが」を主語にするIメッセージで言うと相手の反感を喚起せずに、こちらの真意を表現できることが多い。

・たとえば帰りの遅い夫に腹を立てて、「いったい**あなた**はこんな遅くまで何をしてたんですか」と言ってしまうのが「you（あなた）メッセージ」。それに対して「**わたし**はあなたの帰りが遅くて心配でならなかった」と言うのが「I（わたし）メッセージ」である。

・「**あなたは**いつも～～だから」と相手への不満を言うのではなく、「**わたしは**あなたに～～してほしいんです」と言う。毎回必ず効果を持つわけではないが、よい結果を生む確率の高いことも事実である。

・ただし特に怒りの感情を「**わたしは**あなたに怒っている」とIメッセージで伝えても、効果のないことが多い。怒りは二次感情の場合が多いので、怒りの仮面の裏側の気持ちをIメッセージで伝える必要がある。

・なお、私がアサーティブネス・トレーニングをする中で気がついたことなのだが、I（アイ）メッセージを使うときは、これはeye（アイ）メッセージでもあると思って、しっかりと相手の目を直視することが大切である。下を向いたままIメッセージを使っても効果はあまりない。あなたの本当の強い思いなのだということが相手に伝わるためには、言葉だけでなく、身体、ジェスチャーも使わなければならない。身体の表現のなかで最も簡単に効果を持ちうるのが相手の目を直視するという動作だ。

・Iメッセージはあまり頻繁に常用し過ぎると効果を発揮しない。このことだけはどうしても伝えたいときにのみ、本気を伝えるつもりで相手の目を見て使う。

・Iメッセージは「私は悲しい」「私は不安になった」「私は心配だった」と言った感情を伝えるためだけに使わないで、「私は嬉しい」「私は感動した」「（私は）ありがとう」などの明るい感情を伝えるためにも意識的に使うようにする。（『アサーティブネス研修ワークブック』（森田ゆり、エンパワメント・センター発行、1998年）より一部変更して引用）

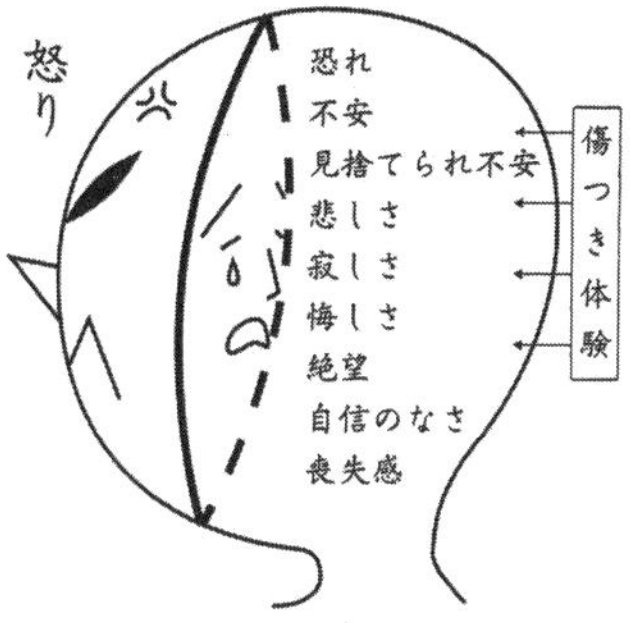

怒りの仮面

図4-6　怒りの仮面（『新・子どもの虐待』森田ゆり、岩波書店、2004年より）

⑤怒りの仮面

「怒りの仮面」は2001年にMY TREEプログラムのために考案した図です（図4-6）。以来筆者の著書『ドメスティック・バイオレンス——愛が暴力に変わるとき』（小学館、2001年）や『子どもと暴力』『しつけと体罰』などの中で繰り返し提唱してきました。以下の説明はその一つからの要約引用です。第4回目のセッションは参加型ワークをしながら、以下の内容を参加者に理解してもらいます。

図 4-7　2 種類の怒り。健康な怒り（左）と自他への暴力になりがちな怒り（右）（『気持ちの本』森田ゆり、童話館出版、2003 年より）

怒りの感情について考えてみましょう。怒りには二つのタイプがあります。一つは不正が許せないと腹を立てたり、非礼に対してムッとしたりする誰でも抱く怒り。一次的感情としての怒りです。健康で大切な感情です。図4-7の左の小学1年生の絵はこのタイプの怒りを表現しています。「どんな気持ちを描いたの？」との私の質問に彼は「おかあさんがピアノの練習をしろってうるさい。やろうと思ってるときにやりなさいって言うから、ものすごく腹が立つ。あんまり腹が立って耳からけむりがもくもく出た」と言いました。耳から煙を出して自分への不当な扱いに怒っています。空では太陽も一緒に怒ってくれています。気持ちのよいほどストレートな直球型の怒りが伝わってきます。

もう一つのタイプは、右の小学4年生が描いた絵に表されるような二次的感情としての怒りです。それは複雑な感情です。「どんな気持ちを描いたの？」と聞いた私に「キレそう」と言ったこの子の絵は、怒りと同時に涙も流しています。このタイプの怒りの感情の背後には深い悲しみや痛みや恐れの感情が渦巻いています。怒りはいわば仮面です。

〈2種類の怒り――健康な怒りと自他への暴力になりがちな怒り〉

妻を殴ったり蹴飛ばしている夫の恐ろしい形相はじつは仮面なのです。思うようにならない子どもに暴力をふるう親の引きつった顔は仮面です。

だからその仮面をちょっとずらしてその裏側をのぞいてみてください。すると、そこには、寂しさ、不安、恐れ、自分への自信のなさ、絶望、見捨てられ不安などのさまざまな感情がぎっしりと詰まっています。じつはこれらの感情こそが、虐待や体罰などの暴力行動を引き起こしている元凶なのです。虐待、体罰を繰り返す人は「あの子が私を怒らせる」とよく言います。しかし本当は、子どもの言動が、大人の怒りを刺激したのではなく、仮面の裏側のさまざまな感情を刺激したのです。その感情はその人の傷つき体験がもたらしたものなので、通常は抑圧されていますが、わずかの刺激に反応し膨れ上がります。

ドメスティック・バイオレンスの加害者もこの同じ心理構造で妻や恋人を虐待します。「お前が俺を怒らすからいけないんだ」と思っている限り、攻撃行動を繰り返してしまう自分の怒りの仮面の裏に隠れている抑圧された感情に向き合うことはないでしょう。(『新・子どもの虐待』より要約引用)

仮面の裏側の感情に向き合うのはつらいことですが、そのことなしに虐待や体罰をしてしまう自分を変えることはできません。このセッションで、親たちは仮面の裏の感情(ニーズ)に気づき、見つめ、語り、涙します。多くの参加者がこのセッションで大きな変化の一歩を踏み出します。

「一番心に残っているのは〝怒りの仮面〟のワーク。本当につらかったけど、でも逃げたらあかん、また同じことの繰り返しになると思って、頑張った」

「子どもに対しても、私の思いがわかってもらえないときは、怒りの仮面のワークを思い出すと、今まで怒っていた自分の心の底の気持ちがわかり、冷静になって、Iメッセージで、子どもに伝えることができるようになった」

「怒りの仮面の裏側には、本当の気持ちが隠されていること。子どもが怒っているときは何かを訴えているときなので、裏側の気持ちはどんな気持ちか考えるようにしています」
「怒りはいけない気持ちと思っていましたが、怒りは大事な気持ちでとても複雑な気持ちで、一つひとつを誰かに話せたとき、怒りの爆発はなくなったように思います」

〈怒りの暴走をなくすために〉

2001年に怒りの仮面を考案した背景には、米国の神経生理学者アントニオ・ダマジオが『Descartes' Error』(『デカルトの誤り——情動、理性、人間の脳』田中三彦訳、筑摩書房、2010年)を1994年に発表し、「適切な行動選択を実行する理性の脳は情動の脳の協力なくしては機能できない」ことを神経生理学の緻密な研究から、すなわち西洋科学の最先端脳研究から解明した上でうち立てたソマティック・マーカー説に筆者が衝撃を受けたことにあります。これはデカルト以来の西洋の認識論の基礎になってきた心身二元論を根底から覆すパラダイムシフトで、自然科学のみならず、精神医学、臨床心理、教育分野にも大きな影響をもたらしました。

以来、理性と情動と身体感覚の相互回路の不全としての暴力や攻撃の行動選択に光が当てられ、多くの研究が報告されてきました。2010年に亡くなるまで体罰をなくす世界的キャンペーンを続けたアリス・ミラーもダマジオの研究に賛同を表明していました。

MY TREEプログラムでは脳科学の用語などは一切使いませんが、扁桃体の訓練を以下7つにカリキュラム化しています。

❶4回目の「怒りの仮面」のセッションで、自分がなぜ攻撃行動をとってしまうのかを学ぶ。ダマジオの脳研究、

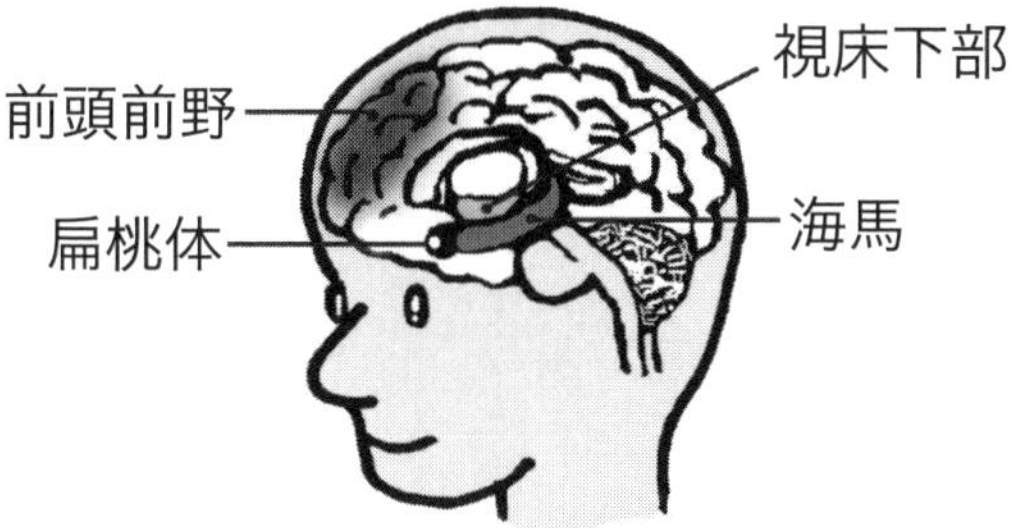

図4-8　怒りの暴走をなくすために脳科学のアプローチから、瞑想による扁桃体の訓練をカリキュラム化している。

ソマティック・マーカー説から言うならば、海馬⇅扁桃体⇅前頭前野がネットワークでつながっているため、情動を司る扁桃体の過剰反応が前頭前野の判断を凌駕してしまう。

❷4回目以降の毎回の〈自分をトーク〉の時間で「怒りの仮面」の裏側の感情に向き合う。今までの人生での傷つき体験からくる恐れ、不安、悲しみなど、図4-7の「泣き顔」で象徴されるそれらもろもろの感情をグループのサポートの中でケアする。

❸5回目の「感情制御」セッションでは、「死の危険」のツールを学び、グループからの共感がもたらす快の情動反応を海馬の記憶に伝達。現実の感情爆発の危機状況の瞬間、両手を上げて「死の危険」と口にすることで、グループの中で体験した快の反応が思い出される。それが前頭前野の行動判断に影響を与える。

❹6回目の「体罰の6つの問題性」、7回目以降の「気持ちを聴く・語る」に始まるコミュニケーショントレーニングは、認知行動療法の手法を用いた前頭前野への働きかけ。

❺参加者は自分の決めた木マイツリーを観察し報告する宿題をすることで、次第

に自然と季節の変化を感じる時間を持つようになる。「sati」（パーリ語）という東洋の伝統的集中訓練の基本。見る瞑想を続けることで、平常心を養う。さらに自然と触れる心地よさ、自然に生かされている自分のいのち、穏やかな心の時間、木に語りかけることで想起される子どもも心を受容する。

❻1回目の「出会いの場」セッションから最後の13回目の「セレブレーション」までこのプログラムが特別の配慮を徹底していることが「安心」。カリキュラムには安心を保障する仕掛けと配慮を細く張り巡らせている。

❼毎回、最初の15～20分間は、丹田腹式呼吸を学び、身体を動かしながら瞑想することで、外界からの刺激に対する扁桃体の過剰な反応を静める訓練を続ける。丹田腹式呼吸は体幹を構成する横隔膜、腹横筋などのインナーマッスルを集中的に収縮弛緩させる筋トレの基本。世界のトップアスリートのトレーニングでも活用されている。海馬の壊死細胞に働きかけて記憶力を含む海馬機能の活性化に効果的というエビデンスもある。参加者は毎日その練習をすることを何度も奨励される。ＡＤＨＤやＡＳＤの特性のある子どもを持つ親には、子どもも瞑想訓練をすることを勧めている。

ＭＹ ＴＲＥＥが東洋の叡智から学んで17年間続けてきた瞑想と丹田腹式呼吸の効果が、欧米の近年のマインドフルネスの脳研究によって、扁桃体を静め、萎縮した海馬を活性化し、前頭前野が賢い行動選択をする脳回路の作動をスムーズにする効果を発揮することが明らかにされつつあります。

⑥死の危険──グループの力動を使った怒りの感情制御法

このプログラムの開発の初期から、筆者は身体を使ったソマティックかつグループベースの感情制御法を世界中に探していました。80～90年代にアメリカで盛んだったアンガーマネジメントは認知を変える方法なので、深刻度の高い身体的暴力行動を瞬時に止めるのに効果があるとは思えませんでした。

2003年にサン・フランシスコで、DV加害者更生プログラムMen's Aliveを開発、実施していたヘイミッシュ・シンクレア氏と出会い、刑務所から出てきたばかりのDV加害者たちの更生グループに参加させてもらいました。男たちが、「Fatal Peril（死の危険！）」と両手を上げるグループワークをしながら、涙を流す場面を見て、「これだ、やっと見つかった」と胸躍らせました。

シンクレア氏のDV加害者更生プログラムMen's Aliveは80年代から米国やニュージーランドの刑務所で活用されていました。彼は長年、フェミニズムの立場から女性への暴力問題に関わってきた男性で、MY TREEプログラムに共感を示して、「死の危険！（fatal peril）」の援用を快く許可してくれました。

〈死の危険〉が何をすることなのかは、体を動かし、グループの力動が起きる瞬間の深い感情を伴う気づきなので、言葉で再現することはほぼ不可能です。またこれを効果的に使うには、第4回セッションの〈怒りの仮面〉がしっかりと参加者に入っていること、1回目から築いてきた安心なグループメンバー間の関係があることなどの前提条件が必要なことに加え、トレーニングを受けた実践者の進行技法が必要なので、ここに記すことはあえて避けたいと思います。

MY TREEプログラム参加者の一人から「なんで〈死の危険〉なんですか？」と聞かれたことがあります。こう答えました。

「あなたが〈怒りの仮面〉の感情に乗っ取られて、子どもに手を上げたその瞬間は、死に至るかもしれない道の始まりなんです」「子どもを死に至らしめてしまった親の多くが、初めから殺そうとして手を上げていたのではないのですから」「暴力のエスカレートしてしまう性質は恐ろしいものです」

ＤＶも子どもへの虐待も、相手を自分の思うようにしたいとの圧倒的なコントロール欲求から起きている行動です。この欲求は相手を死に至らせるかもしれないほど強いものです。相手を傷つけてでも自分が勝ちたい、この瞬間とは相手が死ぬか、自分が勝負から降りるかの境目なのです。

「『死の危険』の〈自分をトーク〉のときが一番苦しかった。今まで自分のしていたことが、いつも死の危険があったと思うと怖くなった。本当に子どもたちが生きていてよかった」

「あのときは自分で虐待と思ってなかった。あのとき、わからなくなっていた。逮捕され、起訴されて、絶望しても、そんなこと思わなかった。だけど、考えてみたら投げるという行為は、『死の危険！』」

「怒りの仮面というものが存在することに驚きと、『死の危険』とそれをみなさんとでしたことを思い出し、一呼吸を置く大切なキーワードになっています」

激しい怒りの感情制御法として、ＤＢＴ（弁証法的行動療法）の生体化学反応を瞬時に変えるＴＩＰＰスキルを使うこともあります。ちなみにＴＩＰＰとはここでは丁寧な説明を避けますが、その内のＴ（Temperature　温度）は、アイスパック、冷たい飲み物の瓶や缶などで目の下を冷温に抑えながら、30秒息を止めることで、心拍数を下げる方法です。副交感神経のリラクセーション反応を瞬時にもたらすので、感情爆発の激しい傾向の参加者には、個別に勧めています。

また、毎回の丹田腹式呼吸によるボディワーク、木を見る瞑想を続けることで脳の扁桃体の情動反応が訓練され、暴力的言動は減っていきます。

さらに12回目ではテキスト『しつけと体罰』を使って「体罰に代わる10のしつけの方法」を学びます。その話し合いの中で体罰をしないための独創的な工夫が参加者から出てくることもあります。例えば、「マンションのドアを開けておく。近所に聞こえてしまうかもしれないと思うことが抑止力になる」「叩こうとしたその手を、ブラブラと脱力する」などは、瞬間的な感情制御の方法と言えるでしょう。

中間面接までに多くの方が内面の深い変化を経験されます。それは自己肯定感が高まったり、子どもの障がいを受け入れられるようになったり、感情と思考のフュージョンを分けることができるようになったり、とさまざまな形をとります。

「最初マイツリーが始まった頃は頭がこんがらがってて、泣いてばかりで、喋れなかったけど、だんだんと回が進むにつれて変わってきた。途中から怯えがなくなった。爆発することもなくなりました。『子どもを投げました、逮捕されました』と本当は言いたくなかったことを言えました」

「自分は自分やと、人と比べることはしないようになった。自分では気がついていなかったけど、周りの人からポジティブになっているって、言われるようになった」

「自分は最低な人間だとずっと思ってきました。こんなお母さんでごめんと泣いてばかりでした。家の中が真っ暗で光が見えないような気持ちで過ごしていました。マイツリーに参加して毎回、ゆったり学んでいくと、波はあるものの気持ちが少しずつ軽くなっていきました。（中略）ちょっとでもできたら自分をほめ、できないときは励まし、自分を少しは大事にできるようになってきました。びっくりしています。（中略）参加する前の絶望感はあり

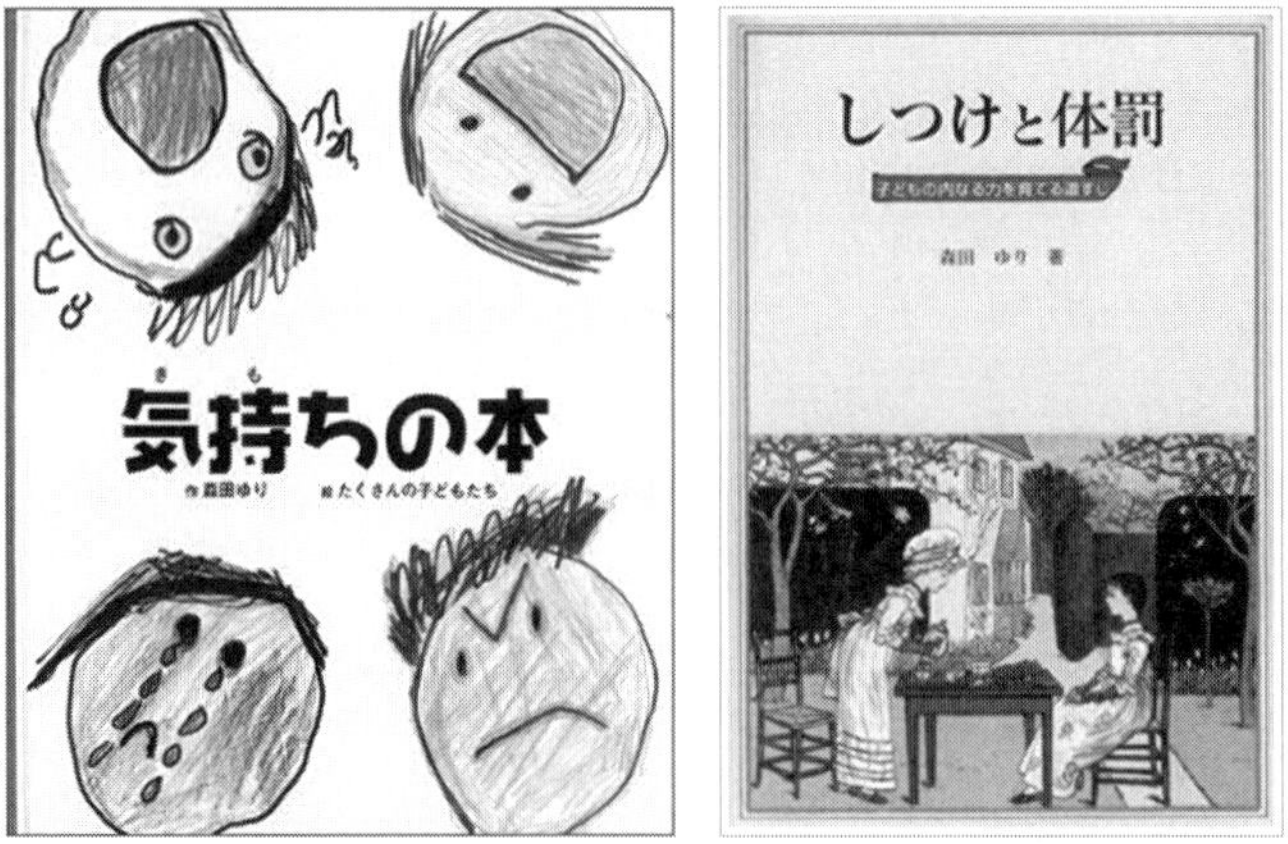

図 4-9　復習として読む宿題が出る２冊のテキスト、絵本『気もちの本』と『しつけと体罰』(森田ゆり、童話館出版、2003 年)

ません」

「長くて暗いトンネルの中にいたのが、少し、出口の光が見えてきたような気持ちです」

6回目までに変化が見られない人については実践者間で話し合い、スーパーバイザーとも相談し、中間面接での個人対応を準備します。プログラム前半での内的な変化を基盤にして、後半ではコミュニケーション・スキルとセルフケアのスキルを練習することが中心になります。そのピークは「しつけと体罰」の〈学びのワーク〉です。

⑦2冊のテキスト

絵本『気もちの本』と『しつけと体罰』（図4－9）を〈学びのワーク〉の中で読むこともありますが、主としてその回で学んだことの復習として読む宿題が出ます。参加者の中には、絵本を子どもと一緒に読む人もいます。連れ合いも一緒に学んでほしいと思っている方は、「夫に読ませています」と言われます。初めは本を読むことに興味を示さなかった夫が、絵本の方を読んで、俄然興味を持って、『しつけと体罰』の方も読んでくれたので、〈学びのワーク〉で学んでいることを共有できるようになりました、と言われた方も

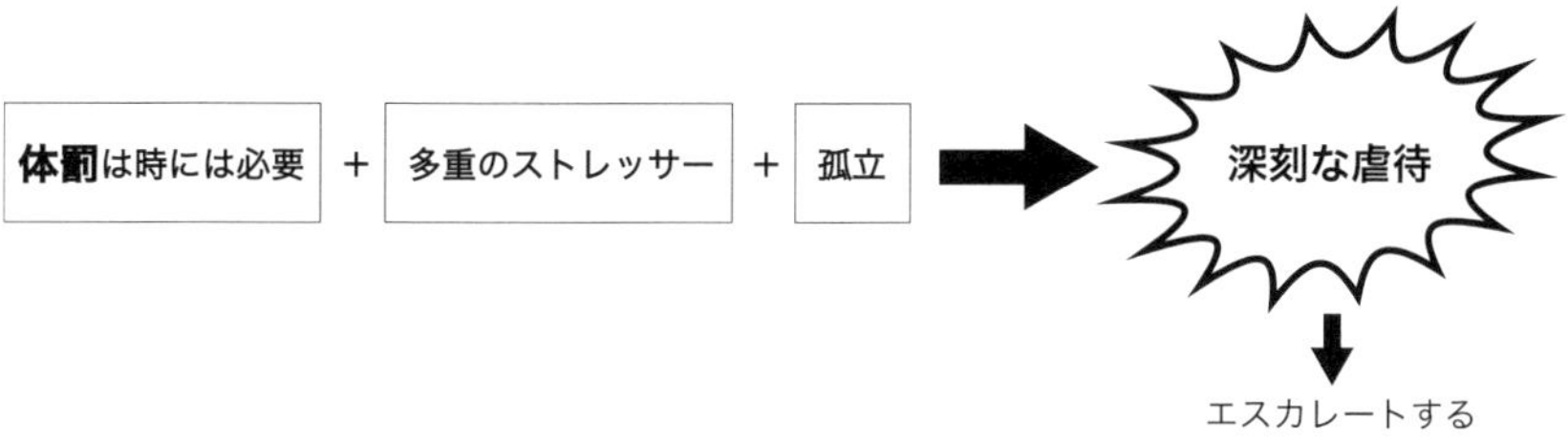

図 4-10　体罰がエスカレートする式。「体罰は時には必要」というファクターがなければ、深刻な身体的虐待は起こりにくい。

いました。

「体罰は時には必要」から「体罰の必要な時はない」へ

ＭＹ ＴＲＥＥプログラムが修了には至らなかった人も含めて、少なくとも２０００人以上の深刻な虐待に至ってしまった親たちに出会ってきた中で何度も繰り返し見てきたパターンがあります。子どもを暴力で怪我させてしまった親の多くが児童相談所で「しつけのためだった」と言います。「言ってもわからないときは、体罰も必要です」とも言います。身体的虐待の大半が、「体罰は時には必要」の考えから始まるのです。そこに次の２つの要素が加わったとき、すなわち図４‐10の式の３つが同時に重なったとき、しつけのつもりだった体罰は、一気に深刻な身体的虐待へとエスカレートします。

「体罰は時には必要」と考えていて、同時に重層的なストレスを抱えていて心の余裕のない親にとっては、３歳の子どもがコップの水をこぼしたことですら、平手打ちや足蹴りが必要になってしまいます。さらにその場に止めてくれる人が誰もいないと、感情はたかぶり、攻撃は一気にエスカレートします。もし、この式の第一要因の「体罰は時には必要」という考えがなくて、代わりに「体罰は絶対にしない」であったなら、たとえ多重のストレッサーを抱え、孤立状態であっても、身体的虐待は起きないのです。別の言い方をするなら、「体罰は時には必要」という体罰容認の考えが社会に広くある限り、深刻な身体的虐待は決してなくなりません。

公益社団法人セーブ・ザ・チルドレンは国内2万人を対象にした画期的な体罰等に関する意識・実態調査を実施し２０１８年2月に発表しました。報告書によると、しつけのために体罰を容認する人が56・8％。しつけのために子どもを叩くべきだと答えた人は60％。決してすべきでないと回答した人が40％でした。同時に行った１０３０人の子育て中の親への実態調査では、体罰を一回以上したことがあると答えた人は70・1％、一度もしたことがない人が29・9％と報告しています。（報告書「子どもの体やこころを傷つける罰のない社会を目指して」http://www.savechildren.or.jp/jpnem/jpn/pdf/php_report201802.pdf）

２０１０年に朝日新聞社が行った意識調査では、親による子への体罰は必要と考える人が58％でした。中・高・大学生を対象にした調査（石川善之、１９９８年）では、約半数の子どもたちが「体罰を受けてきた、あるいは現在受けている」と答えています。子どもをしつけるために体罰は必要だとの考えは大変に広く深く根を張っているのです。この意識を変えることが身体的虐待を減らすためには不可欠な取り組みです。体罰はしない、させないという社会意識を広げる必要があります。

１９７９年にあらゆる体罰を禁止する法律を制定し啓発を徹底してきたスウェーデンは、この40年間で社会から「体罰は時には必要」という考えをなくすことに成功しています。日本でもできるはずです。

体罰の6つの問題

●体罰の６つの問題

体罰は

1　大人の感情のはけ口であることが多い
2　痛みと恐怖感で子どもの言動をコントロールする
3　他のしつけの方法を考えなくなる
4　エスカレートする
5　見ている他の子どもにも心理的ダメージを与える
6　取り返しのつかない事故を引き起こすことがある

『しつけと体罰』

第6回では「体罰の6つの問題性」を学び、話し合います。

子どもに対してしてしまったときのことを思い起こしながらこの6つを検証します。このとき、親として子どもに体罰をした経験だけでなく、自分が親や教師から体罰されたときの記憶を語り、涙を流す人も少なくありません。「5　見ている他の子どもにも深い心理的ダメージを与える」の項目には、「知らなかった」と驚きを示す人が多いです。DVを目撃するだけで脳の一部が萎縮することもあるほどのダメージになるのと同様、体罰は見ている子どもにも恐怖をもたらします。加えて「自分は殴られなくてよかった」との罪悪感は恐怖と不安の感情とないまぜになって、子どもの心を傷つけ長期に及ぶトラウマをもたらすことにもなるのです。

体罰をすればするほど、子育ては難しくなり、苦しいものになります。キャッチボールのロールプレイをして、それを学びます。さらに、テキストの『しつけと体罰』の「体罰の6つの問題性」の章を家に帰ってから読んで、連れ合いなど、子育てを一緒にする他の大人とも共有するように勧めます。

以下は、ＭＹ ＴＲＥＥプログラムの発行するニュースレター２０１６年からの転載です。体罰の６つの問題性を現実の出来事に当てはめて考えるための例として役に立つことでしょう。

〈北海道少年生還のニュースからしつけと体罰について考える〉　森田ゆり

北海道の山中で行方不明になった小学2年生の少年が、７日後無事に発見された。良かった。

それにしてもすごい子どもだ。７日間ただ一人の人間にも会わず、山道や獣道を直線距離で5キロだからそれをはるかにまさる長距離を歩いて歩いて、決してあきらめずに、熊や夜の寒さから自分の身を守り通した。少年のサバイバルへの精神力に驚く。

テレビを持たない私は、この事件に関して世の中が、しつけの是非をめぐって大論争だということを、ＢＢＣやＣＮＮのネット上の国外ニュースで知った。

「しつけと体罰」の専門家としてもし私が何か言うとしたら、両親は少年と娘にも謝ること以外に、「体罰の６つの問題性」をこれを機会にじっくり考えてみてくださいと助言するぐらいだろうか。

たしかに懲らしめのために山中に7歳の子どもをたとえ10分間でも置き去りにするのはしつけではなく体罰だ。

日本の大人の約6〜7割が親による体罰は時には必要と考えている（朝日新聞調査、２００４年、２０１０年）。この「時には」というのが曲者で、体罰は絶対しないと考える大人が増えないと、体罰のみならず体罰のエスカレートした深刻な身体的虐待を日本から減らすことはできない。

体罰が子どもの心と身体の健康な発達を妨げることは、たくさんの研究で明らかになっている。しない、させないとまず思って、親や教師はそれに代わる方法をいつもクリエイティブに情報収集してほしい。

体罰とは、殴る、蹴るなどの腕力を用いるものにとどまらない。子どもに恐怖感を与える対応は、すべて体罰と考えた方が良い。たとえば2歳の子を家のトイレに30分閉じ込めることはしつけではなく体罰だ。その子は恐怖と不安を抱くからだ。それも親に見捨てられるという子どもにとっては最悪の恐怖。

わたしは常々「体罰の6つの問題性」を語り、体罰の子どもに与える深刻なダメージに人々の意識を喚起している。これを使って、今回の事件を検証してみよう。

1 体罰は大人の感情をぶつけていることがほとんど

少年が他人や人の車に石をぶつけるのを制してもやめなかったとき、両親はこれは絶対に許してはならない行為と受け止めたことでしょう。と同時に言うことをきかない少年に腹が立ったに違いありません。7歳の子どもを山中に10分間置き去りにすることがどれだけの恐怖を子どもに与えることか、きっと通常だったら考え判断できることが、怒りの感情に圧倒されると、人は理性的な行動がとれなくなってしまうのです。

そんなときは、「自分は怒っている」と正直に自分の感情を認め受け入れることを心がけていると、感情に支配されて行動してしまうことを避けることが可能になります。

「本気で怒っている」ことを、言葉で伝えるコミュニケーション・スキルを持ちましょう。こちらの言い方を少し変えるだけで、子どもは驚くほど協力的になることがあります。

2　体罰は恐怖感を与えることで子どもの言動をコントロールする方法

親が正しいと信じる方向へ子どもをガイドすることがしつけです。こわがらせて言うことをきかせるという方法＝体罰を使っていると、子どもは怖くない人の言うことはきかなくなります。人に石を投げてはいけないという教えは、怖い人の前ではしないけれど、怖くない人にはしてしまいます。陰でいけないことをしたり、嘘をついたりするようになります。

3　体罰は即効性があるので、他のしつけの方法がわからなくなる

親や教師が、体罰は使わないと心に決めておくと、では、それ以外にどうしたらよいのかの情報に敏感になり、いろいろ試みるようになります。体罰以外のしつけの方法は、時間がかかることが多いです。すぐに言うことをきくようにならないかもしれません。しかしいのちを育てるとは、時間がかかる作業です。「待つ」ことでもあります。芽を出した野菜が健康に育つには、葉が増え、茎が伸び、花を咲かせるという長い成長のプロセスを「待た」なければならないのと同じです。

4　体罰はしばしばエスカレートする

体罰は、北海道のこのケースの場合もエスカレートしました。少年を一度車から降ろして発車して、泣きながら追いかけてくるのをいったん拾った。そこで子どもがちゃんと謝らなかったので親は怒りをさらに募らせたのでしょう。再び置き去りにして、今度は走り去ってしまうところまでエス

カレートしました。
おしおきのために親が4歳の子どものおしりを手で叩いたけれど、ちっとも怖がらないので、ベルトで打とうとした、それもかわされてしまい、ついに包丁を持ち出したケースがあります。体罰はエスカレートして、している大人が自分をコントロールできなくなるから危険なのです。

5 体罰はそれを見ている他の子どもに深い心理的ダメージを与える

少年のきょうだいはこの7日間、どうして過ごしていたのでしょう。きょうだいが7日間にわたって経験した不安と恐れは大変なものです。両親は、きょうだいにも「こわい思いをさせてごめんね」ときっちりと謝ってください。このことで揺らいでしまった親子の信頼のきずなを回復してください。

6 体罰はときに、取り返しのつかない事故を引き起こす

今回、体罰によって事故が起きてしまいました。でも最悪の事故ではなく、取り返しのつく事故だったことを心から喜びます。

体罰＝恐怖で教えようとすることは、親子の信頼関係に大きなひびを入れます。子どもにとって最も大切な人である親がもたらす恐怖の体験は、他の人による恐怖よりはるかに深いダメージとなります。

ご家族4人、一人ひとりが、起きた事柄を安心な場で話し合い、気持ちを表現し合ってください。それが難しければ、カウンセラーの力をかりて家族会議をファシリテートしてもらいましょう。この

出来事を通して、ご家族が一層の信頼でつながることを祈ります。

6回目の〈学びのワーク〉では、そもそもしつけとは何なのかを、次のようなたとえで考えます。

あなたのしつけは、きっちり本縫い？　大まかなしつけ縫い？　それともぶらぶら糸なし型？

しつけは、家庭教育も学校教育もその最終目的は自立と自律です。
しつけとは、子どもが自分で社会生活を送れるように、**その子なりに**自ら立ち、自らを律していくように、**大まかに**ガイドすることに他なりません。このとき「大まか」が大切です。細かくすると、本縫いになってしまい、子どもがしなければいけないことを親がしてしまい、子どもはそれをほどくのに一生かけて苦労しなければなりません。
自立とは一人で立つことではなく、人の力を借りて立つことです。それは必要なときにヘルプを求める勇気ある力。すなわちコミュニケーション力です。

しつけの大まかなガイド　↓　３つの要素
子どもをまるごと肯定する――安心
子どもの自分への自信を育てる――自信
子どもが自分で選ぶように援助する――自由

図4-11　しつけの３類型。しつけの最終目的は、子どもの自立と自律。そのためには、大まかにガイドすることが大切。

安心・自信・自由は**この順番で必要**です。なぜなら、安心がない人に、自分は自分のままでいいと思える自信は生まれません。安心がない人に、自ら選択するという自由を使うことはできないからです（安心・自信・自由はCAPプログラムの標語です）。

「私は自分で行動を決められたことがないんです、子どもの頃は親の言うなり、今は夫の言うなり。本当に自分がない空っぽ人間」と自分を責めて嘆いた方がいました。その人にはこんなコメントを返しました。「行動を決められないってことは自由を使えないってことよね。それはあなたが空っぽ人間だからではなく、あなたの日常に安心がなかったからですよ。今、あなたの安心はどうですか？　まずは安心をしっかり手にしましょう。そうしたら自然に行動を選べるようになるから」

「小さいからどうせ言ってもわからないからいいか……。ちゃんと目を見て話してあげられたかな？　聞いてあげられたかな？　一つひとつは小さいことだけど、その積み重ねって大事なんだと思うようになった。私はいつも自分勝手なボールばかり投げていたな……。それを子どもがキャッチできないと怒っていたんだな」

「子どもに対しては、悲しくても悔しくても腹が立っても、全部怒ってまくし立てて、ひどいときはパチーン！とやって……と。私の表現が全部いっしょだった。うれしいときの表現が違うだけで、それ以外のネガティブな感情は全部表現がいっしょだった。『そうされたらママは腹が立つ』『その行動は悲しい』『そういう風にされると悔しい』などと（Iメッセージで）言うことを学んだ。きちっとした子どもに伝わる言葉で自己開示したい。今までは自己開示しないから伝わらないし、伝わらないのが余計に歯がゆくて手が出てしまっていたと思う」

「子どもの前で包丁出したり、首を絞めたりしたのを見せた。あの子の心、傷ついているだろうなと思うとつらい。（中略）自分が子どもの頃、勉強ばかりで遊んだ記憶がなかったから、子どもには楽しいことの思い出を作ってあげたい」

体罰に代わる10のしつけの方法

①子どもに肯定型メッセージをおくる

＊＊＊はだめ↓（具体的に）○○○しましょう

例：走らない↓歩こうね

投げない↓お母さんの手にちょうだい

②子どもとルールを決めておく

（守れるもの・納得・同意しているもの・多くても3つか4つ）

できたらシールを貼る、花丸をつける……↓たくさん集まったらご褒美

③子どもの気持ちに共感する

共感的傾聴「○○ちゃんは○○○な気持ちでいっぱいなんだね」

3つのステップ（気持ちを認める↓言語化↓気持ちと行動を分ける）

④親の気持ちを言葉で伝える（Iメッセージはeye（アイ）メッセージ）

⑤親のタイムアウト――子どもから離れる（↓感情のコントロール）

自分が冷静になる時間と空間が必要

⑥子どもと主導権争いをしない――勝とうとしない、安易に負けるのもよくない（↓引き分ける）

親の気持ちが「言い負かされたくない」「親を馬鹿にするのか！」「親に対する態度か！」「もっと素直になれ！」となっているときは、主導権争いをしたくなるとき。勝とうとしない、引き分けようと自分に言いきかせる。

⑦子のタイムアウト（幼児から小学校低学年まで）

特権を時間を限って取り上げる。年齢と同じ分数で、タイマーをセットする。

暗闇に閉じ込めるなど、恐怖を与える方法は体罰なのでダメ。

⑧子どもに選択を求める（選択肢を提示することもある）

⑨子どもの発達に合わせる

⑩尊重と愛のエネルギーを親が補給する

自分をケアする時間と空間を持つ。共感して聴いてくれる人も必要。

『しつけと体罰』

愛着再形成のために誰でもができること

「赤ちゃんのときに母親との愛着関係をちゃんと持たなかった子は自立できないってどこかで読んだんですけど、うちの子もう8歳になっちゃった。どうしよう。やり直しをする治療とかないんですか」と不安を口にした方がいました。

築かれなかった愛着関係を修復するための愛着セラピーが90年代のアメリカでは流行りました。親からの虐待で分離された子どもの大半がフォスターケア（里親）に措置されるアメリカでは、反応性愛着障がいの子どものセラピーは里親への支援としてもニーズが高かったためです。セラピーに公的予算がつく州が多かったこともあるでしょう。ただしそのセラピーのどれもが効果があったのかどうかはわかりません。セラピーの中で子どもが続けて何人も窒息死したり、恐怖の再体験をさせるものも出てきて愛着療法反対運動が起き話題となったこともありました。

筆者は、愛着関係再形成のベストの方法は、セラピーを受けに行くよりも、親が子どもに本を読んであげる習慣を持つことだと考えています。読む本の質は問いません。途中で親が寝てしまってもいいです。夜寝る前の布団の温もりの中で、10分でも15分でも親が一緒に時間を過ごしてくれたという身体記憶が、子どもの成長の過程で目立たないけれど強い支えになります。第5章のTさんのケース記録は、本の読み聞かせの習慣が愛着形成の修復になることを示すパワフルな事例です。ひどい虐待を自分にしてきた親への怒りを全身を震わせながら語ったTさんが、あることからその母親が自分に本を読んでくれていたことを思い出します。そこからTさんの母親への関係、Tさんと子どもとの関係がダイナミックに変化していきました。


「本読んでますか？」と冒頭の不安を口にした親にファシリテーターが聞きました。

「それが読んであげられていないんです。子どもが自分で読んでます」

「一緒に読んでください。面倒臭くてもやりましょう。スキルも何もいらないんだから。子どもとの身体的絆《きずな》を作り直す、簡単で、効果がある方法だと思いますよ。もうあと2〜3年したら、親に読んでもらうなんて赤ちゃんみたいだと、嫌がられますよ。今しかないです」


12回目のセッションでは子どものレジリアンスについて話します。

「今まで子どもに与えてしまったダメージはもう取り返しがつかないと思っている人もいるかもしれません。でも子どもの弾力性は素晴らしいです」とゴムボールを使って話します。親との心と体の安心なふれあい、安心な時間。それだけでいいから保障できていれば、子どもは回復していきます。

語りのパワー

1時間の〈学びのワーク〉の後、10分間の休憩を経て、〈自分をトーク〉の1時間が始まります。第1回目のセッシヨンでファシリテーターは次のように語りの約束を設定します。

後半は〈自分をトーク〉です。話すテーマはありません。何を喋ってもよいです。ただし、自分のことを自分の気持ちに正直に話してください。「私は……」とーメッセージで話しましょう。

話す人はこのぬいぐるみを持って話してください。

時間は、1人3分です。タイマーを使って計ります。

話の途中でタイマーが鳴ったら、そのセンテンスの最後で終わってください。今日は初回なので、みなさんの話をしっかりと聴きたいと思っています。特に、私から、話された内容についてコメントは返しません。3回目からはコメントを返していきます。

誰から話をしますか？　最初なので順番に回しましょうか？　パスしたい人は、ただぬいぐるみを次の人に渡せばいいです。

ＭＹ ＴＲＥＥプログラムは本人のナラティブの主観を大切にすることで、過去、現在、未来を主体的に語り、絵にし、イメージする作業を重ねて、人生の主観的な意味の創出を重視します。

参加者一人ひとりのナラティブは丸ごと尊重されます。ジャッジされたり、指導されることはありません。

参加者は自分の話に全員が耳を傾けてくれること、他人の話をしっかり傾聴することで、自分の大切さを感じていきます。

5つの約束事の確認によって誰にとっても安心な場を保障しているため、参加者はグループに帰属感を持ちます。「ここに、あるがままの自分を受け入れてくれる人たちがいる」と感じることができ、長年さいなまれてきた孤立感と疎外感がこの場ではやわらぎます。

子どもを風呂桶につけてしまって逮捕に至った、食器を投げて怪我をさせて救急病院に駆け込んだ、傘で突いた、包丁で脅した、一緒に死のうと心中をはかった、などの深刻な虐待行動を自分のために語れる場は、めったにありません。歯ぎしりするほどの後悔と自己嫌悪にさいなまれてきた気持ちを涙とともに語り、それに何も言わずじっと耳を傾け、ともに涙を流してくれる場はありませんでした。連れ合いにも、家族にも、親友にも受け止めてもらえない事柄を、勇気を出して、自分の気持ちを自分を偽らずに語ることは大きな心理的浄化作用をもたらします。ファシリテーターから参加者に自己開示を求めることは一切ありません。ただ自分に正直に語ることは気づきをもたらし、内的な変化をもたらすことが示唆されるだけです。

「このプログラムに参加して初めて、本当に初めて、自分に正直な気持ちを話す場を与えてもらいました。そしてそれを参加者全員が真剣に聴いてくれました。上手に伝える方法も教えていただいたおかげで、『話しても大丈夫なんだ』という安心が芽生えてきました」

「自分をトークで、自分自身を解放できた。6歳のまま置いてけぼりにされていた私を何度も心の中で抱きしめました。その頃から子どもたちを無視することがなくなっていき、マイツリーへの参加も楽しみに変化していきました」

実践者が参加者たちの語りに対して価値判断を下さない言い方で返すので、親たちは、子どもに価値判断をしない関わりを学んでいきます。「なんて良い子なんでしょう」とほめるより「頼みごとやってくれてありがとう。助かるわ」と具体的に言う。「ほんとにのろまなんだから」と批判するのではなく「どこを手伝ったら早くできるかな」などと、どうしてほしいか聞くようになっていきます。

「多様性の尊重」はMY TREEプログラムの5つの根の一つです（図4-2、90ページ参照）。実践者は参加者の語りへのフィードバックの中で、「〜ねばならない」思考ではなく、いろいろな考え方があることを示していきます。白か黒ではなく白も黒もあること、「その子が憎たらしくてたまらないときも、愛おしいときもあるのがふつう」と考えられるようになると、子育てはずっと楽になります。

MY TREEプログラムは会合の場以外での参加者間の付き合い、メール交換などを厳しく禁じています。帰り道も一緒には帰りません。万一どこかで会ってしまったら、会釈をするだけにしておきましょうと提案します。修了後も3ヶ月後、6ヶ月後のリユニオン（同窓会）での再会以外は、出会う場はありません。この〈つながらない〉枠組みがあるがゆえに、会合の中では、他では決して話せないようなことも話すことができ、人の話に、自分の話にたくさんの涙を流し、通常の友人関係にはない密な信頼関係を作ることが可能になります。それは非日常の閉じた空間の中でのみ醸成される不思議な関係です。参加者は現実ではつながらないからこそ、修了後もその目に見えないつながりの温かい記憶を持ち続けます。

「修了後、1年経ちます。今もMY TREEの仲間のことを考えます。どうしているかなって。あの人も、あの人も……頑張っているだろうな、だから私も頑張れるって」

「グループのみんなやファシリテーターの3人に会い、話すことが楽しかった。自分の知らない自分を教えてもらえる期待、他の人の話にハッとさせられ、自分の気持ちが深まる期待」

「プログラムの中で話したり、ワークして書き出すことで自分の過去ともう一度向き合い整理することができ、今までとは違う感情があったり、『こうだったんだ』といろんなことに気づけたような気がする」

「初めて、正直な気持ちを話す場を与えてもらいました。私の気持ちを口にして、子どもの気持ちを聴く。少しずつ子どもが気持ちを口にするようになった」

「『人とつながる、つながらない』ということで、ずっと悩んできた。でも目に見える『つながる』だけではなく『目に見えないけどつながっている』が実感できた。そのことでとても楽になれたし、『これからも私は大丈夫』という気持ちになった」

グループ・エンパワメント

かつてジュディス・ハーマンはグループの持つ集団的エンパワメントについて次のように述べました。

グループは互酬関係の道を開くだけでなく、集団的有力化の可能性をも与える。グループのメンバーは対等の者、仲間として近づき合う。それぞれが悩みを持ち助けを必要としているのであるが、与えられるものも何かは持っている。グループはそのメンバーのそれぞれに力をとり戻させ、強さを養う。その結果、グループは、全体を一つと見れば、各メンバー個々人の誰よりも外傷体験に耐えこれを統合する大きな能力を持っている。そして各メンバーはそれぞれ統合を成長させるために、グループの共有資源を頼りにすることができる。

『心的外傷と回復』中井久夫訳、みすず書房、1999年　Trauma and Recovery, Judith Harman, 1992

１９８０年代から90年代にかけての米国のトラウマ治療分野では、ＤＶ被害者、性暴力被害者、戦争帰還兵、難民避難者など当事者の自助グループが、個人精神療法では得られなかった大きな治療的効果を発揮することが明らかにされていきました。しかし同時にグループ参加でダメージを受ける人も出てきました。同じ文脈の中でハーマンは次のようにも述べました。

「グループの潜在的破壊力はその潜在的治癒力に等しい。（中略）グループメンバー間に持ち上がる葛藤は何ともやすやすと外傷的事件のダイナミックスの再現となってしまう」

筆者は過去、性的虐待のサバイバーのいくつかの自助グループの支援者として関わった経験から、ＭＹ ＴＲＥＥにおけるグループの力の使い方に関して、実践者の養成講座では、次のように教えています。

グループ・エンパワメントは個人カウンセリングにはない効果を発揮できるが、同時にグループは進行の仕方や、構成によっては参加者にさらなるダメージを与える力も持っている。参加者の外傷体験の再演が起きたり、メンバー間の攻撃が起きる危険性がある。治療的な効果や行動の修正を目指すグループの実施には、少なくとも以下のことが準備、保証されている必要がある。

・目的を明確に設定し、参加者がそれを共有する。
・参加者が自分に正直に語ることができる安心な場をグループ進行中のあらゆる場面において保障する。グループは参加者が何を語ってもいいし、語らなくてもいい安心な場でなければならない。安心は、グループの成功、不成功を決める鍵である。
・最初の２回の〈自分をトーク〉では、安心を根付かせるために、ファシリテーターはコメントを返さず、傾聴に徹する。

・メンバー相互作用によるグループ・エンパワメントを可能にする進行スキルが必要。参加者が互いにエンパワメントし合う場面は自然に発生するのではなく、ファシリテーターによる全体のトーンの設定、目的と約束事の確認、細かい配慮があって初めて活性化する。その理論とスキルとツールをファシリテーターは持っていなければならない。

・参加者の気づきと変化を大きく促進するために、ファシリテーターは、3回目の〈自分をトーク〉以降は、傾聴するだけではなく、短く適切なコメントをする。これは、気づきをもたらす質問、validation（承認・有効化）、言い換え、受容、指摘、気づきを引き出すための余韻を持たせるコメント、そしてまれに助言など。一人の人へのコメントが他の人にも意味を持つことを意図しながら、短いセンテンスでシンプルに言い、言葉を重ねない、曖昧な言い回しの語尾を使わないなどが訓練される。

コメント返しはMY TREE実践者が、3〜4人の実践者間による振り返りと、スーパービジョンを受けながら実践を重ねることで身につける臨床家としての高度なスキルである。

「MY TREEペアレンツ・プログラム実践者養成講座テキスト第4版」

「同じような悩みを持つ仲間と一緒に時間を共有し、勉強できたこと、とても心強かったし、一人じゃないと感じられた」

「どんどん子ども（長女）との関係が良くなっていけてるのを感じて、マイツリーにくるのが楽しかった」

「身分を明かさない不思議な12人の仲間たち。価値観も違うし、まず友達にはならない、そしてもう会うこともない12人との出会いの大きさを今もひしひしと感じています」

「ちかいの言葉」が効果を発揮するとき

最終回の前の回、12回目のセッションで「ちかいの言葉」を書きます。ファシリテーターはこう言います。

「これから先、子どもとの関係で、やめたいこと、あるいはしていきたいことを具体的にちかいの言葉にして、みんなに宣言します。例えば殴ることを止めようと思うのなら、『私〈アネモネ〉は子どもを殴らないことを誓います』と書いてください」

通常、自分の行動を変えようとしてちかいの言葉を書いてもあまり効果を発揮しないことは、元日の誓いが三日坊主に終わることや、ダイエットが続かないことなどで多くの人が経験しています。個人の意志は弱いものです。ただそれはグループの力を使うと俄然効果を発揮します。筆者は90年代にアメリカでグループ禁煙プログラムの開発に携わったとき、こうした誓いが、グループからのサポートがあるときは、効果の高いものとなることを経験しました。

グループの力を発揮するためにはセレモニーが必要です。セレモニー（儀式）とはシンボルを複数の人間が共有することです。あるシンボルの意味を複数の人が無意識、意識の両方で受け取める集団としてのプロセスがセレモニーです。ここでは、それぞれの宣言を書いたカラフルな紙を貼りつけたコラージュがシンボルです。そこに書かれた内容は一人ひとり違っていても、それは12週間にわたってグループメンバーがともに流した涙と、誰かの危機をともに心配した不安と、変化が遅い自分への苛立ちの言葉を聞いてもらった安心感と、変われたことへの喜びのシンボルです。書かれた文言をただ読み上げるだけでなく、記憶に残る出来事として祝うセレモニーをすることで、誓いはもはや自分のものだけでなく、グループのものとなります。自分だけのものでない誓いを破るわけにはいきません。

「ちかいの言葉」を書くということは、古い思考を捨てて、新しい考えを採用することです。考えとは、頭の中で自分に話しかける言葉にほかなりません。

こんな教えがあります。マザー・テレサの残した教えだと言われています。

言葉に気をつけなさい、それは考えになるから。
考えに気をつけなさい、それは行動になるから。
行動に気をつけなさい、それは習慣になるから。
習慣に気をつけなさい、それは人格になるから。
人格に気をつけなさい、それは運命になるから。

つまり、あなたが自分に話しかけている言葉を変えれば、考えが変わる。考えが変われば、行動が変わる。行動が変われば、習慣が変わる。習慣が変われば、人格が変わる。人格が変われば、運命が変わるのです。

あなたが「私は母親失格のダメ人間」「どうせ何もできないに決まっている」という言葉で自分に話しかけていると、それはあなたの考えとなりついには人格となります。逆にあなたが「二度と子どもを叩かない」「私は毎日瞑想をして感情爆発しないようになる」と自分に言葉をかけ宣言することで、あなたは自分の考えを変え、行動を変え、習慣を変え、運命すら変えることになるのです。

誓いはあなたの意志で守るのではなく、**願い**と**希望**で守ります。子どもへの暴言・暴力をＳＴＯＰしたいあなたの**願い**と、暴力をＳＴＯＰできるという自分への**希望**で。

家族えん会議――修復的司法、ファミリー・グループ・カンファレンスの方法

プログラム修了後、フォローを必要とする人は関係機関につなげます。５章の日光市のケース（１８６ページ）は、

小回りがきく市町村レベルでのネットワークを最大限活用していくつものサービスにつなげることで、修了後の家族の安全と健康を維持し常態化した例です。主催機関によっては、ＭＹ ＴＲＥＥプログラム実践者がその機関の常設カウンセリング業務を担っているところもあり、修了後のフォローが必要な人にＭＹ ＴＲＥＥ実践者がカウンセラー／セラピストとして関わりを続けることもあります（第６章、２０６ページ）。

２００８年からは修了生の中で実践者が提案し本人が希望する場合には、プログラム修了後に「家族えん会議」の実施を行ってきました。

家族えん会議は当事者（被害者、加害者、その家族やコミュニティー）が直接一同に会して、対立や暴力を解決する方法です。修復的司法、修復的正義、ファミリー・グループ・カンファレンス、オハナ会議、ピース・サークル、ファミリー・ユニティ等々、世界各地でさまざまな名称で実施されています。校内暴力やいじめ、児童福祉における虐待やＤＶケース、非行、職場のセクハラ・パワハラケースなどの諸分野で驚くほどの効果を挙げてきました。

どのような名称で呼ばれようと、ここで共通することは、司法や行政が上から問題解決を指示していくのではなく、当事者とその家族やコミュニティーが主体となる方法で、子どもたちもその出席者です。ならば誰にでもわかりやすく覚えやすい名称であることを優先させたいと思い、筆者は「家族えん会議」と名付け、２００６年からそのファシリテーターの養成を日本各地で実施してきました。「家族えん会議」のえんは、円（輪になって座る）、縁（その出来事に縁のある人々が集まる）、エンパワメントのエン（誰もが問題解決力を本来持つという信念）。修復的実践のこの３つの共通方法を名称に込めました。

その中でもファミリー・グループ・カンファレンスは、１９８０年代にニュージーランドの先住民族マオリ族のコミユニティーからの西欧合理主義中心の児童福祉と法制度に対する批判と提言を受けて考案された児童保護、少年司法の方法です。それは同時期に、欧米の少年司法の分野で実践化が始まった対話による修復的司法の方法と共通する思想と方法論で、ともに90年代中頃から急速に世界各地の多様な分野で実践されるようになりました。特にニュージーランドやオーストラリア、カナダでは警察と家庭裁判所の丁寧な協力のもとに実施が広がりました。アメリカでは、全米家庭裁判所裁判官協議会の強い支持のもとに、１９９５年頃から特に児童保護、学校、少年裁判の分野で広がり今日に至っています。

このモデルの思想的基盤は、当事者、家族、コミュニティーのエンパワメントです。

第3章で紹介したニュージーランドの先住マオリ族の長老コロデューズ "Koro" Dewes、Dr. Te Kapunaga Dewes はマオリ族の言語と文化の復興にその人生を捧げた教育者として、２０１０年に80歳で亡くなるまで、マオリ族のみならず世界の先住民の奪われた文化復興のインスピレーションとなってきた人物です。ニュージーランドのマオリ族の人口比は約15％で、オーストラリアのアボリジニーが約2％、アメリカ合衆国のアメリカインディアンが０・８％であることを考えると圧倒的に多く、白人を中心とする政府への影響力も比較的大きかったと言えます。

彼の言葉は、すでに紹介していますが、ファミリー・グループ・カンフェレンスの思想としてのエンパワメント、すなわちストレンス（strength）ベースを見事に語っているので、もう一度ここで引用しましょう。

「我々マオリは落第者だと言われ続けてきたことにとことん嫌気がさしている。我々の否定的な面、欠点、弱点ばかりに焦点を当てられることに苛立ちを隠しえない」

「わたしの欠点よりもわたしの長所に注目してほしい」

個人と家族の弱点と問題点にのみ注目し、懲戒指導を徹底することで個人や家族が自らの弱点を乗り越えることはまずありえないことを、心理学を学んだ人ならば誰でも知っています。そもそも、多様性の視点に立ったとき、欠点、弱点とみなされた事柄は、誰の視点からの判断なのかの再検証が必要です。

当事者・関係者の直接対話のダイナミズムを活用して家族の長所と強みを引き出すという方法論こそが、人種・文化の違いにかかわらず、すべてのニュージーランドの家族に適応して効果を挙げるとの認識から、ニュージーランド政府は、1989年に、New Zealand Children Young Persons and Their Families Act の成立のもとに、子どもの措置や子どもの非行への対処に対して、従来の家庭裁判所の司法の適用前に、ファミリー・グループ・カンファレンスの開催が公的な役割を担うことが法的に位置付けられました。

1992年にこのニュージーランドモデルがカリフォルニア州に紹介されたとき、筆者は、この新しいモデルが、児童福祉と教育の分野にまったく新しいアプローチのパラダイム・シフトをもたらしたことに新鮮な感動を覚えました。

筆者が主催してきた「家族えん会議」ファシリテーター養成講座を受けた人々は、それを児童相談所での家族再統合プロセスの一環として実施したり、逆に子どもを親から分離する際の家族の決定を引き出すために実施したり、職場におけるパワハラの解決に使ったりと、それぞれの仕事の場で活用し、いずれも良い結果となった報告を受けています。

筆者も児童相談所からの依頼で、性的虐待ケースで分離した小学生女子の再統合を家族が決定していくための家族えん会議を進行したことがあります。高校生の上のきょうだい2人がポジティブな意見を活発に出し続けてくれたことが印象的でした。

2008年にはMY TREEプログラムを修了した親の希望で、修了後間もなく家族えん会議を開催しました。この方は再婚した夫の中学生の息子の学校での問題行動に感情が高まり、ハンガーで叩く体罰をしてしまいます。息子は帰宅後の父親からも叱られ、家から追い出されてしまいました。行く当てもなく、警察に保護され、その後、分離措置になったケースです。夫も彼に手を上げていて、体罰は必要との考えを持っていました。1年間の分離中、母は出産し、MY TREEに参加して、大きな変化を体験しました。一方息子は、家に帰ってやり直したい意向を持ち始め

図 4-12　MY TREE での家族えん会議。マオリ族にならって食事をしながら、家族だけで解決案を出すファミリータイムがある。

ました。

家族えん会議に参加してもらう人の人選は大切です。このケースの場合は、開催を希望する母、その夫、施設にいる長男（Gくん）、1歳の次男（Kくん）、長男の前の学校の担任（K先生）、母のサポーターとしてMY TREEプログラム実践者、長男のサポーターとして施設の担当職員。児相の担当ケースワーカーは出席できなかったので、合計7人の参加者でした。

家族だけで解決案を出すファミリータイムは食事をしながらするのがニュージーランド版の定番です。可能な限り子どもも赤ちゃんも参加してもらいます。実際、このケースでは赤ちゃんが参加していたことが家族の話し合いを良い方向へと進めた一つの要素となりました。

終了後、ファシリテーターは会議の報告を参加者全員に送ります。

様

先日は、家族えん会議に参加していただきありがとうございました。

去る、10月2日　午後7時　○○○会館において、Gくんと、家族とGくんの家族を支えてくれる人々が集まり、家族えん会議を、T市人権協議会主催（MY TREEペアレンツプログラムの開催団体）で、開きました。

ファシリテーター：森田ゆり　コーディネーター：中川和子

会議の次の目的2つは、この会議の開催を望まれた、母親のTさんと、コーディネーターの中川とで決めたものです。

①Gくんが、暴力がなく、安心安全に暮らすために何ができるか話し合う。

②ひとりの人間として家族がそれぞれに向き合って、暴力のない家庭にするために何ができるかを話し合う。

7時前に、みなさんが集まり9時過ぎまで、中身の濃い会議になりました。

ファシリテーターのリードで、母とGくん、父とGくんとの気持ちの率直な伝え合いが可能となりました。参加された学校および施設の先生たちのGくんへの信頼の気持ちと、家族への温かい支援の気持ちとが語られ、Gくんとご両親には、大きな励ましとなったようでした。

中間のファミリータイムでは、Gくんの赤ちゃんのときの話が出るなど、和やかな雰囲気で進められました。Kくんも機嫌よくムードメーカーになっていました。

目的にそって話し合った上で、家族が決め、他の参加者も合意した事柄を書きます。

☆話し合いの時間を増やす。コミュニケーションを増やす。

☆お互いに感謝の気持ちをもって、「ありがとう」を言う。

☆個人個人の時間をもつことで、お互いにストレスをもたない。

☆もし失敗したとしても、隠すのでなくて相談できるところをもつ。

自分たちだけで解決できないことは誰かの力を借りる。特にK先生がしてくれると言ったので、K先生に相談する。

上記の決めたことを、家族のメンバーが互いにモニターしあい、もし実行されなかったら、K先生に連絡をして力を借りることになりました。

Gくんが大切に思う家族が率直に話し合えた素晴らしい会議だったと思います。

これからも、Gくんとその家族を、温かく見守り、支援をお願いします。

2008年10月4日

森田　ゆり・中川　和子

このような家族えん会議は、MY TREEペアレンツ・プログラムのフォローとしては、その後2回開催しました。いずれの場合も、修了生と家族にとって、大変良い結果をもたらしました。

家族えん会議の開催には実践者の相当の時間的コミットメントが必要です。予算的にも特別に必要となるので、もっと多くのケースに実施していくのは今後の課題です。

家族えん会議については、『責任と癒し——修復的正義の実践ガイド』（ハワード・ゼア、森田ゆり訳・解説、築地書館、2008年）を参照してください。

ビルディング・ブロックス――構造的心理教育とナラティブ・トーク

MY TREEプログラムは構造化された心理教育カリキュラムとして開発されています。1回ごとのセッションが前のセッションの積み上げになっています。

構造化を示すチャートを見てください（図4-13）。

例えば左下の「安心」は、最初の2回のセッションでしっかり根付かせるアクティビティや語りがあり、それは毎回強化され、最後のセレブレーションまで保障されます。

エンパワメントは、1回目に氷山のたとえ話で導入し、2回目に『気持ちの本』を使ってどんな気持ちも受容するvalidationを学び、3回目に「大切な人」アクティビティをした後「エンパワメントの内的抑圧・外的抑圧」の図を見せながらの説明で展開します。その後のセッションは、参加者にエンパワメント概念が心のレベルで入っていることを前提にして積み上げられています。

5回目の〈死の危険〉は4回目の〈怒りの仮面〉のツールが使えないと意味をなしません。そのため、休まずに参加することが大切なことを何度も参加者に伝えます。やむなく休んだ人には、早めに来てもらって、あるいは終了後残ってもらって簡単に補講します。

「……この半年、この場所は私の癒しでした。静かな場所でゆったりとした時間を過ごせました。そして見ず知らずの人が集まっているのに、心を許せる場所となったのは、守秘や尊重などのルールが守られたからだと思います。私は尊重される心地よさを味わわせていただきました。自分を否定される悔しさは、子どもも同じで、人として

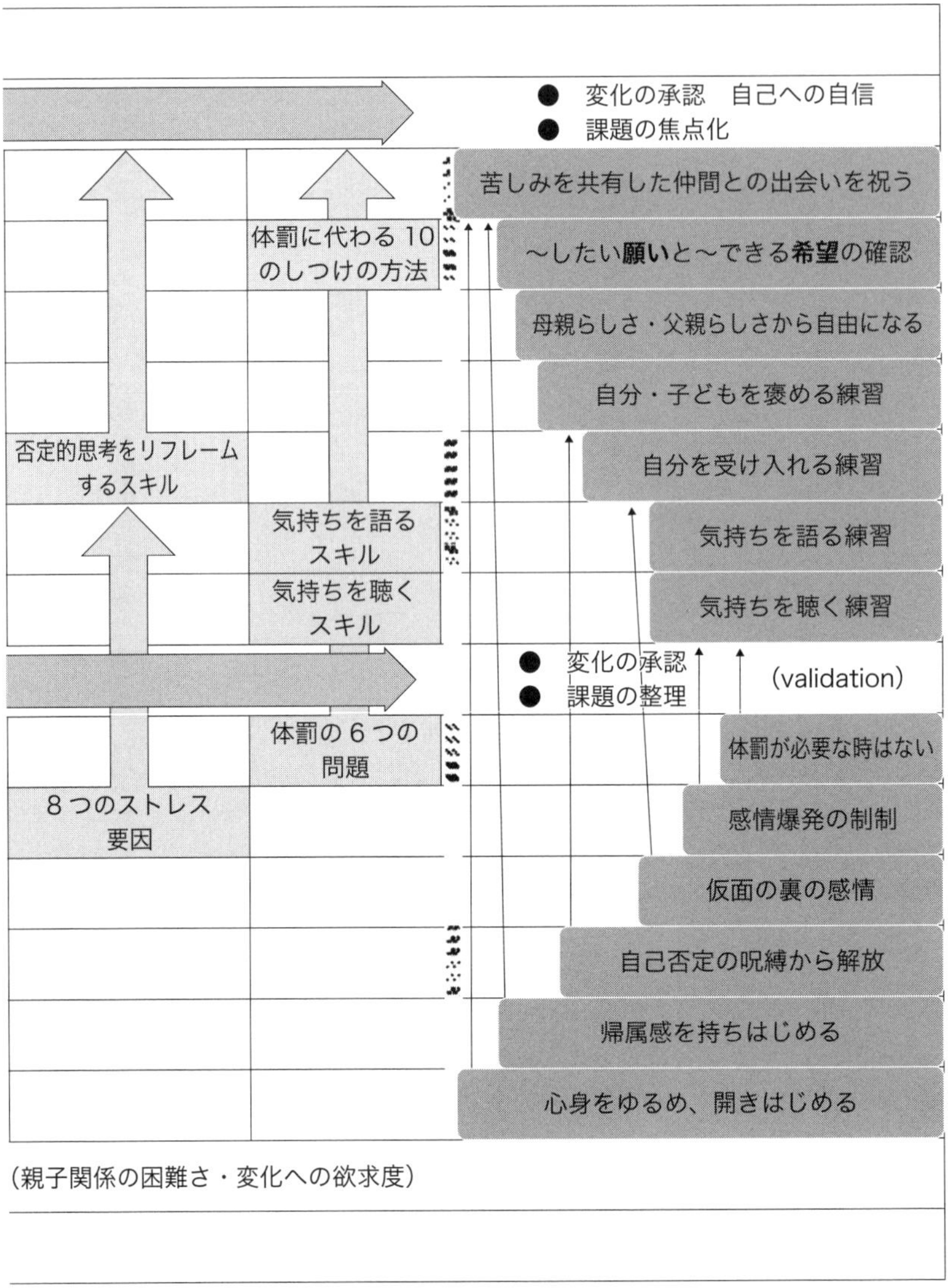
● 変化の承認　自己への自信
● 課題の焦点化
苦しみを共有した仲間との出会いを祝う
体罰に代わる 10 のしつけの方法
～したい**願い**と～できる**希望**の確認
母親らしさ・父親らしさから自由になる
自分・子どもを褒める練習
否定的思考をリフレームするスキル
自分を受け入れる練習
気持ちを語るスキル
気持ちを語る練習
気持ちを聴くスキル
気持ちを聴く練習
● 変化の承認
● 課題の整理
(validation)
体罰の６つの問題
体罰が必要な時はない
８つのストレス要因
感情爆発の制制
仮面の裏の感情
自己否定の呪縛から解放
帰属感を持ちはじめる
心身をゆるめ、開きはじめる
(親子関係の困難さ・変化への欲求度)

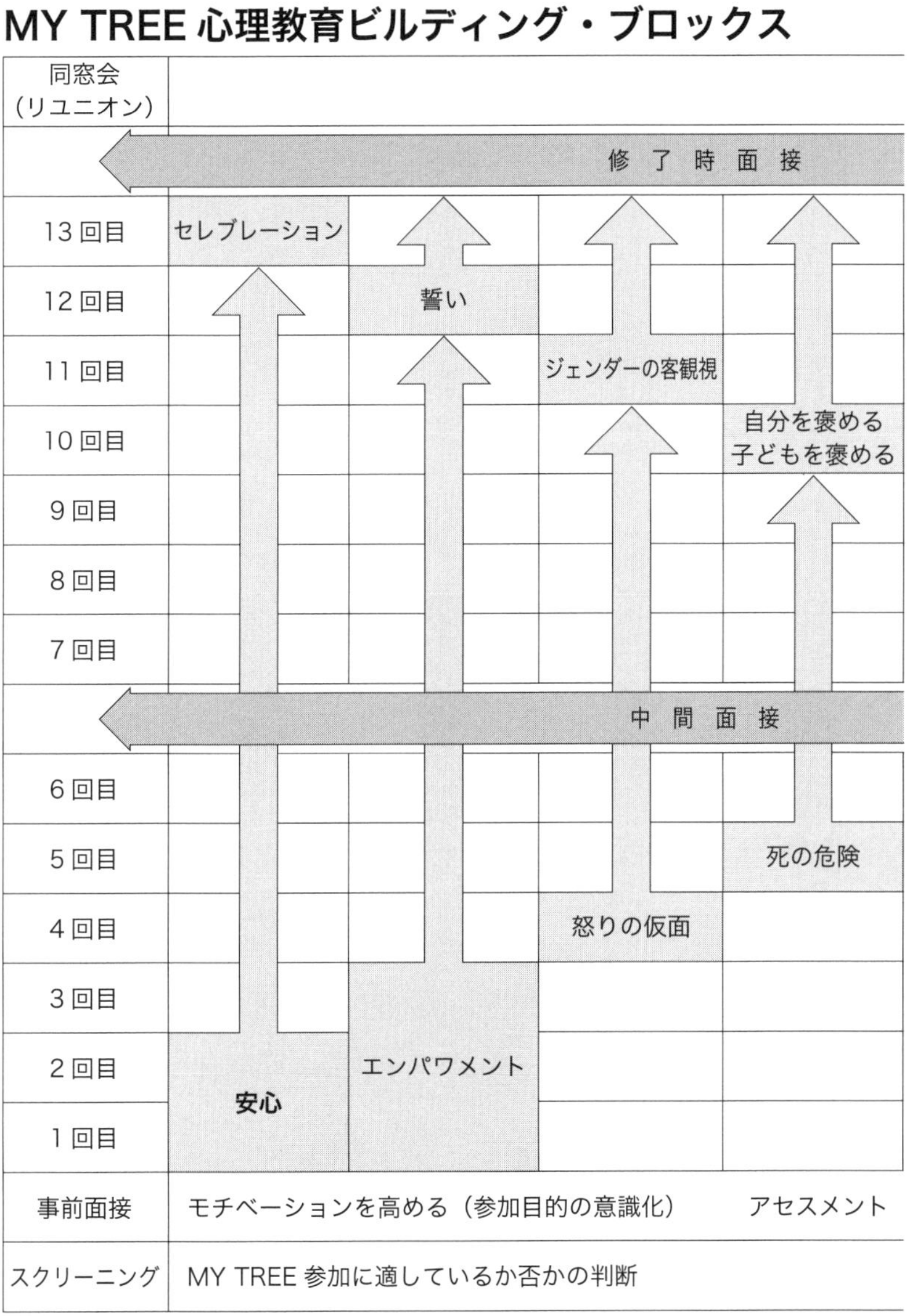

図4-13　心理教育ビルディング・ブロックス

どちらも尊重されることを忘れないようにします。丹田呼吸や木のイメージも続けていきます。私の根は大地に深くしっかりとした土台となり、私の枝は天に大きく伸び広がり、私の葉は豊かに茂っている……。太陽や水や自然からたくさんの栄養をもらって私らしい木に育てていこうと思います」

「今までは地獄でしたけど、今は、何か新鮮な空気が流れているような気がしています。

MY TREEに来れてなかったら、毎日ドロドロのまんまで、今頃……殺されていたかも?と一瞬思っていたほどでした。今は、ひまわりの種が落ちて、夏になったらまた花を咲かせるようになりたいです」

「楽になりました……。生きるのが楽になりました。息するのも何をするのも楽になりました」

第5章

プログラムを修了した親たちからのメッセージ

回復の作業の中で最も大切なことは自分の気持ちに正直に語ることです。自分に正直に語ることは着込んでいるたくさんの服や鎧を脱ぐことなので、恐れや苦痛が伴うためいつでもどこでもできることではありません。ＭＹ ＴＲＥＥプログラムではそれを可能にする環境を提供しますが、語りたくないという参加者の気持ちは１００パーセント尊重されます。

プログラム修了生たちは、勇気を持って自分の怒りの仮面の裏にひそんでいた感情に向き合い、それを受け入れ、言葉にし、涙を流すことで自らを変えていきました。

着込みすぎている服を脱ぎ、溜め込んでいたものを手放していけば、自分のありのままの存在の輝きが姿を現す真実に気がつく。そしてゆっくりと腹式呼吸するたびに、大地が、自然が、季節の移り変わりが、そして木が、いつでも自分を支えてくれているから、もう恐れることはないと教えてくれる。

修了生たちの言葉と絵を許可を得てここに掲載しました。

まだ、出会っていない人へ

たま（2010年修了生）

気がつくと、泣きながら受話器を取っていました。電話の先は、虐待相談窓口で、自分の思い通りにならないと、大泣きする2歳半の子どもを、本気で足蹴りし、テレビの台の角で耳から出血させたときでした。次は、「殺してしまうかも……」という不安から助けを求めました。

近くの児童相談所（以下、児相）から連絡が入り、食事が作れないほど疲れ、息子が私の意見や行動を批判する夫と似ているように思え、「子どもが可愛くない」という理由から一時保護の手続きを取り、2週間施設で預かってもらいました。

当時、夫は子どもが10ヶ月のときから家出をして連絡が取れない状態で、すべて無視されていました。出ていくきっかけは、金銭的なトラブルでしたが、私をひどく傷つけ、経済的負担・家事・中3の長男の問題が重くのしかかっているのに、休むこともできず、とにかく毎日仕事だけに行っている状態でした。残業も多く、通勤片道1時間に加え、看護師の職場では、何をやっても・やらなくても言われる状態に対応しきれず、物忘れもひどくなって心もパンクしそうなのに、「しんどい」ということも言えずにいました。

（どんなにしんどくてもいつか、いいことがある）と思い、自分の感情はコントロールできると思い込んでいたのです。子どもと離れて疲れをとれば、また頑張れると思っていたとき、児相の担当者から「ＭＹ ＴＲＥＥペアレンツ・プログラムに参加して勉強してみない？」と言われ、（自分の都合で休んだことのない私が、毎週休みを取れるだろうか……）という思いもありながら、勉強したい気持ちと、自分を変えられるなら、何でもしたい！という思いでスタートしました。

虐待する親の回復プログラム「ＭＹ ＴＲＥＥ」は、虐待の原因探しをして、私の悪いところを見つけてなおすというそれまで私が受けてきたものではありませんでした。そこには、スタッフの優しい笑顔と仲間の涙、熱心に話を聴く安心できる場がありました。相手の本当の名前も知りませんが、彼女たちが語る表情・話・空の色・飲み物さえも私の一部のように感じ、心から安心できるこの空間から私は、今まで誰にも語らなかったことも、ここでは出してみようという勇気をいただきました。

参加したからといって急に、優しいママに変身なんてできず、毎回の語りは、疲れがひどく寝込むこともあり、イライラの処理には困っていました。

「学びのワーク」からは多くを深く学びました。「怒りの仮面」というワークからは、怒りの感情はしばしば仮面を着けている状態であることを知り、その裏側の自分の気持ちをよく考えるようになりました。泣き叫ぶ子どもの声が嫌いなのは、自分が誰からも抱きしめてもらった覚えがないこと。子どもの思いをよく「聴く」という学びを心がけていたら、泣き叫んでいたときの子どもは、「パパに会いたかった」のだということを知りました。自分の本当の感情に気づくようになったことで、「怒り」の対象が明確となり、話し合いができないままだった夫とは、「ＭＹ ＴＲＥＥ」受講中に調停離婚をすることができました。自分の気持ちに正直になることを努力しないでもできるようになっていったのです。

上の子は一人で育てたために厳しくしすぎ、自分の思いを言えない子になっていきました。中２のとき、授業中に首を絞められ意識をなくし、登校拒否ぎみなところに、中３で、学校へ来ないことを理由に５人から暴行を受け、まったく学校へ行けなくなったのです。

その上、私は、7年前に仙骨神経にある腫瘍を切除してから、ずっと常にある腰痛の苦しさで、下の子を抱くこともできなかった。自分はやっと立っている状態なのに、家計を支えるため働かなければならなかった。私は、（いいことなんておかしい。悪いことがあって当たり前。いつかいいことがある）という希望を願っていたが、いいことなんて起きなかった。生きづらくなり、疲れ果て、私はすべてを運命と思って受け止め、〝イヤ〟、その言葉が言えず、いつも耐えて我慢してきた。子育ても重くのしかかり苦痛であり、「2人ともどっか行ってほしい」とさえ思っていたのに、どうすることもできずにいた。

「あなたは大切な人」ワークでは、「私は大切」という言葉が出せずに涙ばかりがあふれました。私は、いつも誰かのために生き、自分自身を大切にできず、自分の気持ちに正直になれずに生きてきたことに気づかされたのです。外では、笑っているフリをしてきたのでした。

また、「自分の木を見つける」という課題では、私の木がなかなか見つけられずにいました。下の子の木は、生まれたときからあるのに、どの木を見ても〝これ！〟というものには出会えませんでした。でも出会いのときは突然やってきました。買い物の途中、スーパーの2階から見たひっそりと、奥へ下がった桜の木、それが私の木でした。「MY TREE」の途中、寒い冬を越える頃、私は自分の木を忘れ、その木の隣の根っこがよく見え、何本も枝分かれした木だと思い込んでいました。桜のつぼみを準備する頃、同じ場所から見たとき、目立つ木の隣が私の木だったことを思い出しました。その頃ぐらいから、他の木にも目がいくようになり、木の根っこやいろんな枝分かれした木を見ていると、（みんなと違っていいんや。私は私）と思えるようになっていきました。

学校へ行けない長男と（今できることをしておこう）と決め、今まで話さなかった、私の気持ちを話すようになりました。……下の子を虐待してきたこと、腰が痛いこと、熱をしょっちゅう出して身体がしんどいこと、別れた夫への気持ち……。長男に自分の気持ちを話せたことで、小さなことで2人の意見が合い、「ママの方が近づいてきた」と最高の褒め言葉をもらいました。今、長男は公立の単位制高校へ進学し、「俺は変わる」と意気込んで答え、毎朝1時間40分の通学を遅刻せずに、通っています。ときどき疲れ、昼から帰ってくることもあるけど、体育ばかりの単位を取ったので、本当に疲れるんでしょう。

下の子は3歳になり、離婚の条件〝おじいちゃんに会わせること〟という、互いの意見が合い、1ヶ月に1~2回のペースで、私もゆったりさせてもらっています。上の子は、私と一緒に力をあわせて下の子を育ててくれる同志のような気がしています。

それまでの勤務時間帯のみの託児所をやめ、近くの市の保育所へ預け、毎朝てこずる日もありながら、自分の時間が持てるようになりました。

今後、暴力暴言を繰り返さないようにする努力が必要だと思って、保育所児童相談員に虐待の事実を話し、子どもの変化に注意してもらうよう働きかけ、自分に正直に話せるようになりました。やってきた事実は消せませんし、叩く手に痛みを伴います。止められない自分が、ずっと苦しかったです。暴力からは何も生まれません。絶対にあってはならないのです。

今も、イラッとするし、カーッとなります。ですが、子どもに気持ちを伝えるんです。「ママはイラッとしやすいけど、あなたがギャーギャー言っても叩きたくないです」と。すると自分にも子どもにも変化が見え、お互いたくさんのことを学習しているようです。

常飲していたアルコールは以前、免停になり、そのときに上の子のせいにして警察でどつき回した自分がイヤになり、アルコール中毒であることを自覚して今も、やめ続けています。その後、10代から吸い続けたたばこもやめました。

仕事先も変え、家も買い、家事が楽になるよう全改装をして、食器洗い機も付けました。でも、できない日は休みます。自分のために……。

腰痛のことですが、手術のとき腫瘍は、歩行困難となった左の大きい方だけ切除したため、おしっこへ行く感覚がありませんでした。しかも、右側のは取り切れずに持っているままの生活でした。腫瘍が当たるため、上を向いて眠ることができませんでした。ところが「MY TREE」最終日、雨の日、熱があり痛みも強く、やっとの思いで参加し、ぼろぼろとたくさんの涙を流しながら「私は大切な人」と心の底から言葉にすることができました。不思議なことにその翌日から、あんなに苦しめられていた腰痛が消えてしまったのです。以来、今日まで痛みが戻ってくることはなく、今朝も上を向いて目覚めました。右下肢のしびれもなくなり、腫瘍が消えたとしか考えられません。尿意も徐々に戻り、むくみも減りました。

今でも自分の過去を思い出し、突然涙する日もあるんですが、最初の夫の強い希望で再会し、2人の間の死産した初めての子どもの墓を20年ぶりに納め、彼の苦しかった状況も理解しながら、それまでの私の気持ちを伝えたところ、彼は泣きながら聴いてくれました。それまで何もなかった子どもへの学費を出してくれるようになり、彼が体調を崩さずに仕事がいつまでも続くよう祈る想いです。

長男は、今春また背が伸びたようです。彼には、小学校のときから自分の木があったようで、玄関を出てすぐの木が「自分を見守っている」と感じていたそうです。極寒の冬、その木はカットされたところからどんどん枝を伸ばしていました。

「MY TREE」プログラムを終えて、今も「怒り」のたね火を持っていると感じます。時に爆発しないよう自分を取り巻く人へ話せるようになったことは私の喜びです。すぐに謝り、「ありがとう」もよく口にするようになりました。

いつも一人で黙々と頑張ってきましたが、「しんどいですか?」を基準に自分に問いかけて続けるかどうかを決めます。誰かにも相談します。「何を話してもいい」という安心できる場を持てたことは、私に勇気を与え、自信を取り戻し、私自身になれました。今でも、この同じ空の下、笑う仲間の顔が浮かぶと涙することもありますが、私に困難な壁

図 5-1　左：プログラム開始時に描いた木　右：プログラム修了時に描いた木
たま：前の木は９月に描いた。前の木は“枯れ木”だった。今の木を描いてみて……下の子と自転車で自分の MY TREE を見てきた。桜の木……この寒い間にいっぱい芽！　枝も張ってて〜、桜は、花びらをみんなに観てもらおうとして垂れ下がっているって言うから、そのことを描きました。

に立ち向かう勇気をくれたことに感謝しています。
　優しい人々と出会わせてくれた下の子に感謝して、抱きしめて、チュッチュッしています。私の木は、近づいてよく見ると、1本の根元から3つに分かれていて、右側の枝は折れているようですが、きっと再生することでしょう。

＊＊＊

２０１７年12月　追記
　あれから8年が経ちました。上は23歳。2児のパパです。私は4年前にフランス人と結婚しました。
　下の子は10歳、5年生です。友達が多く学校ではにぎやかに過ごしています。私が叩いたり、殴っていた時期のことももともと記憶力が良く、よく覚えています。
　あの頃、私は腰痛のため彼を抱っこできませんでしたが、大きくなった今、赤ちゃん抱っこにくるのを可愛く思っています。「ぼくは王様」と言って、フランス人の夫にもはっきりと発言をして、夫からは最大の愛情を受けています。抱っこ、チューは日常です。友達がいる前では恥ずかしがるようになりました。夫とは最大のライバルで私の取り合いをする2人を見ていてなかなか面白いです。

来年からは、看護大学院へ進みます。「ママ、今まで通りご飯作りも頑張るから」と約束しています。

今年のクリスマスには夫から翡翠《ひすい》のネックレスをもらいました。王様が一番の妻に送るそうです。この幸せはMY TREEから始まりました。ゆっくりゆっくりと今までできなかったことをこれから楽しみます。

内なる変化——過去が過去になる

ひろりん（2005年修了生）

ＭＹ ＴＲＥＥに出会えて幸せです。今も私は、みなさんに支えられ、感謝の気持ちで過ごしています。

私が、ＭＹ ＴＲＥＥを修了して5年になります。5年前の私はというと、結婚をして子どもを授かりました。家族ができれば、幸せになれると信じていました。しかし、実際は、愛されなかった悲しい過去がよみがえり、子どもを大切にすることができない自分にもがき苦しむ毎日で、もう前には進めない状態でした。子どもは、かんの虫が強く、アトピーがあり、ほぼ24時間抱っこしていました。育児書は、何冊も読み、できる限りのことをしました。主人は、仕事が忙しく、帰ってくるのは、深夜です。

子どもに手を上げるきっかけは、義父の「悪いことをしたときは、叩いて教えなければならない」という言葉でした。初めは、お尻を叩くと、子どもは遊びだと思い、ケラケラ笑いました。その瞬間、抑えていた怒りが爆発し、子どもが恐怖を感じるまで、叩きました。それから毎日のように叩きました。怒りが爆発したとき、大怪我をさせてしまうのではないか、もしくは、衝動的に自分を傷つけてしまうのではないかと、ギリギリの毎日でした。

こうなった原因は、私の中では、明確でした。幼少期からいつも独りで、大切にされ、受け入れてもらった記憶が、一度もないことです。そのため、指しゃぶりや、夜尿症、頻尿症、貧血などの症状がありました。寂しさを埋めるだけにエネルギーを費やした人生を送ってきました。愛されなかった過去にとらわれ、悔しかった出来事を繰り返し思い出し、今を生きることができずにいました。そんな日々にピリオドを打てたのは、ＭＹ ＴＲＥＥを体験し、心の奥底のへドロ化した憎しみを吐き出し、仲間に聴いてもらえたお陰です。ファシリテーターの方々にも、話を聴いていただき、大切にされているということを実感しました。それにより、暗く寂しかった過去を過去の出来事とすることができました。今は、ささやかな幸せを噛み締めつつ、自分がしてもらいたかった、温かな栄養のある食事、整理された部屋、公園や行楽地に行くことを子どもにしてあげることによって、心の隙間を埋めていってます。子育てで、エネルギーを吸い取られ、自分を見失いそうになったり、イライラしたりするときは、深呼吸をしたり、木々に触れたり、教わったことを実践しています。

時間の経過とともに、内なる変化も起こり、最近では、圧倒的に寂しかった過去が、薄くなってきて、気がつけば、幼少期のことを思い出すことも少なくなりました。ＭＹ ＴＲＥＥは、抑え込んできた憎しみや悔しさを清算し、今を生きるきっかけを与えてくれました。今は、家族というものに属することができて、幸せです。

＊＊＊

２０１８年2月　追記

ＭＹ ＴＲＥＥを修了してから12年が経ちました。

今でもたまに、独り車を走らせているとき〝ＭＹ ＴＲＥＥに出会うことができ救われたんだ〟という安堵と感謝で、涙があふれることがあります。それまでは、死というものが近くにあり、生きるエネルギーがなかったように思います。

今日久しぶりに、ＭＹ ＴＲＥＥを修了して5年後に書いた文章を読みました。あんなに子育てで苦しんだこともつらかったことも遠い昔のことになっていました。また反対にいつも頭の片隅にあるのは、困難に直面したとき専門機関に相談することも、必要であれば支援を受けることもできるということ、一番私のことを理解し傍にいてくれるのは、自分自身であるということです。

そして大きな進歩は、自分のことを大切にできるようになってきました。レジリアンシーを感じます。

子どもは、自分を映す鏡のようですが、子ども自身も成長し、いずれ自立していく存在であると気づかされます。今は週末に家族でテーブルを囲みたわいもない会話を楽しみながら、食事を取る時間を持てることが幸せです。切望していた幸せを今実現できています。この幸せを大切にしたいです。

独り抱える圧倒的な心の隙間は、驚くべきことに光を放つ場所でもあったのですね。

最後に、ＭＹ ＴＲＥＥペアレンツ・プログラムが、あの頃の私のように崖っぷちに立つ親たち、多くの必要としている親子に届きますよう祈っています。

母への怒りを少しずつ手放せるようになった

T（2016年度修了生）
記録：栗本久仁子（MY TREE実践者）

家族構成

夫と3歳の長男、1歳の長女の4人家族。子どもを保育園に預けフルタイムで就労。熱心に働き、仕事への責任感が強い。

母親とは関係が悪く、ほとんど交流がない。

MY TREEに参加したきっかけ

長男に怒りをぶつけて暴力をふるってしまうことがあり自分の行為に苦しんでいたとき、その悩みを保健師に話したところ紹介された。

普段は、子育てに熱心で、育児書や啓発本もたくさん読んでおられた。

子ども時代

一人っ子で育つ。面前で両親がたびたび激しい喧嘩をする。両親それぞれから身体的暴力を受け怪我をしたり、母親から「あんたなんか産まんといたらよかった」「男の子やったらよかったのに」などとののしられることも日常茶飯事。

それに加え、祖母や叔母からもいじめられつらくて暗い子ども時代を過ごす。

プログラム前半

つらかった子ども時代を思い出すと、ひたすら親への怒りが生まれ、許せない感情が出てくる。そう思っていても仕方ないと思いながらも許せない怒りから解放されることはなかった。

〈自分をトーク〉の時間では、6回目まではほぼ毎回、過去の記憶をたどりながら、長年押し込めてきた両親への怒りを内から震えが湧き出るように、体も声も震わせながら語り、たくさんの涙を流された。Tさんは今までその怒りを誰にも言えずに抱えながら生きてきたのだろう。MY TREEで堰を切ったように両親への怒りを語った。Tさんは当初これらの過去への感情をなんとかしなければ、今の生きづらさを解決することはできないと思っていた。主治医からもそう言われたという。

怒りを言葉にしても、過去のことを言っても仕方ないんだと思考が働く。しかしMY TREEのファシリテーターは、つらい過去の話をしてくれてありがとうと言う。あなたの怒りの感情は正当だと言う。あなたは悪くないと言う。語ることで気づきが起き変化が起きますよと言う。

怒りのエネルギーを子育てにシフト

4回目で「怒りの仮面」を学ぶと、Tさんの苦しみに変化が起きていった。Tさんは「怒りの仮面」のツールを使って自分の怒りを見つめると、暴力をふるった親たちの仮面の裏を考えることができるようになった。「親たちへの怒りがこみ上げてくる。その怒りの裏側にはもっと優しい言葉をかけてほしかったなあっていう悲しさが常にある」と涙を流しながら語った。「その悲しさをしっかりと心に感じてください」とファシリテーターから言われた。

「100冊以上の自己啓発本を読んでも解放されることはなかった」。両親、祖母に対する根強い怒りの感情を少しずつ手放せるようになった。さらに自分に暴力をふるった母のその怒りの仮面にも思いをはせるようになった。「母もすごく寂しい思いをしていたんだ」と母への共感もわずかに生まれてきた。

怒りはあっていいのだとわかり、思考・感覚・感情を切り離すことが徐々にできるようになった。そうすると自分を受け入れ、今できることに意識が向き、怒りのエネルギーを子育てにシフトすることができるようになっていった。

丹田腹式呼吸が根を下ろす

Tさんは、毎回気持ちよさそうに丹田を意識して深い呼吸をしていた。自分の呼吸は浅いが、意識すればできると気づき、家でも丹田腹式呼吸を実行していた。イライラしたときにやってみて感情が落ち着くことを実感し、カッとなったときに一呼吸置いていた。「イライラしたときには呼吸や!」と長男と2人で深呼吸した。

Tさんは、修了3ヶ月後のリユニオンでこう言った。「腹をくくって、見えない丹田を本当に紐でくくってるような感じで、何があっても私は感情的に怒らないって言い聞かせて、それから声を荒げることがないです」

丹田腹式呼吸の練習が身について、不安定だった内面のエネルギーが下腹にどっしりと根を下ろして安定したようだった。

マイツリーは職場近くにある名前もわからない木。毎日木を観察し声をかける宿題を実施した。Tさんは後半になってその木が楠だと知り、愛着がより一層増した。通りすがりに見ていただけのマイツリーを、必ず立ち止まって、見上げて、子どもにも見せるようになった。

「『くすのきだんち』っていう絵本があるんですね。６冊ぐらいの絵本のシリーズなんですけれども、楠が10階建ての団地になってて、管理人がモグラのモグさん。狐のバイオリニストがいて、うさぎの看護師さんがいて、猿の大工さんとかいろんな住民が住んでてて。困ったことがあったら無償の愛で家族のように支えあっていて、いつもいい風が吹いてる。子どもも私も大好きな絵本なんです」

「私が選んだマイツリーが楠だって会社の人に聞いてからすごく愛着が増してしまって、今まで通りすがりに見てただけのマイツリーが、下からのぞいて必ず立ち止まって、見上げて、モグラのモグさんいるかなとか5階6階はレストランくるみ亭やったなとか思いながら眺めて毎日楽しみになっているんですね。自分の子どもの保育園が職場のすぐ近くにあるので、子どもにもわざわざ朝寄って『これが楠やで。くすのきだんちのモグさんいるかもしれへんよ』っていうような話をして、子どもの絵本の中のくすのきと実物の楠を見て感動してて、楽しくて。それだけのことなんですけど幸せな時間が流れてるんです。私は外回りの仕事なんでその前を1日5往復はするんですね。しかもそれを十何年間続けてきたのにその木が楠だっていうのをほんの最近になって知った。『マイツリーを探してください』と言われなければ、その木に意識を向けることもなかった。この木に出会わせてもらったことはすごくありがたかった」

「私はできるだけ絵本を読んであげようと思うんです。母親にしてもらって一番嬉しかったことは、幼稚園くらいから小学校3年生までよく本を読んでくれてたことなんですね。そこが一番いい記憶として残っているのでそれを子どもにしてあげたい」

Tさんに本を読む楽しさを教えてくれたのは、じつは母親だった。

「私って本にすごく支えられてる部分があって、『くすのきだんち』って本を知らなければそういうことも知らなかったし、子どもとの会話もなかったし、いろんな場面で私は本に支えられてきてて、自分なりにつらいときも本の世界に逃げれたし、いじめられて友達のいない時期もあったんですけれども、一人でも楽しめる本があったから強く生きてこられた。この本の楽しさを教えてくれたのは母なので、そこはすごく感謝しています」

「子どもに絵本を読んでいるときに、ニワトリのお母さんがひよこの子どもたちに自分のアルバムを見せている場面で、上の子が『お母さんも子どもの頃があったの？』と聞いてきた。結婚前のアルバムは1冊しかない。実家は家族旅行とか日帰りのお出かけとか一切したことがない家庭だったので写真が少ないし、暗い可愛くない顔の写真ばかりなので捨ててしまったり、お父さんとこがカッターで切り取られていたり、いびつなアルバムが1冊あるだけ」

その1冊しかない自分の幼少期のアルバムを開いてみたら、「寝返りできました」とか、「離乳食が進みません」だとかの母のひとことコメントが添えられていて、母がそれなりに頑張って私を育ててくれていたことが伝わってきた。

この頃から少しずつ母親への怒りの感情を手放すことができるようになっていった。

家族との豊かな時間

Tさんは学びをどんどん吸収し、実践した。Tさんにとって大切な人や事は、夫や子どもとの生活。

「目標としているのは、家族が幸せに生きたいという思い。子ども時代のしんどかった思い出を忘れる必要はないけど少し置いておいて、今、目の前にいる家族と何をしたいか、そのために今何ができるかということで身近なこととして絵本を読んでいる。子どもの気持ちを聴いて話す時間を増やしている」と語り、過去のトラウマはいったん横に置いて、家族との時間を豊かにすることに専念された。

Tさんは10回目に、「頑張ってる自分を褒めてあげたり、目の前の家族と向き合うことで、ちょっとずつつらかった思い出が薄れてきている気がする。親に怒っている気持ちは事実なので傍に置きながら、向き合いながら、苦しみが少しずつ薄まっていけばいいなと思う」と語った。過去の両親への怒りと今の親としての自分の怒りとを分けて考えられるようになったのだ。

最終回で、どんなときでも下に下に根を張って、たくましく生きていきたいと大きな木の絵を描いた。


過去の苦悩がもたらしたもろもろの感情に翻弄され続けてきたTさんが、ポジティブなもの、ネガティブなもの、ありとあらゆるものを引き連れて、「今、この瞬間」をしっかりと抱きしめることができるようになったことにTさんの素晴らしいレジリアンスを見て取ることができる。

第1回目の冒頭でする「氷山の話」(77ページ参照)もしっかり自分の子育てのツールにして「この子の氷山の下にあるもの」に目を向けていた。「子どもたちとの関わりもこの氷山の下の絵を見てて、どういうことを訴えてるんだろうと考える」

過去の感情を語り、泣き、受け止め、共感してもらうことで、Tさんの氷山の下にある自分でも気づいていなかった力が動き始めた。


プログラムが終盤に来ると参加者の多くが、この場がなくなったらどうしようと心配を口にする。そんなときファシリテーターは言う。「大丈夫ですよ。ここで学んだたくさんのツール、仲間たちの声や姿、全部あなたの心の宝箱の中に入っています。必要なときに宝箱から取り出して使っていけば大丈夫」

図 5-2　Tさんが最終回で描いた木の絵

このグループが始まったのは9月1日だった。Tさんが12回目の最後に語った。「9月1日は新月だった。新月に願ったことや始めたことはいい方向に向くと言われた。参加してよかった」

丹田腹式呼吸や気功、マイツリー観察、ナラティブ・アプローチ、第三波行動療法の活用などによるTさんへの効果は大きく、プログラムの「心理教育ビルディング・ブロックス」に沿うように大きく変化されたケースであった。

この文章掲載の承諾を得るために2年ぶりにTさんと電話で話した。修了以来、子どもへの暴言暴力はまったくなく、4人家族の時間を楽しんで暮らしている様子だった。Tさん家族の周りには、くすのき団地に吹いていたようないい風が吹いているかもしれない。

誇りみたいなやりとげた何かが自分にある

マカロン（2016年度修了生）
記録：中川和子（ファシリテーター）

マカロンは、長女との関係に苛立ちを覚えていました。言うことをきかない。約束を守らない。くちごたえをする。学校で問題ばかりを起こすそんな長女が許せず、暴言を吐き、手を上げていました。娘には、自分の大変さをわかってもらいたかったのでしょう。

マカロンには、下にもう1人子どもがいました。ダウン症の障がいを持っていました。その子が生まれてから、ずっと、病院や療育、親の会など、子育てに頑張ってきました。一生懸命、いいお母さんになろうとしていました。その背景には、「障がいを持った子どもを産んでしまった」とずっと自分を責める気持ちがありました。障がいのある子を産んでしまったことを悔やんでいました。障がいのある子を産んだことで、夫の家族とも険悪な関係になっていました。気持ちのすれ違いから夫との関係も冷え切っていました。自分の家族とは疎遠でしたので、マカロンは、たった一人で不安や不満を抱え、悩み苦しんできたのです。日々の子育てや、家事、仕事に疲れ切っていました。

近所の通報で児童相談所から連絡が入るようになり、ＭＹ ＴＲＥＥを勧められました。参加することにしたのですが、マカロンは、ＭＹ ＴＲＥＥのグループに強い抵抗を感じていました。結局、ケースワーカーには「つらい話を聴くと、余計つらくなります」と連絡され、その年のＭＹ ＴＲＥＥを辞退されました。

その後も、子どもとのことや夫との関係は改善されず、不安や苛立ちがつのっていきます。長女に向けるイライラも日々悪化していきました。パート先の人間関係のストレスも重なり、可愛かったはずの下の息子にも暴言や手を上げるようになりました。ずっと微笑んでくれていた息子が、笑わなくなり、おびえるような目をし始めました。甘えてこなくなった息子の姿に、恐怖と焦りを感じ、この子と一緒に死のうとさえ思ったそうです。何とかしなければと思いつつもどうにもならず、手を上げれば後悔の日々が続き自分の感情を止められなくてどんどんエスカレートし、自分から「子どもを預かってほしい」と児童相談所に連絡されました。その日から子どもと離れて暮らすようになりました。そして再びMY TREEに参加することになりました。

MY TREEでは、マカロンは自分が子どもたちに手を上げていたことや、自分から預かってほしいと連絡したことなど、自分の気持ちに正直に話されました。誰にも言わず、ずっと押し込めてきたものが、堰を切ったように、MY TREEで語られました。前年度に「何も問題がないです」と笑っていたマカロンが別人のように見えました。

「私は自分が愛せない、生まれてずっと幼少時代から親に愛されてこなかった、と思っていた。ずっと寂しいという思いを抱えたまま大人になって寂しさが埋められなくて、結婚しても寂しさは埋まらなくて、子どもを産んだら寂しさが埋まるかなって思って子どもを産んでも寂しさが埋まらない。じゃあもう一人産んだらその寂しさが埋まるのかなと思ったけどやっぱり寂しさは埋まらない」

毎回のトークでは、これまでの人生も語られるようになりました。親やきょうだいとの関係、満たされない自分がいたこと、被暴力、毎日浴びるようにアルコールを飲んでいたこと、子どもに八つ当たりをしていたこと、子どもを手放したことの後悔と引き取ることへの自信のなさ、夫への怒りや悲しみ、長女の反抗など……。

図 5-3　マカロンの最終回のマイツリーの絵

学びに連動するように、怒りの仮面の裏にある気持ちや、傷ついた過去の体験にも向き合い、自分を語るようになりました。するとマカロンの行動に変化が起きてきます。娘の気持ちを聴くようになり、やがて、娘の問題行動について夫とも話し合えるようになり、家族の関係に変化が出てきます。以前は離婚も考えていたマカロンですが、家族4人で暮らすことを願うようになります。夫や娘に、自分の正直な気持ちで話せるようになり、今まで見えなかった夫の思いや娘の気持ちが理解できるようになりました。家族の関係性が大きく変わってきました。娘との関係も肯定的なものに変わってきました。マカロンの変化の大きさにはグループのほかのメンバーも驚いていました。

そのとき自分たちが幸せでいられるようにということも考えられるようになって、今は振り返りのいい時期でもあり、「はやく里親さんのところにいる息子を引き取って、家族4人が楽しく過ごせたらいいな」と心から思うようになりました。迷惑をかけ合ったり、助け合ったりするのも家族だということを知りました。幸せを分かち合うのも家族です。

MY TREEでは13回目のセッションで、木の絵を描きます。

マカロンは、自分が決めたマイツリーの絵を描いてくれました。

自分の絵についてのマカロンのコメント

私のは、毎日見ているマイツリーのマイツリーです（笑）。今葉っぱも、朝見てきたら、かろうじてあった葉っぱも全部なくなって、ものすごい寒そうやなぁと思ったけど、でもたぶん春になったら葉っぱも木自体もちょっと鮮やかになって色付いたりするんやろうなと思って。たぶんそれでも生きているんやなぁと木に対する見方が変わって、今、耐えてる時期というか、この寒さを耐えて、春になるまで堪え忍んで暖かくなってまた元気になって活動しだすという、なんか、自分の気持ちと確かにすごい、今子どもは帰ってないけど、帰ってくる準備をして、いざ帰ってきたときに温かく迎えてあげられるような気持ち。

本当に木って生きてて、変化があって、葉っぱがあるときもないときも、艶があるときもないときも、暖かいときも寒いときも、生きててもそういうことなんやなということに、人生って木なんやなということに気づきました。

見たままのマカロンのマイツリーは、一見、葉もなく寒そうに見えますが、内面に蓄えた力として、マカロンの深い思いがこの木に託されていることがわかりました。子どもや夫との関係も変わってきたことを象徴しているようにも感じました。

ＭＹ ＴＲＥＥを修了して3ヶ月後の同窓会で、息子を引き取ったことをみんなに報告してくれました。マカロンの報告に、メンバーも心から喜びを分かち合いました。

「里親のところに行ってた子どもがおうちに戻ってきて、家族が平和に暮らしているというか、つくづく家族って1人でも欠けたらあかんなと思って。それが身に染みて、1日1日がすごい幸せなことやなぁと思えるようになって。すごい、憎たらしくてすごい悪魔やと思ってた長男のことが、今はもう本当に天使にしか見えなくて」

「障がいがあろうがなかろうが、命、その人としての大切な命。誰にどう思われてようが、もうどうでもいいわ、という気持ちになれたのも、ＭＹ ＴＲＥＥに来たおかげです」

「すごい周りの目ばかり気にしてたけど、なんかまず自分が守らないといけないものは何なのかというのをすごい教えてもらえて、やっぱり一番幸せにならないといけないのは自分やということに気づいたんですよ。自分のことを好きでないと相手のことも愛せないし、人のことも好きになれへんし」。自分自身が一番大っきらいだった自分を認めて受け入れるという気持ちを持てました。

「ビービー毎日泣いて、『こんなの来たくない』『うっとおしい』と思いながらも来たら来たでグループの方にたくさん話を聞いてもらって、１回も欠席せずに卒業できたという誇りみたいなやりとげた何かが自分にあるから、今後なんかあったとしても、このときのことを思い出したら……頑張っていけるやろうなと思います」

マカロンは豊かに回復されました。彼女に夢が生まれました。美容師になり、福祉美容のボランティアがしたい。これまで人に迷惑をかけて生きてきたから、今度は、高齢者や障がいを持っている人、その家族の役に立つことがしたい。人を幸せにする仕事がしたい。お化粧やカットをすることで、気持ちが前向きになったり元気になったりするので、そんなボランティアがしたいという夢です。マカロンはこれまで溜めてきた貯金を自分のために使いたいと、美容学校の入学金を払い、次の一歩を歩み始めました。

そして、２０１８年の今も、子どもを叩くことはないと仰っていました。12回目の「ちかいの言葉」で、マカロンが誓った『マカロンは子どもを殴らないことを誓います』は今も守っているそうです。

マカロンの回復する力、生きる力に感銘をうけます。紙面には書いていませんが、マカロンにはたくさんの傷つきがありました。そんなマカロンだからこそ、豊かに自分を輝かせることができたのに違いありません。

＊＊＊

当時を振り返って、マカロンからのメッセージ

最初のMY TREEを辞退したこと……

自分は虐待していたが、MY TREEに参加している他の人と同類にされたくなかったんです。自分の傲慢さとかプライドなのか……自分はそこまで虐待してないし、MY TREEに来ている人は自分よりレベルの低い人だと、おごりたかぶった気持ちがあったのだと思います。同じ枠の中に入れられたくない気持ちがありました。当時の私は、「一生懸命パートに行ったりしてんのに、子どもを児相に預けて家でひきこもってるような人と毎週顔合わすの嫌やわ」って、思っていました。

でも、そんな傲慢な自分がいたから後々おおきな事件につながったのですが。今も最初のMY TREEに参加されてた人のことが忘れられません。ひどい人やなって思いました。でも私も子どもに対して同じようなことをしていたから今はその気持ちがわかります。自分を抑えきれなくなったり、誰も止めてくれる人がそばにいなくて愛している子どもを傷つけてしまって、深く自分自身も傷ついてしまう。取り返しのつかないことを繰り返してしまっていた。MY TREEを卒業できた今は応援したい気持ちでいっぱいです。どこかで子どもさんと幸せに一緒に暮らしてはったらいいのになって心から思っています。

ＭＹ ＴＲＥＥに参加して……

再びＭＹ ＴＲＥＥに参加することにつながった、直前の息子は、体中があざだらけでした。もう我慢の限界でした。障がいのある子を産んでしまって、家族や親族に対して夫に対して申し訳なく思い、ちゃんとした子を産まなかった自分自身に嫌悪感を感じていました。周りからのバッシングに心が折れていきました。息子とほんまに離れたくて、2、3日でいいから預かってほしいと、ちょっとした気持ちでした。

そのちょっとした気持ちが、数ヶ月におよびました。児相の判断です。

途中で辞退したＭＹ ＴＲＥＥを、参加し直すように児相に言われました。ほぼ強制です。グループのメンバーも総入れ替えです。もう息子のことなんか、どうでもよくなってたように思います。このまま戻ってこなくてもいいかなって。でも、ＭＹ ＴＲＥＥへの参加を重ねていくうちに子どもに対する愛情がもどってきました。

今まで夫とまともに会話することなんてなかったけど、前向きに、子どもの面会にも時間をつくって参加してくれました。

私は夫が、障がいのある息子への理解がなく、邪魔な存在であると勝手に思い込んでいました。夫も下の子がいなくなってせいせいしていると思っていましたが、違いました。すべては、自分の思い込みだったのです。

今、日々生活ではいろいろあり、イライラすることや、落ち込むこともありますが、もう、子どもを叩くことはないです。息子の笑顔に励まされ、美容学校に通っています。温かく見守ってくれる夫や、長女に感謝しています。今の幸せにつながったＭＹ ＴＲＥＥに感謝しています。

比べて育てることがどんなに子どもを傷つけていたか

M（2013年度修了生）

MY TREEに参加することはとても勇気がいったことでした。チラシを見たとき、すごく参加したかったけど自分で決めることができなくて主人と母に相談して決めました。

2人が賛成してくれていなかったら、私は参加していませんでした。

以前の私は自分の気持ちより人の意見の方が信じることができたので、迷ったら人の意見に従っていました。

子育ては不安になると他の子と比べていたと思います。

同じ年齢の子ができていることが自分の子はできていないとなると不安でたまりませんでした。

自分の子どもと向き合わず、他と比べて育てることがどんなに子どもを傷つけて心を小さくしてしまうことなのかを知ったとき、自分は何てことをしていたんだろうと思いました。

そのことを知ってからは、子どもの気持ちを必ず大切にしようと心に誓いました。

「どんな気持ちも大切な気持ち」と最初に聞いたときは、「?・?・?」となっていました。

子どもの嬉しい楽しい気持ち、悲しい悔しい気持ち。共感してあげること。

私自身の気持ちもとても大切な気持ち。

心に響いた感じがして、それからの自分のストレスの吐き出し方が上手になった気がしました。これは主人もMY TREEに参加してから変わったことのひとつだと言ってくれました。毎日イライラしていることに変わりはないけど、

ＭＹ ＴＲＥＥで学んできたことを実践しようとしている私を見て主人は「なんかいい感じに変わってきたな」と言ってくれました。先日、私が怒りの気持ちをぶつけたとき、以前なら喧嘩になっていたのに「そうか、そんな気持ちやったんやな」と一言言ってくれたことで怒りの気持ちが嘘のように消えていったこともありました。

子どもにもこうしてあげたらいいんだなと実感したことでした。

主人は仕事をしているから、子育ては自分がしっかりとやらなければと一人で思い込んでいたけれど、子どものことは夫婦で協力してやっていこうと改めて思いました。

主人のことも信じることができました。

これから、いろんな悩みや問題が起こっても子どもの気持ちと向き合うこと。

家庭は子どもの安心の場所であること。

どんな子どもの人生も尊重してあげること。

自分を信じて、忘れないように子育てをしていきたいです。

私は私を取り戻した

T（2014年度修了生）

私はこの時期に、このタイミングでＭＹ ＴＲＥＥに参加できたことは本当に奇跡だと思っています。

4ヶ月前の私はボロボロで、枯れそうな木しか想像できず、消えてしまいたいと思って、家のカーテンに火をつけるくらいの消耗の仕方でした。

ＭＹ ＴＲＥＥは毎回毎回、正直にしんどかったです。苦しい自分と向き合い、そのせいで苦しめている子どもの気持ちに向き合おうと努力し、成功したり、失敗したりの繰り返し。

でもここで学んだこと、自分は自分のままがいい。無理なら無理せず助けを求めればいい。

頑張らなくても、強がらなくても、一番じゃなくても、成功しなくても、支えてくれる人がいる。それを信じてもいい。

自分は自分、人は人。私は私、子どもは子ども。

私が思っていることが正しいかどうかなんてわからない。だから人の意見も聴く。

自分が子どもに押し付けていることが正しいかどうかわからない。だから暴力や暴言で自分の意見を聞かせるのではなく、しつけ糸だけする。

ＭＹ ＴＲＥＥで私は私を取り戻したように思います。母親からもらった嘘の私じゃなく、私の心を持った私。したいことがわかってしたいことができる私。甘えてもいい私。自分に自分が許可できたから、子どもの話も聞ける。

県、市の関係機関との協力が実ったケース

日光市のA・B
記録：畠山由美（「NPO法人だいじょうぶ」代表）

私は、子どもへの虐待をなくすことを目的として2005年、栃木県日光市で設立した団体「NPO法人だいじょうぶ」の代表を務めている。団体の活動内容は市と協働の相談業務をはじめ24時間対応の電話相談、家庭支援や母子の居場所づくりなどに力を入れ、子どもの最善の利益を第一にした活動をしている。

団体設立後、宇都宮市で初めて森田ゆり氏の講演を聴いた。そのことによって虐待の理解が深まったのと同時に、虐待を止める方法として、「MY TREEペアレンツ・プログラム」がすでに開発されていることを知り、栃木県でもやりたいと思った。2012年秋、栃木県から「家族支援プログラム」の一つとして委託を受けて宇都宮市で実施以来、毎年開催し、現在6回目を終えた。新しい気づきと発見がいつもあり、何よりも参加者の変化を間近に経験し、毎回感動のうちに終了している。

県、市の関係機関との密な協働の中でMY TREEを実施している。MY TREEが県の委託事業となったことで、毎年実施できている。資金面だけでなく、参加者募集のためのチラシの配布、ケースワーカーや相談員向けプログラム説明会の調整から実施会場の確保まで、児童相談所の家族支援担当職員が細かい部分まで協力してくれている。

関係機関とどう連携しているかをお伝えするのに適している2人の母親のケースを紹介する。深刻な虐待に至っていた2人だが、どちらもMY TREE受講によって親子関係が大きく修復し、家庭児童相談室の関わりが終了したケー

図 5-4　A さんのマイツリー。左：2 回目セッション　右：13 回目セッション

スである。お2人とも子どもたちを手放すことなく、5年経った今も幸せに暮らしている。タイムリーにMY TREEプログラムにつながったこと、ご本人たちの変わりたいとの思いの強さがもたらした結果といえよう。なお当事者が特定されないよう一部変えていることを了承願いたい。ただし木の絵と本人のコメントはそのまま載せている。

Aさんの場合

Aさんは未婚で2人の子ども（5歳、2歳）を育てている。正社員で勤めている職場は子育て中の母親に理解がなく、急な休みや早退時にいやみを言われたり、職員同士の飲み会や一泊旅行には、子どもがいるからと声をかけてもらえなくなり疎外感を感じていた。そんな仕事のストレスも子どもへの暴言、暴力のエスカレートに拍車をかけた。

保育園から通報を受けた家庭児童相談室が児童相談所に連絡。Aさんの疲弊感もあり兄妹は一時保護され、AさんはMY TREE受講となった。上の子には暴言暴力、下の2歳の子の顔を浴槽につけてしまうことも何度かあったほど死の危険と隣り合わせのケースだった。Aさんはプログラムの中で、自分の過去の傷ついた体験を語るうちに次第に回復していき、子どもへの虐待的言動はなくなっていった。

Aさんは自分のストレスが職場と大きく関係していることに気づき、M

ＹＴＲＥＥ修了後、転職することを決心する。資格取得のため職業訓練校に通う間、保育園と連携し、子どもたちが発熱などで体調を崩したときには、家庭児童相談室に連絡を入れ、支援員が迎えに行った。その後無事に資格を取得し、日勤で正社員として勤めている。

Ａさんが受講中に描いたマイツリー（私の木）を紹介する（図５－４）。

「……これ桜なんですよね。で、最初描いたときは殺風景な絵だったんですけど、ここでいろんなことを話すたびに開花していって、今自分の中ではもう春が来て、桜になっている状態を描きました」（右の絵は、プログラムの最終日、これから冬に向かう10月に描いた）

図 5-5　B さんの最終回の私の木

Bさんの場合

Ｂさんは小さい頃母親を亡くし父子家庭で育った。幼少期から家事をさせられ食卓はいつも乏しかった。絵本や映画の中で見る温かい家庭を夢見て結婚。３人の子ども（8歳、5歳、2歳）の母親となった。虐待の矛先はいつも5歳の長男に向いた。「この子のこと、大嫌いなのに、なんで私をこんなに慕うのか」。保健師から通告を受け家庭児童相談室が関わりＭＹ ＴＲＥＥ受講となる。受講の動機は長女が自分と同じ口調で弟に暴言を吐いたのを聞き、長女が自分と同じようになったらどうしようと怖くなり、変わりたいと強く思ったからだという。下２人の子への虐待は深刻だった。

丹田呼吸をしたり、木を観察したり、ゆっくり進むプログラムのペースに、Bさんはときどき、苛立ちを訴えた。そしてもう中盤を過ぎた頃、「私にはこんなことをしている時間はないんです！　こんなことをやって変われるんですか？　仕事もあるのに、時間に追われ、もう疲れました。次回からはもう来ません」と、みんなの前で宣言した。しかし、グループの仲間たちがBさんがいなくなることが悲しいと泣き出した。グループの力が働いた瞬間だった。そして次の回、Bさんはいつも通り会場にやってきた。そのBさんを仲間たちが涙で迎えた。

ＭＹ ＴＲＥＥ修了後、継続的な支援の必要性があったため、Bさんには保健師さんの心理面談と家庭相談員の面談を定期的に受けてもらった。また、セルフケアとして家事育児から解放される日を週に1日確保するために、私たちの団体が運営する子どもの居場所「ひだまり」で兄妹3人過ごすようにした。こうして、Bさんは苦しかった時期を乗り越え、受講から5年経った今も家族5人平和に暮らしている。

Bさんが受講中に描いた私の木（図5－5）。

「木に寄りかかって寝ている人、これ自分なんです。前は上を見上げているような絵だったんですけど、もう上を見上げられないほど高くて太い木で、何百年って木で、根っこもいっぱい根強く生えていて、そこに自分が寝ていて、子どもたちがその周りで遊んでいる感じで描きました」

プログラム最終日に描いた絵。大嫌いだと言っていた長男も描かれていた。

ＭＹ ＴＲＥＥと私

霜月（２００５年修了生）

結婚３年目に授かった待望のわが子。しかし彼は歩くようになると、とにかく動き回り、私の言葉など聞こえないかのように私を無視して、走り続けた。何度も車にぶつかりそうになり、公園では他の子たちに迷惑をかけるようなことばかりする。

私の中に「言ってもダメなら痛い目にあわすしかない」と思い、私は体罰をくわえ始めた。でも、長男の行動は変わることなく続き、子どもを追いかけ回すだけの日々に私は疲れ果てていた。ある日、私は長男を突き飛ばしてしまい、頭から床にひっくり返った長男は激しく泣き出した。「もうダメだ」。そう思った私は虐待ホットラインに電話をかけていた。

すぐに行政が動いてくれ、たびたび保健師さんが訪ねてくれるようになった。そして「こんなのがあるんだけど」と渡されたのがＭＹ ＴＲＥＥペアレンツ・プログラムの参加者募集チラシだった。ある病院の一室で、ＭＹ ＴＲＥＥの看護師さんが私の話を聞いてくれた。

子どものこと、私の生い立ちのこと。一方的に話してしまった気まずさを消すように「私じゃなくてもっとＭＹ ＴＲＥＥを必要としている人に譲ってくださっていいです」と心にもないことを口にしてしまった私に、その人は言った。

「あなたに来てもらいたいのです」

それは、生まれて初めてきく言葉であり、運命の扉が開かれた瞬間だった。

公民館の一室で、ＭＹ ＴＲＥＥは行われた。ＭＹ ＴＲＥＥで、自分の気持ちに正直に話すことを学んで「私は、困っています。聞いてください」。この言葉を言えるようになった。私の世界が広がっていった。

プログラムを終えてから、身内の不幸が重なった私は忙しい日々を過ごしていた。気持ちに余裕がなくなると長男に手が出てしまい、声を荒げてしまう。そんなとき、日常的に関わるのではないが、いざとなればＭＹ ＴＲＥＥの電話がある、受け止めてくれる人がいる、というのは私の気持ちを支えた。

少し時間ができたとき、いつも走り回ってとんでもないことばかりする長男を児童精神科に連れていき「アスペルガー障がい」という診断名をいただいた。そして、少しずつ少しずつ、長男を理解していくにつれ、気持ちの距離が近づいていき、心の中の木の芽も成長していった。

今、長男はさまざまな人たちのお世話になっている。長男がいたからこそ出会えたたくさんの人たち。そう思えばＭＹ ＴＲＥＥだって長男がいたからこそ、参加できたのだ。その人たちは私の見えてなかった長男を教えてくれた。今、長男は7歳、小学校2年生。もう5年も経った。なのに、いまだに懲りない私は機嫌の悪いとき思わず手が出てしまう。しかし、最近では長男にやり返されるようになった。「40歳のくせに」。先日、渋滞でイライラする私に長男はこう言った。もう笑うしかない。「うるさい！」と長男のおでこにチョップした。長男は笑っていた。長男の自由帳のすみに書いた。「お母さんはあなたを産んで幸せです」

数日後、次のページに返事が書いてあった。また木が大きくなった。

今も時折思い出す、ＭＹ ＴＲＥＥの畳の部屋。呼吸法と窓から見える景色、「あなたは大切な人です」という言葉。進行役の看護師さんの優しい視線。そんなとき、私の中の木が成長する。みずみずしい樹液が身体に広がるのを感じる。

私は、内なる木の存在を心に感じながら、これからも人生を歩むだろう。

森田ゆりさんに会ったら、きいてみたいことがある。〝どうして私の中に木が生えたのか〟。ＭＹ ＴＲＥＥに参加してから、心に木が生えたのは本当なのだから。

＊＊＊

２０１８年2月　追記

かなり昔の私が書いた文章を見て、恥ずかしくて顔から火が出るような思いです。12年後の今、一言では語り尽くせない思いがあります。

最近、息子の志望する高校の受験が終わり、やっと一息つきました。まだまだ悩みは尽きませんが、子どもの本来持っている力を信じて応援しています。

私の中の木はぐんぐん成長しすぎて、少々手入れが必要なぐらいになりました。

＊＊＊

森田ゆりから霜月さんへ　２０１８年3月

「12年前の質問への答えです。

あなたの中に木が生えたのは、長男が木の種をあなたの胎内に残して生まれてきてくれたからだと思います」

第6章

親たちと向き合ってきた実践者からのメッセージ

——実践者の多様性がＭＹ ＴＲＥＥのストレンス（strength）

各地でMY TREEプログラムを実践している人々は現在約30人。保健師、臨床心理士、看護師、助産師、保育士、元児童相談所所長、グループホーム長、子育て相談員、行政子ども家庭課職員、大学教員など多様な立場で、子どもの虐待対応に長年取り組んできた人々です。予算取りなどの折衝を含めると約半年を費やすこのプログラムを、どの人もフルタイムの仕事を持ちながら実施しています。助成金が下りなかった、行政の諸事情で委託契約が3年で終わった、プログラム受講の法的強制力がないために、本人に受講意志がなくて人が集まらない、などの理由で、実施は極めて不安定です。プログラムを必要としている人はたくさんいるのに、と考えると歯ぎしりする思いです。開催直前の6月になっても、実施できるかどうかわからないこともしばしば経験してきました。それでも実施に向けての努力を続ける実践者たちを、「まるで修行者のようだね」とコメントした外部の人がいましたが、私たちはそんなにストイックでもなく、ただ人生の重い苦難を抱えて生きてきた方たちが、その抑圧の大きい分だけ自分を大きく変化されるいのちの営みの驚きに立ち会わせてもらうことに毎回感動・感謝しているだけなのです。

毎週のセッションプランの準備、グループの進行、振り返り、参加者一人ひとりへのケア、逐語記録の作成、ファシリテーション力の研磨と、多大な時間と労力を必要とするこのプログラムにいのちを吹き込み、効果を最大にする彼らの高度なプロフェッショナリズムは見事です。

実践者たちの職種の素晴しいダイバーシティと、同一ビジョンのもとでの絆は、私たちが最も誇りにしているストレンス（strength）です。

一人の少年との出会いから始まった

中川和子（認定フェミニストカウンセラー）

私がＭＹ　ＴＲＥＥの実践を始めたのは２００４年の秋です。

ＭＹ　ＴＲＥＥを始めた当初の私は、性被害の多さに衝撃を受けました。性暴力が声を潜めはびこる社会のいたましさに、驚愕したことを今も鮮明に覚えています。

ＭＹ　ＴＲＥＥでは参加者が自分のことを語ります。テーマはありません。何を語ってもいいのですが、誰となく、過去の傷ついた自分を語り始めます。グループは、メンバーの語りに心を震わせ受け止めます。一石を投じるように、語りが、他のメンバーの内面に波及します。「私も話したい」「聴いてもらいたい」「話せるかも」と語りを触発するのです。「じつは私、子どものときに……」「初めて人に話します」と、傷ついた体験を語られます。匿名性を保障された、安心安全なグループだからこそ、これまでずっと封印してきたものをグループの中で語り始めるのです。

親からの虐待、体罰、いじめ、夫からのＤＶ、性暴力の被害等々……誰にも言わずに押し込めて生きてきたものを語るようになります。同じような思いや、目的をもって集まった仲間だからこそ共有できるのです。重い口を開くように、封印した思いを語られる中に、性被害を受けたことのトークが複数ありました。加害者は父親であったり、兄弟であったり、近所のおじさんであったり、見知らぬ人であったり……参加者が心の奥深くに押し込め秘めていた記憶の断片が語られるその中に、被害の事実がありました。それは、まれな語りではないのです。

「自分の身に何が起こっているのかさえ、わからなかった」「ずっと、自分が悪い、汚れていると思っていた」「今も、ふとした瞬間に、あの恐怖と不快な感覚がよみがえってくる」「まったくその時代の記憶がない」……被害の生々しさに痛みを感じました。性暴力被害の及ぼすダメージの深さに圧倒されたことを覚えています。

子ども時代に親から体罰を受けたことや、ＤＶ家庭で育ったことを語られる人も多くいました。「父親がお酒を飲んで暴れ、母親や自分たちを殴っていた」「いつも両親が喧嘩をしていた」「傷ついた母親の世話をし、愚痴の聞き役になっていた」……そして、恋人やパートナーから暴力を受けていた（いる）人も少なくありませんでした。いかに、女性や子どもたちが暴力にさらされている社会であるかを痛感します。

私は、フェミニストカウンセラーとして、女性を支援する仕事をしています。ジェンダーの視点で社会の問題をとらえ、性暴力やＤＶなどの被害者の回復支援に携わってきました。社会問題としてこれらの問題を見てきたのですが、ＭＹ ＴＲＥＥを実践する中で、虐待に至った背景に、性暴力やＤＶの被害など、ジェンダーの問題が内包されていることは自明であると思いました。現在の子どもへの関わりだけを取り上げて「虐待加害者」と見るべきではないと痛感します。彼女たちも「被害者」なのです。

だからと言って「虐待は仕方がないこと」ではありません。しかし、自分が子どもに与えたダメージを直視するためにも、自分の傷ついた心を受け入れ、癒さなければならないのです。

さらに、よい母にならねばといった、「母親である」ことの重圧が内在していることを感じます。ＭＹ ＴＲＥＥの１回目のセッションで、「みなさんは、よい親になるために、このプログラムに参加しようとされたのかもしれません。でも、ＭＹ ＴＲＥＥペアレンツ・プログラムは、よい親になるためのプログラムではありません」と伝えます。一瞬、参加者の表情が「え？」となります。多くの参加者が意外に思われるのです。我が子に暴力をふるう自分、子どもを愛せない自分は、母親失格だから、プログラムに参加して、よい母親にならねばならないと思っています。あるいは、よい親になるために受講するように勧められたと思っています。参加の経緯は違っても、感情的に子どもにダメージを与えるも、怒りがおさまり、ふと我に返ったときに、自分の言動を非難し、自責と罪悪感にさいなまれておられる方が多いように思いました。それだけ、世間や周囲からの母であることの重圧（外的抑圧）は、「母親なのだから子どもの面倒を見て当たり前」「母親は子どもを可愛く思うもの」だと、内的抑圧として自分にも課しているのだと思います。平成も終わろうかとしている昨今ですが、とかく「子育て」に関して、世間の目は母親に厳しいものがあります。

そして、子育ては「母親の役割」と、ひとりで抱えこんでいることも少なくありません。子育ての援助がないと、孤立した子育てになりやすく、「母親らしさ」「母親役割」からくる内的抑圧が大きなストレスになっているようです。地域や個人によって違いもありますが、夫やその拡大家族の古い男女の役割意識や家族観がストレスになることもあります。いわゆる嫁姑問題や、実家や実母との確執（母娘問題）なども大きなストレスの要因になっています。

ＭＹ ＴＲＥＥを実践して14年、いまだに根深いジェンダーの問題が、背景にあることを感じています。

その一方で、「母親」の存在の大きさと必要性を感じています。

じつは、私がＭＹ ＴＲＥＥをするきっかけとなったのは、児童養護施設で暮らす一人の男の子との出会いです。もう20年ほど前になります。彼は母親から虐待を受け、施設で生活をしている子どもでした。初めて彼に会ったとき、私の帽子をいきなり取って、返してくれないというアクションから彼とのコミュニケーションが始まりました。私の話しかける言葉には、ことごとく「うるさい」「知るかー」「あほかー」と返してきます。それが彼のやり方でした。

そんな彼に、お母さんのことを聞いたときに、彼が急に真顔になり「家に帰りたい。お母さんがええねん」と泣き出しました。強がりを言っているこの子は、まだ小学3年生。切ない思いを必死にこらえて生きている彼のつらさが私にも伝わって、私も泣けてきました。この子の思いを何とかしてあげたいと思いました。彼はお母さんからもらった戦隊ヒーローのキーホルダーをランドセルにつけていました。それを「俺の宝やねん」と嬉しそうに見せてくれました。この子の願いは母と暮らすことなんだと思いました。でも、彼の母親は、夫からのＤＶを受けていました。彼にも暴力をふるっていました。この子が幸せになるためには、「この子の母親を支援しなければならない」「ＤＶを許さない社会に変えなければ」と強く思いました。

親からの虐待によってダメージを受けた子どものためにも、虐待に至った親が回復する支援が必要なのです。その思いは今一層強くなります。

私が彼に出会った当時は、まだＭＹ ＴＲＥＥは開発されていませんでした。ですから、私は、背景にあるＤＶ被害者の支援や、子育てをする女性の支援を始めました。２００１年に森田ゆりさんがＭＹ ＴＲＥＥの試行グループをされると知ったときは感激しました。まさに「これだ！」と思いました。そして私とＭＹ ＴＲＥＥの今日の関わりに至っています。

何もなければ、虐待は起こりません。いろんなことが重なって、虐待に至ってしまったのです。ＭＹ ＴＲＥＥに参加される方の多くが、これまでの人生で、さまざまな心の傷を受けています。もっと早くにその痛みに気づいていたなら、小さなＳＯＳを見逃さなければ、子を虐待するまでにならなかったかもしれません。個人の問題で済ませておけないことなのです。子ども虐待を社会の責任として、親の回復支援が必要なのです。

私ができることの一つにＭＹ ＴＲＥＥがあります。これからも、子どもと親のために、親が回復する支援を続けていきます。

私は、２０１８年現在に至る14年間に通算35グループのファシリテーターを務め、約３００人の参加者と出会ってきました。それは、行政や児童相談所の委託事業としてであったり、任意団体主催であったりとさまざまですが、毎年、2から3グループを担当しています。実施する地域や主催団体によって、構成されるグループの雰囲気も特徴も異なります。自主的参加なのか誘導参加なのかの違いもあるでしょう。また、子どもが在宅なのか、分離なのかの違いもあります。同じ主催でも年度によってグループの雰囲気も異なります。多様なグループで多様な参加者と出会い、語りを通して参加者の人生を共有させてもらいました。

いろいろなグループがありました。いろんな参加者がおられました。どの参加者も、多少の派手さ、地味さはありますが、みなさん、どこにでもいるような、ごく普通のお母さんたちに見えました。しかし、それぞれに深い課題を抱えていました。何もなかったように押し込めていますが、癒されないままの心の傷があります。参加者の中には、児童相談所の担当に言われ、しぶしぶ参加したという人もいます。しかし、子どもとの関係を改善したいと思う気持ちに大差はありません。「変わりたい」「子どもと幸せに暮らしたい」。その気持ちは、みなさん同じです。

ＭＹ ＴＲＥＥでは前半の6回目まで、自分に向き合う「学び」の内容になっています。参加型の学びと、グループへの信頼感に喚起され、自分のことを語り、自分の中で整理されていきます。グループで語り、聴いてもらうことを通して、過去の傷ついた自分を受容し、終止符を打っていきます。参加者の多くが「私だけじゃない」「もういいよ、と自分を許してあげたくなった」「やっと前を向いて生きていけそうです」……自分自身に力を感じ、変わっていかれるのです。

ＭＹ ＴＲＥＥを修了した後も、学びや語りを共有し分かち合った仲間は、もう会うこともないのにかかわらず、一人ひとりの大切な宝物（内的リソース）としてその後の人生を支えてくれるものになります。

毎回、参加者の回復する力に敬服する思いです。語られる「人生」を、一人の人間として私も聴かせていただきます。そしてどのグループも共通して、グループが醸成する中でそれぞれが、深く豊かに内面から変わられていく姿を目の当たりにし、たくさんの感動と力をもらいます。私自身がエンパワメントされるのです。人は変わることができると確信しています。MY TREEでは、「問題は必ず解決する」と言っています。多くの参加者が自分を取り戻し、自分らしく、主体的に生きるようになられるのです。

数年前になります。ある研修で修了生の一人に、何年かぶりで再会しました。まったくの偶然の再会でしたが、彼女は福祉の勉強をしていたこともあって、子育て支援の仕事をするようになったそうです。MY TREEに参加された頃は、子どもがべたべたと甘えてくることに、無性に腹が立って暴力を繰り返していました。そんな自分を変えたいとMY TREEに参加された方です。彼女は、グループで仮面の裏に隠れていた傷ついた気持ちを語られました。彼女は父親から性的虐待を受けていました。母親はそのことに気づいていましたが、見て見ぬふりをしていたそうです。自分がつまらない存在に思え、アルコールやリストカット、援助交際など、自分を傷つけることをし続けました。MY TREEで、父や母への怒りや悲しみを語り、泣き、そして自分を受け入れ、少しずつ回復されていかれました。

自分のような思いをする子どもを救いたい、子育てに苦しむ親を支援したいと相談の仕事を始めたそうです。お子さんとの関係は？とお聴きすると、「あれ以来、手を上げることはなくなりました」とおっしゃっていました。大きく変わられた彼女にとって、過去の傷つきも、それを乗り越えた経験も、すべてが力になっていることがわかります。傷ついたりんご（なめらっこ）がさらに甘くなるように、豊かになられて輝いていました。

これも数年前になります。別の参加者からお手紙をもらいました。彼女は、MY TREEの募集チラシに、自分を重ね、電話をかけてこられた方です。チラシには「気がつけば子どもを叩いている」「子どもを無視してしまう」「このままではどうなってしまうのかとても不安」と書いています。「子どもを傷つけることを言ってしまう」「子どもを可愛いと思えない」……彼女は強い危機感、焦燥感、不安にさいなまれていました。「変わりたい」「変われるものなら」と、一縷《いちる》の望みをかけて参加された方でした。そして、大きく変化された方です。

あれから9年、当時、まだ幼稚園にも行っていなかった下の子が小学校を卒業したそうです。毎年、5月になると、地域の小学校ではMY TREEのチラシが配布されます。子どもが持ち帰ったチラシを見るたびに、「今年もMY TREEの季節が来た」と、MY TREEの仲間や当時のことを思い出し、気持ちをリセットしていたそうです。

「下の子が中学になり、チラシを持ち帰らなくなったのは寂しいけれど、あのとき、苗木を買って庭に植えた〝すもも〟は、今では見上げるほど大きくなり、毎年、春に白い花を咲かせ、可愛い実をつけます。〝すもも〟を見るたびに、MY TREEを思い出しています」と書いてありました。〝すもも〟は彼女のマイツリーでした。

MY TREEは、参加者の心の中にしっかりと根を張って成長し続けているのです。

修了後、同窓会が終わるともう会う機会はありませんが、偶然の再会やお便りに、その人の豊かな力を感じ、私がエンパワメントされます。

「MY TREEをしていてよかった」と心から思います。

これまでにMY TREEを通して出会った参加者のみなさん一人ひとりに、心から感謝しています。

ＭＹ ＴＲＥＥを抱える環境と対話

伊藤悠子（看護師　大阪府・大阪市共同実行官民協働事業受託ＭＹ ＴＲＥＥ実践者）

ＭＹ ＴＲＥＥの事業を生み育てた土壌

ＭＹ ＴＲＥＥペアレンツ・プログラム（以下、ＭＹ ＴＲＥＥ）は、議員立法である「児童虐待防止法」制定時、虐待の終止を目的とした親の回復支援プログラム、受け皿の不在が浮き彫りとなり、議員研修および国会参考人を務めた森田ゆりによって開発された。２年間の試験的実施の間に養成された実践者の専門性や背景は多彩であり、心理、教育、保健・医療ほか人権活動家など、多岐にわたるものであった。実施主体も然り、子どもや人権に関わるさまざまな現場で働いてきた人たちが、おのおのの場で、虐待からの回復プログラムを担う地盤づくりに取り組む、このこともＭＹ ＴＲＥＥが持つ多様性を示していたのだ。

大阪では２００３年、淀川区家庭児童相談室を皮切りに、「わが町にしなり子育てネット」でスタート。これは、区に出向する児童相談所や保健所も入って、官民の子どもの育ちに関わるさまざまな職種、機関によって構成された地域の連携ネットワークである。ここに大阪の公衆衛生の前線を担ってきた大阪府市同和地区医療センター芦原病院も参画しており、ＭＹ ＴＲＥＥ「わが町にしなり子育てネット」の全面的な協力を得て、地域を挙げた取り組みとなった。

初年度から大阪府と大阪市の後援を受け、運営には病院、保健所、保育所（子育て支援センター）が携わることにより、日本看護協会「まちの保健室」大阪初の大型モデル事業に採用された。２年目はＷＡＭ（独立行政法人福祉医療機構）の助成を受け「特にすぐれた事業」の認定をいただいた。３年目は文部科学省「家庭教育支援総合推進事業」の助成により展開。この3年間は、民間のフレキシブルで迅速な実践力と官公の着実な推進力が合わさり、困難な課題への取り組みを可能にした始動期であった。地域が支えるall大阪、他府県からも参加者を迎え入れる態勢と、西成（これも象徴である）の懐は深くありがたかった。

ＭＹ ＴＲＥＥの環境として、障子を開けるとクスノキの大木が見守る温かな和室は理想的であり、そこから遠くなく、あえて近すぎない保育場所の提供と充実した保育など、実践者以外の多くの守り手が、表から見えないところで支え合う形が確立されていった。まさに、森田が提唱する「コミュニティー・アプローチ」、その裏支えあってのＭＹ ＴＲＥＥである。

過去の傷つき体験によって、本来の力の使い方ができなくなり、自分や子どもを傷つけ、孤立している親たち。本人自身がその生きづらさをいたわり、失われてしまった自分への信頼を取り戻すためには、孤独な修行ではなく、人とのつながりが必要だ。それは、事業の作り方も同じことなのだ。

当事者が主人公のグループをつくる

ところが、最も苦慮したのは参加者たちと出会うこと、このようなプログラムがあると知ってもらうことだった（それは児相事業となった今も、変わらない）が、とりわけ新聞記事で扱っていただけたことは大きな呼び水となった。当時「虐待」という語は世にタブー視されており、「虐待――親にもケアを」という朝日新聞の見出しには肝を冷やしたものだが、記事が出たその日の朝から電話が鳴り続ける。その向こうには、誰にも相談できずに苦しんでいた人々、子どもと離れて暮らしている母らの声があった。参加者たちは、「この言葉に目が釘付けに」「私が求めていたのは、これだと思った」と言うのだ。

ＭＹ ＴＲＥＥが持つ、グループの安全を保障するプログラムの構造、人の健康の在り方に着目するソマティックな要素をはじめ、人間の全体性に働きかけるホーリスティックな視点は、実践者（ファシリテーター）を鍛え、毎回の振り返りの議論には熱がこもった。

時には、何世代もさかのぼる歴史を背負って、今目の前にこの人、この語りがあるのだ、とビシビシ感じ、その波の伝播に震えることもある。そのようなグループであるので、空間を整え、参加者を出迎える環境整備をおろそかにはできない。同時に、「自分は、このＭＹ ＴＲＥＥの実践に値する者であるか」と自問し、大いなるものに委ねるように、畳を拭き浄め、参加者を待ちながら心を鎮めて内的な環境を整える時間は、実践者を賜った者に至福のときでもあった。グループに、そして参加者にとって、適切なファシリテーターとは消えていく黒子なのである。これは、ちょっとしたこだわりで美学のようでもあるが、プログラムの効果に直結する思想だと考えている。

家族再統合とＭＹ ＴＲＥＥ

３年間、探し当てた助成金申請をしながら事業を実施する中で、ＭＹ ＴＲＥＥは公益性の高い事業であると注目されていった。時に、厚生労働省が、自治体が民間と組んで保護者プログラムを行う場合、その人件費の半分を出すという仕組みを作るという流れを作ったのが２００６年。その好機をとらえた大阪市、そして堺市が事業化し、２００７年大阪府も児童相談所の事業としてプロジェクトを誕生させた。大阪市と大阪府は、もともと移管の際などに行っていた行政間協力をベースに、相互乗り入れでプログラムを活用することを決定、事業成果の蓄積を経て、２０１３年には大阪府・市共同実行で民間との協働事業化へと発展させた。

この画期的な取り組みは「大阪方式」と呼ばれ、介入によって児童相談所と距離ができてしまった保護者に届く、親子の回復へのスタートを切る助けとなった。ＭＹ ＴＲＥＥ開発時、すでに日米両国で多くのプログラム開発を手掛けてきた森田ゆりが「ひとつのプログラムが確立するのに5年、定着するのに10年かかる」と述べた通り、開始から10年経過の年に、ＭＹ ＴＲＥＥは開発主旨に沿う大阪府・市官民協働事業の形で社会化したのだ。

ワーカーも癒される必要がある

また、児相の介入権限強化によって、児童福祉を志し、虐待に取り組む児相のワーカーたちが、苦慮しても個人の努力では到底届かないディスコミュニケーション、感情労働も見過ごせないものであった。MY TREEは、介入（第二次防止）とケア（第三次防止）の橋渡しのみならず、働く人たちの労災ともいうべき痛みを癒す、そのような作用をも併せ持つものでありたい、と願った。

官民協働事業の課題、これからのこと

しかしながら、今もって大きな課題が横たわっている。家族再統合支援をうたっていても、多くの自治体入札事業と横並びの1年契約公募プロポーザル形式であるため、事業の継続性（プログラム修了後のフォローアップや評価ができない）、人的資源の無駄遣い（事務作業に費やされる労力のため、プログラムに割くべき力の配分が大きく変わってしまう）という損失を生んでいるのだ。安上がりの民間利用、実践者の手弁当で成り立つ現状の施策はあまりにお粗末であり、これが新たな実践者の育成を停滞させる要因ともなっている。この現状は、大阪のみならず、全国のNPO、NGOと官公の協働が直面する課題であろう。

さて、大阪の地でMY TREEの実践が始まって15年。大阪府・市官民協働事業最大の課題は、実践の継承である。そのためにも事業のあり方の検証は欠かせない。若く新しい担い手の感覚と交じり合い、グラデーションを描きながらMY TREEを展開しつつ、委託元である児童相談所とともに、時代のニーズをとらえたプログラムの運用と事業デザインについて同じテーブルで話し合う仕組みが必要だ。こうした提案を受けられる行政、政治を獲得していく対話への努力もまた、MY TREE実践者の仕事なのかもしれない。

ＭＹ ＴＲＥＥに思いを寄せて

白山真知子（臨床心理士　元摂津市こども育成課参事兼家庭児童相談室長）

私がＭＹ ＴＲＥＥ（以下、ＭＴ）に出会ったのは２００２年のことでした。摂津市では児童虐待を子育て支援の究極と位置付け、摂津市子育てネットワーク推進会議の中で児童虐待の部会を作り、対策にあたっていました。

２０００年に児童虐待防止法ができ、正式に事務局を立ち上げると次々と通報が寄せられました。各関係機関で見守っていただくものの、見守りだけでは抜本的解決にはなりません。私は「見守りという名のネグレクト」と呼んでいました。「虐待の告知」は虐待の抑制にはなります。しかしケースワークや環境の調整だけでは虐待から脱することができない人も多く、虐待の数ばかりが増え、途方にくれる思いがありました。カウンセリングも時間がかかります。虐待など子育て支援に関わるものは、できるだけ早くストップさせないと、子どものさまざまな発達にも大きく影響します。そんなときに虐待をストップさせる回復支援プログラムＭＴに出会い、第１回目の養成講座を受け、庁内や関係機関の周知や調整を経て、２００５年からプログラムを実施しました。

ＭＴはファシリテーター２名と記録者１名の計３名が必要になります。家庭児童相談室の３名が半日３ヶ月にわたって手が取られるので、成果が挙がらないと多大な損失になります。しかし、その心配は本当に無用でした。10人の参加者はすべての人が虐待をストップしていけました。毎回のグループでも、個人カウンセリング等でフォローする人は１～２名でした。

個人カウンセリングでフォローの必要な方も、そこで何をしていかなければならないか、ＭＴを経ることですでに課題は見えていますので、個人カウンセリングだけをするより、かなり促進されます。

ＭＴプログラムを開催するチラシは、全幼稚園、保育所、小学校に配られました。保健センターや庁内、各関係機関の窓口、さまざまなところに配布し、広報でも周知しました。小学校では、配布枚数が多いからと、学校内で印刷をしてくださるところも出てきました。

こうして、3年を過ぎる頃には、自ら応募される方も増えてきました。この方たちの中には、通告で上がってきた人より、ずっと重度の方もおられ、よく事件になる前に来てくださったと思うと同時に、児童虐待は「家の中の奥深く、人知れず進行していくもの」と改めて思い知らされました。


市の事業の中にこのプログラムがあるので、通告があったためにその家を訪問したときも、「虐待をストップするには、こんな手立てがありますよ」とチラシを渡して、誘うこともできました。また、救急隊が「子どもが手にしていたガラスの光る腕輪を噛んで口を切って搬送されるとき」あまりのお母さんの剣幕と子どもへの暴言で、ＭＴを紹介されるケースもありました。

市の虐待対応の担当者としては、心強い味方ができた思いがしました。

その頃のＭＹ ＴＲＥＥプログラム修了時アンケートに、こう書いた方がおられました。

「公的機関に不信感を持っていたけれど、もう一度信じてよかった。長いようで短くて、まだまだ勉強したいことがいっぱいでした。人生に影響を与えてくれる貴重な機会に巡り会えたことに感謝します」

今私は市を定年退職し、京都府児童相談所で虐待をしてしまっている親の「寄り添いカウンセリング」とＭＴを担当しています。カウンセリングには、ＭＴに適当な人か、もしそうならグループにつなげてほしいと、ワーカーさんや各市や町からも紹介されて来られます。

ＭＴはいろいろな約束事や本名を使わないＭＴネームで参加しますので、どこの誰とわからず、安心して話せる場になっています。そのため、自分の過去のつらい記憶を皆と手を取り合って見ていくことができます。これは、個人のカウンセリングより抵抗が低く、自分の問題に直面し、洞察が早くに起こり、しかも深いものになる利点があります。また「仲間がいる、自分一人でない、グループの皆に抱えてもらえる」とホールディングされる体験も、その心の傷の回復を早めていると思います。

毎年グループを実施し、もう14のグループ、１４０人以上のお母さんたちとご一緒してきました。どのグループにもそのグループの感動がありました。ファシリテーターにとってもそれは生きる力になっています。結びに代えてある参加者の声（アンケートの中から）を紹介します。


「正直、最初はこのプログラムに参加することに抵抗がありました。自分が参加していいのか、どんな人が参加するのか……不安もありました。子どもを叩いてしまうことや、子どもへの思いなど秘密は厳守されるとはいえ、どこまで本音を話してもいいのか……との思いもありましたが、他の参加者の方のリアルな思いを聴いて、『自分も正直に話せるな』との安心と『こんな重い話をしても大丈夫なんだ』という驚きで、初回はドキドキしながら帰ったように思います。

何を話しても否定されることもなく、うまく伝えられなくても思いをくんでくれようとした参加者の方々や先生方のおかげで気がつけばあっという間の13回でした。

日々の育児の中で、こんなに自分をいたわってもらったことはほとんどなかったので、毎回のワークやコメントは本当にはっとさせられることばかりでした。プログラムが終わって、毎週金曜日のこの時間がなくなってしまうことに不安と寂しさが大きいですが、つらくなったときはみなさんの顔を思い出して頑張っていきたいと思います。本当にありがとうございました」

「ニュースや本で、親から虐待されている話は聞いていた。でもそれは現実とは遠かった。親からこんなつらい扱いされているのは自分だけだと思っていたけど、そうでない、仲間のいることを肌身で感じた。もうたった一人でないと初めて思えた。こちらに参加された方々が、みんな子どものことや家庭の問題はありつつも、なんとか幸せな人生を送れたらいいなと思う。自分も含め、みんな頑張ってほしい」

ＭＹ ＴＲＥＥにたどりついて

井上佳代（加東市家庭児童相談室）

加東市で２０１３年からＭＹ ＴＲＥＥペアレンツ・プログラムを始めて今年で5年目になります。当市は兵庫県の北播磨ののどかな田園風景が広がる人口４万の小さなまちです。

私たちが所属する家庭児童相談室は福祉事務所の中にあり、子育てのさまざまな問題や悩みを抱える親や子どもの相談を受けています。相談を受ける中で、親自身が悩んで苦しんでいること、親子分離後の家族再統合の難しさを実感し、親自身が変わらなければ、子どもたちは救われないということを強く感じていました。そして、そのためには以前から実施したいという思いを温め続けたＭＹ ＴＲＥＥペアレンツ・プログラムしかないと考えていました。

以前から私は加害者支援に携わりたいという思いを持っていたため第1回ＭＹ ＴＲＥＥ実践者養成講座に申込みをしましたが、その当時プログラムを一緒に実践する基盤のなかった私は参加することはできませんでした。その後、当市の家庭児童相談員になり、いつか必ず自分の市でＭＹ ＴＲＥＥペアレンツ・プログラムを実践するという夢を持ちながら仕事をしていました。

私たちが関わる家族の中には親の子どもへの不適切な関わりが止められず、結果、親子分離になる家族があります。家族再統合をするためには、子どもとの関係を見つめなおし、家庭環境の改善が求められます。しかし、誰かから求められる強制的な生活改善や親子関係の対応スキルの習得による一時的で表面的な改善では、根本的な改善には至らず、同様のことを繰り返すことが多々あるのも現実です。だからこそ、親の内面へのアプローチが可能で親自身に変化を促すことができるプログラムが必要だと思いました。それがＭＹ ＴＲＥＥペアレンツ・プログラムでした。

このプログラムは親そのものが抱える問題や自分と向き合い、グループの中で自分のストーリーを語り、聴いてもらうことで、過去の傷を癒し自分を大切にする気持ちが芽生え、もう一度自分の力や可能性に気づき自信を回復していけるプログラムです。親が変わってこそ、新しい親子関係を構築することができるようになっていくのです。

近年、家族再統合という目標が掲げられ、児童相談所や市町も取り組みがなされています。このプログラムはその位置付けにあり、私たちはこのプログラムを迷わず選択しました。私はこのプログラムこそ、市町ですべきだと思います。なぜなら虐待をしてしまう親を指導する立場にある機関と親が自らの課題を振り返るための支援をする機関とを分けることで、親としての評価や利害関係に左右されることなく、親の未解決な問題や不適切な関わりに目を向け、そこに至らざるを得ない原因に親が真摯に向き合うことができるのではないか、と思ったからです。

また、そういう親の中で参加に対してのハードルが高い場合、金銭的、時間的、精神的に余裕がなかったり、自分の課題に向き合うことに抵抗があったり、自分の知らない場所や人に対して不安を感じたりする人も多いのです。そういう親にとっても身近であることがより参加しやすくなるとも考えていました。

また、当市では参加者を募集する場合、生活圏が狭く、緊密なつながりがある地域のため、つながりのない参加者を10名確保できない可能性がありました。そのため当市に限定せず、広域で参加を募集し、プログラムの利点であるグループ・ダイナミックスが最大限に活かされる10名の参加者が確保できるようになりました。また、プログラムの中で取り扱うテーマがかなり繊細で自身の内面の課題であるため、匿名性の保障が求められるというプログラムの特性上、参加者の生活地域が広域であることがよりよい効果を生んでいます。それは参加者個人が特定される不安が低くなり、参加へのハードルが下がること、逆に市外の参加者にとっても自分のことを知っている人がいないという安心感にもつながり、より深い話がしやすくなります。

このような条件のもと、加東市ではＭＹ ＴＲＥＥペアレンツ・プログラムを実施しています。プログラム導入後は私たちの中にも変化が生まれました。それは希望です。

このプログラムを始めるまでは、私たちが何年関わり続けても状況が改善せず、親子分離をするしかないとき、親子分離しても戻ってくる家庭や親が変わらず子どもが戻れないとき、たとえ家庭復帰しても以前の状況に戻ってしまうとき、自分たちの中に行き詰まりを感じていました。つまり、個別の支援では気づきが得られない親やスキル取得中心のペアレントトレーニングで支援してきた親は、内面の変化が起きにくく、現状が改善されにくいと感じていたのです。

しかし、このプログラムはグループカウンセリングであるため、一人の参加者の気づきが他の参加者の気づきにつながり、グループ内に共鳴し、内面の変化に波及していくのです。また、このプログラムは表面的な変化はあっても内面の変化が起こせず、頭でわかっていることができないと苦しむ親にも効果が期待できるのです。

ゆえに、これまで私たちが感じていた閉塞感や無力感は薄まり、支援に幅ができ、広がりを感じています。何より、プログラム修了後の参加者のらせん状の変化も目の当たりにすることができ、人の持つ力の素晴らしさを実感し、私たち自身がエンパワメントされているのです。

最後に、私たち実践者自身が多くの人に支えられて、ＭＹ ＴＲＥＥペアレンツ・プログラムを実施することができることに喜びを感じ、感謝しています。

そして、果敢に自分と向き合い、時には傷ついても決して諦めず、今も歩き続けているであろう参加者のひたむきな姿から私たち実践者は勇気をもらい、今日もまた前を向いて歩き続けることができています。

広い世界の中であなたたちに巡り合えた幸運に感謝しています。どこにいても、きっとつながっている、あなたたちと……。

わたしとMY TREE

畠山憲夫（自立支援ホーム施設長）

２００５年、私は妻とともに、日光市で児童虐待防止のためのNPO法人の立ち上げに参加した。そのことから、のちにファミリーホーム（小規模住居型児童養育事業）を始めることになり、現在、５人の子どもたちと暮らしている。これまでに10人の子がホームを出て自立したが、その多くが親からの虐待を受けていた。階段から突き落とされた子、お風呂に沈められた子、ドライアイスを押しつけられた子などさまざまだ。私は里親として子どもたちと関わったが、実親とはどう関わってよいのかわからず、なるべく接触することを避けていた。また、児童虐待のニュースを聞くと、その加害者である親に怒りを覚えていた。

そんな中、妻がNPOの活動としてMY TREEペアレンツ・プログラムを実践したいと言い出し、私も協力することになった。妻と２人でファシリテーターの養成講座を受講し、２０１２年９月に最初のMY TREEペアレンツ・プログラムを実践することになった。そして今年で６回目の実践となる。それまで、虐待してしまう親が理解できなかったが、「虐待行動に悩む親たちは、今までの人生において他者から尊重されなかった痛みと深い悲しみを、怒りの形で子どもに爆発させている」という森田ゆりさんの言葉が心に響いた。

MY TREEペアレンツ・プログラムの初日、参加する母親たちは誰もが緊張した顔でやってくる。しかし、回が進むごとに、穏やかな表情になり、笑顔も増えていく。プログラム３回目で「あなたは大切な人」という仲間の言葉に泣き出してしまう母親がいる。今までそんなことを言われた経験がないのだ。そして、次第に、自分の怒りやつらさ、悲しみを語り、毎回のワークを通してさまざまな気づきが生まれる。子どもへの怒りが少なくなった、体罰をしなくなった、そういう声が聞かれるようになる。そしてプログラムが修了する最後の日、参加者は仲間として、その場を去りがたいような不思議な雰囲気に包まれる。

以前、我が家に来た小学生の男の子が、病気で亡くなった母親についてポツリと言った。「毎日叩かれたことは嫌だったけど、母ちゃんも一生懸命頑張っていたんだよ」。そのあどけない表情が私には悲しかった。「そうか、母ちゃんもお前も頑張っていたんだなあ」。思わず、ふざけたふりをしてその子を抱き上げた。その通りだ。母ちゃんは頑張ろうとしたからこそ、つらくて苦しかった。そして子どもを叩いた。私は知らないが、そんな親子が、他にもどこかで生きているのだろうなと思った。私は、ここに来るような子どもたちのためにも、虐待をしてしまう親への支援を続けていこうと思う。

「ゆずりは」における実践から

広瀬朋美（アフターケア相談所スタッフ）

――自分でも気づかないようにしてきた本当の気持ち、今まで一切誰にも話せずにいた自分の気持ち。心から安心できる場所と仲間の中で、語りと気づきが積み重なり、一人ひとりの中で小さくさせられていた力や可能性が、じわじわと、時に爆発的に膨らんでいく――

児童養護施設の職員を経て、ゆずりはのスタッフとなりＭＹ ＴＲＥＥペアレンツ・プログラムに出会って5年。さまざまな背景や環境、長くケアされることのなかった傷つきを抱えたお母さんたちが、苦しみ困惑しながら、それでもこれ以上子どもにダメージを与えるような関わりを変えたいと、もがき、嗚咽し、涙しながら変化していく光景に、毎年自分自身がエンパワメントされていることに気づく。

「アフターケア相談所ゆずりは」は、東京都国分寺市にある、児童養護施設等社会的養護のケアリーバーの方のための相談所で、運営母体は、児童養護施設と自立援助ホームも運営する社会福祉法人「子供の家」となる。

日常の主な業務は、家族など頼れる先がない中で、ホームレス状態になってしまったり、思わぬ妊娠をしてしまったり、借金の返済ができなくなってしまうなど、深刻でとても一人では解決できないような問題を、一緒に考え、適切なサービスにスムーズにつながっていけるようにサポートすることだ。

その他にも、居場所としてのサロンや、高卒認定試験の無料学習会、作業所としてのゆずりは工房等の事業も行っている。

ゆずりはが利用者の方との関わりの中で大切にしていることは、大変な状況の中へルプの声をあげてくれた方へのねぎらいと感謝の気持ち、安心で安全な場所であること、これまでの行為をジャッジするのではなくこれからその方がどうしていきたいかに全力で寄り添うこと、そしてご本人が選択・決定できるためのサポートをしっかりとすることだ。

利用者の方の多くが、虐待や虐待的な環境下を生き延びてこられている。児童養護施設の職員時代に寝食をともにしてきた子どもたちの多くも、虐待や不適切な養育環境から保護されてきた子どもたちだった。世の中からはひどい親だと責められるその親に対して、当の子どもたちはその後もずっと、とても複雑な思いを抱え続けている。〝保護されて離れたからよかったもう安心〟ではないし、〝親はいらない、別の環境や人があればそれでいい〟ということでもないのだ。

少なくとも私が出会ってきた子どもたちが、本音のところで願っていたこと、それは「親に変わってほしい。認めてほしい。受け入れてほしい」ということだった。それはとても親子だけの力で解決できるものではないし、サポートやケアがなければ、悩みや葛藤は大きなまま続いていく。また、そのような葛藤や苦しみは、普段は心の奥底にしまい込むことができていても、人生の局面、パートナーとの関係や子どもの出産・育児などにおいて蓋が開き、コントロールできなくなってしまうことが多いように感じる。

昨年出会った、両親からひどい虐待を受け続けてきた10代の少女は、母親への憎しみや怒りの気持ち、自分の人生への諦めを話し続けていた。そして、自分の人生を生きるために、数少ない選択肢しか提示できない支援になんとか手を伸ばしてくれた。保護が決まって最後に会ったときの彼女が言った言葉を忘れることができない。

「母親も苦しんでいるんだと思う。公的機関も誰も信用できずに支援も受けられない。ここなら母親が安心して話せると思えるかもしれない。どうか母親を助けてやってほしい」

子どもの福祉やその後のアフターケアに携わるようになり、「親」や「大人」へのサポートやケアといった視点や、実際のサービスの少なさに正直愕然とした。

子ども期を子どもらしく過ごすことができないままに、その悲しみや孤独感、傷つき、混乱した気持ちなどをケアされることなく年月が過ぎ大人になる。子どもを産み親となる。その先は自己責任だ、と今の日本社会は言っているように感じるのだ。

本当の意味で〝子どもたちのための支援〟ということを考えたとき、その親への支援やケアというのは切り離せないもので、ゆずりはが、毎年なんとか開催費用をかき集めながらもMY TREEの実施を続ける理由は、そのことを日々の活動の中で実感しているからだ。

ゆずりはは公的な助成金ではなく、最初の3年間は読売光と愛の事業団より、その後は心ある方のご寄付により毎年のMY TREEペアレンツ・プログラムを開催できている。

そのため、継続して開催していくという点では不安定であるが、一方で他県の方の参加にも対応できること、参加者の方は公募で集まるという特性がある。

インターネットや新聞、関係機関に置かれたチラシを見つけて、緊張や恐怖心、羞恥心を乗り越えて自ら電話し面接に至る方は、「この状況を変えたい、変わりたい」との思いが強い方々だ。

プログラムで特に大切な「変わりたい」という気持ちが軸にあることで、プログラムの中に散りばめられたたくさんのエッセンスが浸透していく。やがて、〝違い〟と〝比較〟に苦しめられ、人を恐れていた参加者の皆が、そこにある多様性を受け入れ、その心地よさが、温かで安心な場所を作っていく。そういった場、雰囲気という土台作りが、私たちファシリテーターの最も大きな役割と言っても過言ではないと実感している。

またそのためには、参加者とファシリテーター、ファシリテーター同士の上下ではない対等な関係性ということも、大切なこととして実践者間ではいつも確認しあっている。

絡まった紐をといていくように、最初の頑固な塊がとけたらスルスルほどける人、何個も小さな塊がある人、どんどんとけたのに最後に強力な塊がある人。それぞれのペースで少しずつ変化していく様子に、人は本来生きる力を持っていることを実感し、毎回深く胸打たれる。

MY TREEプログラムは、このままでは衝突事故を起こしそうな列車の線路の分岐器——ターンアウトスイッチ——のポイントのようだな、といつも思う。参加すれば魔法のようにすべてが解決するものではない。しかし修了後も続く親子関係の変化により、衝突しそうになったときには周りの力を借りながら切り替えていけるようになる。
実践の中で出会ったお母さんたちは、このターニングポイントが自分に必要と自覚し行動に移せた方々である。一方で、自分からプログラム参加を求めてこない、苦しい状況を誰にも話せない、子どもにダメージを与えているという自覚が麻痺《まひ》してしまっている。その方たちほど、より深刻な状況に陥りやすいことを考えると、児童相談所や子ども家庭支援センター、保健センター等の関係機関への周知・理解・連携を深めて、積極的に変化を望まない方々が参加につながるようにしていくことは、今後の大きな課題であり目標だと考えている。

5年間の実践を通して、MY TREEペアレンツ・プログラムのエッセンスとゆずりはの日常の活動がリンクして混ざり合い、お互いの血肉になってきていると最近気づいた。つながって融合してバージョンアップしている感じだ。

進化しつつ、これからも毎回その時々の出会いに真摯に向き合っていきたい。

第7章 実践者の人財育成

養成講座とスーパービジョン

ＭＹ ＴＲＥＥペアレンツ・プログラムの実施認定資格を取るためには２０１８年現在は以下の研修、合計約50時間の受講が必要です。２０１０年まではその倍の約１００時間の研修受講が必要でした。今後この時間数は変わる可能性もあり得ます。

●集中基礎講座　2日間×7時間　14時間　講師：MY TREEトレーナー

ＭＹ ＴＲＥＥプログラムを実践したいと思い、養成講座受講を希望する方のほとんどが、虐待問題に対応するさまざまな分野ですでに仕事、活動をしてきた方たちです。経験が長く、知識が多い分、エンパワメントとレジリアンス、人権などの根幹概念は、一般的な理解ではなく、ＭＹ ＴＲＥＥの思想とホーリスティックなアプローチから共有していただくことが不可欠になります。プログラムの中で親たちに教えるアサーティブ・コミュニケーションのスキルや多様性理解は、実践者自身が日常の中で使えることが前提となります。瞑想やボディワークへの理解と日々の練習は不可欠です。この集中講座では児童虐待に関する基礎的知識を学ぶのではなく、ＭＹ ＴＲＥＥ実践者として共有していなければならない基礎的な認識と知識と技法を学んでいただきます。

●多様性人権啓発ファシリテーター養成講座　2日間×7時間　14時間　講師：森田ゆり

森田が米国と日本で１９９１年から毎年実施し続けてきた講座です。27年目になります。ＭＹ ＴＲＥＥ実践希望の方はこの講座の中で学ぶ、グループの力動を作るためのたくさんのツールとスキルを身につけていただきます。またダイバーシティ（多様性）と子ども虐待の関係についても学びます。日本が時代とともにより多様性社会になっていくにつれて、子ども虐待の多文化理解は不可欠な認識と知識になっていきます。

私がカリフォルニア州社会福祉局子どもの虐待防止室のトレーナー兼トレーニング・コーディネーターの仕事をしていた80年代は、ダイバーシティは必ず提供しなければならない研修テーマでした。ＩＳＰＣＡＮ（International Congress on Child Abuse and Neglect 国際子ども虐待とネグレクト防止学会）などの学術学会でもダイバーシティ関連のワークショップがないことはありませんでした。家族へ良い支援をするためには、ダイバーシティの認識と知識は不可欠だからです。

例えば70年代、80年代に米国で急激に増えた東南アジアからの新移民の中には、風邪の治療のために熱した硬貨を胸に当てる民間療法を行っている人たちが多くいました。それが民間療法であることを知らなかった当時の米国の医療、福祉関係者は、子どもへの虐待ケースとみなしてしまうことがありました。文化の多様性を考慮にいれずに虐待に関する法律や手続きを杓子定規に当てはめようとすると、大きな間違いを犯してしまうことがあることを学ばなければなりませんでした。

夫の不倫に悩んだ日本の商社駐在員妻が子どもと無理心中をはかり、子どもは死亡、女性は生き延びたという南カリフォルニアで起きたケースは、心中という日本人に多い行為を虐待の法律で裁くかどうかで賛否両論を巻き起こしました。

子どもに灸を据える日本の親の行為が民間治療行為であるとの知識が必要であると同時に、子どもへの過酷な虐待として灸を使っている親がいることも知らなければなりませんでした。

ベトナム戦争後難民としてアメリカ各地に多く移住した少数民族モン人の中には、13歳、14歳の娘を結婚させる伝統的習慣をアメリカでも維持している家族があり、それが性虐待であるかどうかもまた難しい問題として検討されなければなりませんでした。アフリカからの新移民の中には娘や孫娘の性器切除ＦＧＭ（Female Genital Mutilation）の習慣を米国でも施している家族があり、その行為を虐待として取り締まることの是非をめぐっての論議も交わされました。

（『多様性トレーニング・ガイド――人権啓発参加型学習の理論と実践』序文より要約引用）

アメリカ、カナダ、オーストラリア、ニュージーランドなどの国々の児童福祉の歴史の最大の汚点は、先住民族への同化政策に基づいた寄宿学校制度でした。貧困にあえぐ居留地の先住民家族を説得して、ときには強制的に、子どもたちをはるか遠隔他州の寄宿学校に入れさせ、それぞれの部族の言葉や祈りや服装や長髪を禁じたことによって子どもたちは家族、親族とのコミュニケーションを断絶させられ、根無し草となりました。１８７９年から１９８０年代までの１００年あまりの間に先住民家族は千年、二千年と続いてきた言語を失い、儀式や伝統の継承を断絶させられる文化的ジェノサイド（虐殺）を経験したのです。児童福祉政策がその先鋒となったのでした。今日も続く先住民家族が世代を超えて抱える集団的トラウマは、自殺率の高さ、アルコール依存率、死亡率の高さ、貧困、犯罪などの社会問題を抱え続けることに大きく影響しています（その詳細はデニス・バンクス・森田ゆり共著『聖なる魂――現代アメリカ・インディアン指導者の半生』朝日新聞社、１９９３年〔単行本は１９８９年〕を参照）。

今日では、どの国もその取り返しのつかない大きすぎる過ちを深く反省し、二度と再びそのようなことが起きないようにと、先住民のニーズにあった児童福祉政策のための多様性研修の義務付けを徹底しています。２０１７年11月にカナダのトルドー首相は、イヌイット族の子どもたちを「文明化する」との教育福祉政策のもと、１００年余り続いたこの問題に対してカナダ政府の犯した罪として涙ながらの謝罪をし補償をしました。

日本でもすでに愛知県、静岡県などの人種の多様な地域の児童相談所職員の中にはブラジル人家族、中国人家族のケースワークをするにあたってダイバーシティの認識と知識の必要性を実感されている人々もいます。

ダイバーシティは人種や民族のみならず、ジェンダー、ＬＧＢＴＱ、障がいそしてＡＤＨＤやＡＳＤも脳神経多様性としての理解を深め、社会的養護の子どもたちの心身の健康発達への日々の取り組みに生かしていく専門性が求められています。

●実践者養成講座　３日間×７時間　21時間　カリキュラム実施の仕方と練習

講師：森田ゆりとMY TREEトレーナーたち

この講座を受講するには、受講申請書の質問項目に答えていただくことになります。

●振り返り

毎回のセッション直後に行う3〜4人の実践者間（ファシリテーターと記録者）での振り返りは、実践者にとっておそらく最も大切な技術向上の研鑽の場です。その時のガイドとして、後述する〈コメントのガイド〉と、〈MY TREEの10の前提〉が活躍します。

加えてメンバー同士が経験や立場の違いにとらわれることなく、アサーティブに意見を交わし合える関係性を常日頃、養っておくことが要になります。

●スーパービジョンのセッション

①各グループ実施中はグループごとに年に3〜4回

②全国レベルでは実践者全員が一堂に会合して年に1〜2回

①に関しては、毎回の完全逐語記録を前もってスーパーバイザーに提出し、〈学びのワーク〉のファシリテーションの仕方の検証、中間及び修了時面接の準備、〈自分をトーク〉での短く適切なコメントへの指摘、助言を受けます。

●エンパワメントの方法

エンパワメントとは本人の中にある、本人自身が気づいていないパワー（力）を活性化することですから、実践者は参加者一人ひとりの内にいつもそのパワーを探すアンテナを張る癖をつけてもらいます。それは時には、参加者が過去に試みた小さな成功やこれからのかすかな可能性にフォーカスすることです。あるいは時にそれは、語られていないことに声を与えることであり、その人の語りから行動の叡智を見出すことです。

ＭＹ ＴＲＥＥでは「問題は必ず解決する」とよく言います。それは、先が見えなくて不安になっている人に気休めを言っているのではありません。当事者には自分の課題と向き合い、それを乗り越えていく力があると信じることから始まるエンパワメントの方法に裏打ちされた支援者としての専門性の表れです。

〈自分をトーク〉でのコメント力の育成は、ＭＹ ＴＲＥＥの中で実践者が磨いていく高度な援助スキルです。そのため各セッションの完全逐語記録（あくびや笑いや沈黙も含む）を作るという膨大な時間を取られる作業をしています。

簡潔で的確なコメント力の高度なスキル

コメント力はＭＹ ＴＲＥＥが独自に積み上げてきたもので、どこかにモデルがあるわけではないので、いつか近い内にそれを体系化して提示できる機会を作りたいと思っています。とりあえずここでは、年一度の全体スーパービジョンでかつて行った「コメント力のスキルアップ」研修レジュメの一部を紹介しましょう。

コメント（フィードバック）力のスキルアップ

コメントの目的

①受容する↓変化の土壌を作る
②語った人の気づきを起こす↓変化につながる
③一人の語りを全体の養分にする↓グループの力動を起こす

1　短く、的確に、簡潔に、タイムリーにコメントするスキル

語尾を明快にすることを意識する。
＊語尾の「あいまい語」を排除する練習
例題）あいまい語に線を引く。あいまい語無しに言うとどうなるか。

「～～それも一つの手段かなと思ったりもします」

「～～という方法もあるんじゃないかなと思ったりするんですけど」

「そこを自分でまずは、やってみたらどうかなと考えてみてもいいのではないかと思いますが」

あいまい語を多用するのは、往々にしてコメントに自信がないときです。

＊です。ます。で終える
「～～かと思ってしまいますが」

「それは理屈が通らないことですし。加えて～～」

「つらいことはよくわかりますが、でも考え方を変えてみると～～」

＊文を短く切る。句点（まる）をしっかり入れて話す。

「それは当然のことだと思いますし、それを我慢するのは健康によくないかもしれないし、〜〜」

＊簡潔に。いらないものをそぎ落とした文で言う。

ＭＹ ＴＲＥＥのコメントは、意識的な言葉の使い方、話し方を選ぶ。自分の発する言葉のすべてが意識的であること。人前でスピーチをするとき自分の言葉に緊張感があるように、ファシリテーターのコメントにも緊張感を持つ。

毎回の記録を読んで、自分のあいまい語や語尾の癖や冗長性をチェックする。

2 語りのどこにコメントするか

●常に、ねぎらい、感謝、共感などの受容の言葉で始める。
「自分の気持ちに正直に語ってくれてありがとうございます」

「つらい出来事をよく話されましたね」

「その気づきは素晴らしいです」

「本当に大変なことが起きたんですね」

「子どもさんにそうできてよかったですね。私も嬉しいです」

「その感情をよく言葉にされましたね。まずしっかりと感じてください」

●そのねぎらった相手の言葉を反復する。

「正直に語ってくれてありがとう。もう10回目も過ぎたのに、自分が変われてない気がして焦っているのですね」

「子どもへの苛立ちは怒りの仮面で、仮面の裏の寂しさの感情に気づかれたのですね。その感情を今しっかり感じましょう」

●その上でどこにコメントするか。

○本人が気づいたこと→反復する、または簡潔に要約。パラフレーズして、本人の気づきをvalidate（承認・有効化）することで、本人の中に確かなものとしてとどめる。さらに一人の気づきをグループ全体の気づきにする。

気づきをvalidate（承認）認める＝**見て＋止める**（とどめる）

○エネルギーの高いところ

感情表現（泣く、声が震える、沈黙、笑い、嬉しそう、楽しそう）→共感、反復する

「つらい出来事をよく話してくれました」

「そのときの気持ち、身体でも感じておられることが、よくわかります」

○仮面の裏側の語られていない感情

「ベタベタくっついてくるな、うっとうしい。ってつい思っちゃうんです。私はサイテー。母親失格です」

「あなたが娘さんの年の頃、かまってもらえなかった悲しみやさみしさがあるのでしょうか」

○どうしても譲れない意見があるとき
相手の考えを否定する言葉をできる限り使わずに、ただ簡潔に自分の意見を述べる。

「発達障がいのあるうちの息子には、なにしろ人様に迷惑をかけない人になってほしいんです」

「(間) そうですか。人様に迷惑をかけない人よりも、人の力を借りられる人になってほしいですよね」

エンパワメントとは、自分の内と外の資源(リソース)を縦横に使うこと
パワフルな人とは、自分の内と外の資源を縦横に使える人
問題解決力とは、人のちからを借りること

●行動の叡智を見い出す。
○「またリスカしちゃったんです。私ってほんと成長してない。自己嫌悪」
「身体の痛みは、心の痛みよりはるかに耐えられますからね。それほどにあなたの感情の痛みは大きいのですよ。心の痛みをケアしていきましょう」

○「私は自分がないんです。自分で何も決められない。結婚するまでは親が決めることに従って生きてきて、今も自分で決められないので夫の言うとおりにしてます。自立できてない人間なんです」
「自分で決められないのは、自分がないからなのでしょうか。

自分で決める、自分で選ぶってことは、安心がないとできないことです。

環境が安心じゃないから選べないのではないかしら。あるいは心の中の不安が大きいのかもしれない」

●グループのシナジー（相乗効果）を減じるような発言に対しては、その場ですぐに対処する。
「○○さんはすごいけれど、私は～～」

「○○さんみたいにわたしはできなくて～～」

「○○さんのいい話のあとで私は相変わらず暗い話ですみません」

「みなさんにはこんな苦しみないと思いますけど～～」


「ほかの人のことは語らないんでしたね。（間）あなたが自分自身に取り組むだけです」

「他の人と自分を比較できることは何一つないですよ。みんなそれぞれ全然違う環境で生きているのですから」

「他の人の名前は出さなくていいですよ」

その場合も短く簡潔に指摘する。長く自説を語らない。説教になる。
●振り返りの中で、互いになぜそこにフォーカスしたか、それがよかったか否か、よくなかった場合は、何がよくなかったのかを話し合う。

3
沈黙力
簡潔なコメント力を前提に、間（ま）の使い方を自分のものにする。
間は、3スローカウント：息を1拍で吸って、2拍で吐く

①大切なポイントを示したいとき　その言葉の直前に間を入れる

「自分の氷山の水面下にある部分にちょっとずつ気づいてきているようですね。（間）気づきが人を変えます。変化はらせん状で、行きつ戻りつでまた戻ってしまうかもしれない。３歩進んで2歩下がるとかの歌があるほどだから、『ちょとずつ進めばいいじゃない』と肯定的に置き換えていること。（間）素晴らしいと思います。それって、否定的に受け止めてしまう傾向に身を預けてしまわないで、ストップかけている努力なんですね」

「一時保護所から子どもが帰ってきました。～～私は前はいつもイライラ、何をしても怒りっぱなし。今は、学校から帰ってくると笑っている私の日々があります」

「よかったですね。離れてみたことで、子どもに期待しすぎていたことがわかったとのこと。（間）それはゆとりです。ＭＹ ＴＲＥＥはセルフケアと問題解決が目的です。セルフケアというのは心と身体のゆとりを持つことですよ」

②感動を伝えたいとき

「（間）それはすごいことですね」

「大変なことをよく話してくださいました。（間）聞かせてもらった私たちも今、いろんなことを感じています」

4　ＭＹ ＴＲＥＥの7つ道具やシンボルやイメージなどを使って、コメントする。復習になる

氷山の話、私の木、キャッチボール、怒りの仮面、死の危険、ストレス要因、体罰の6つの問題、聴く3つの

ポイント、しつけの3タイプ、10のしつけの方法、外的抑圧と内的抑圧、Iメッセージ等々。

「お恥ずかしいんですが、気持ちがエスカレートしてくると、娘のことをこらしめてやらないと気がすまないっていう感情になってしまうことがある」

「正直な気持ちを話してくれてありがとうございます。それも怒りの仮面の裏側の気持ちとしてきっと何かがあるんですよね。そこに気づいていきましょう」

「娘は、好きなことは熱中してやるのに、好きじゃないことはまるでがんばらない。それが許せなくてガミガミ言うと、親を無視するんです。ものすごく腹立って物投げてしまう。ついにケガさせてしまいました。

私は子どもの頃から、嫌いなことも我慢して頑張って生きてきました。

母から『あんたはお姉ちゃんみたいに美人じゃないから、勉強がんばんなさいよ』と何度言われたか。父からは『お前はがんばるところが長所だ』って言われて育った。だからがんばらない自分はゼロだって思ってきた。

がんばらなくても私はいい子だって言ってもらいたかった（しばらく嗚咽）」

「大切なことに気づかれようとしているんですね。がんばり続けてきたあなたの生き方が、今変わろうとしています。外的抑圧と内的抑圧の話、覚えていますか。両親からの比較と決めつけは外的抑圧。それはほんとのことじゃないのに、信じ込まされてしまい、自分で自分をしばりつけてきた内的抑圧。今、あなたは自分の内的抑圧をはずそうとしています。がんばらないあなたの素晴らしい力が氷山の下から現れようとしています」

5　Iメッセージの使い方――ネガティブ感情ばかりでなくポジティブも

（Iメッセージについては113ページを参照）

①今まで、怒りの言動でしか表現できなかった感情を、「私」を主語にしたIメッセージで相手に伝える

「私がIメッセージをするようになったので、子どもも自己主張してきてくれて嬉しい」

「なんでいつもこうなの」というyouメッセージの自己否定的思考パターンを変えるためにも効果的。

しかし、①のIメッセージばかり発信されている身近な大人は、「自分のことばっかり」とだんだん腹が立ってくる。

「Iメッセージを使っているのに、夫が怒りだすんです。『おまえはいつも、私は、私はって、自分ばっかりやん』と言って」

子どもも、Iメッセージが頻繁だと親のネガティブな感情を受け止めなければならなくて、苦しくなる。

「おかあさんはいつもつらいんだ、悲しいんだ。ぼくはどうしてあげたらいいんだろう」

②だから、同時に、快の感情もIメッセージで同じくらいの頻度で伝える

「私、嬉しい」「（私、）助かったわ。ありがとう」「（私、）きょうはとても気持ちがいいの」「きょうは、みんなで夕飯一緒に食べられて（私は）楽しいわ」

③ミニロールプレイを使って、その場で練習してもらう

「じゃ、そのことは、今度是非ともIメッセージを使って夫に言ってくださいね」ではなくて、

「じゃ、そのことを、今、私が夫だと思って、私に向かって言ってみてください」

実践者がアサーティブ研修で学んだアサーティブスキルのポイントを、ここでしっかり使って、言い方をガイドし手伝う。

気づきとは何か——自分がヒーローの物語を生きるために

参加者にこう言うことがあります。

「他人に正直でなくても自分の気持ちに正直に語ることで、気づきが起き、内的変化が起きます。鎧を取り外して自分をさらすことは怖いけれど、その語りはここでは必ず受容されます。無防備な生（なま）の自分が他者から受容されるとき、自分でもそれを受容することができるのです」。これが、自分に正直に語ることで変化が起きる理由です。

ファシリテーターの実践者にはこう言います。

「まずは共感を示し受容することで、参加者の気づきが起きます。気づきが変化をもたらします。共感がないところに気づきは起きません」

その気づきの内容は「私の木」に最近、新芽がいくつも出たことに気づくことから、体罰が死に至る可能性を備えた暴力であることに気づくことから、常に外から自分の人生が制約されてきたという被害観から、自分こそが世界を作っていく存在だと感じる自由と創造の有能感まで、多様です。

気づきはただ知識を増やすことでは起きません。「はっと、気づく」というように、認知だけではなく、身体と感情と魂（生命力）のすべてが一体となって、はっと気づくのです。何冊もの自己啓発本を読んでも変わらなかったTさんが、MY TREEプログラムで得たのは、瞑想訓練による身体への意識の集中とともに怒りと悲しみの感情を表現する中で起きた大いなる気づきでした（第5章参照）。

私の木を観る瞑想の宿題を、ある日Yさんは、こう報告されました。「葉っぱが全部散ってしまってからは、木に変化がないな。毎日同じで、報告することがないと思ったときです。私が木を観ているのではなく、木が私を観ているような気が突然して、一瞬、背筋がぞくっとしました。その木の背後には林というか森がちょっと広がっているのですが、そのたくさんの木たちも私を観ているような気がしてきました。森が私を観ているという感じ。なんか嬉しいようなドキドキするような気持ちになりました」

その日の〈自分をトーク〉でYさんは、前回までずっと涙をたくさん流しながら語り続けてきた父と祖父母からの暴力に対する強い被害者意識から一転して、子どもとのポジティブなコミュニケーションが一つひとつうまくいき始めたことを報告されました。

Yさんの話を聞きながら私はメルロ＝ポンティの『眼と精神』を思い出していました。まだ学部の大学生だった頃に読んだその一節は40年を経ても記憶の隅の方で生きていました。

「森のなかで、私は幾度も私が森を見ているのではないと感じた。樹が私を見つめ、私に語りかけているように感じた日もある」（『眼と精神』モーリス・メルロ＝ポンティ、滝浦静雄・木田元訳、みすず書房、１９６６年）と画家アンドレ・マルシャンの言葉を使って、見るという行為は対象を客観的に見るのではなく、その世界に自分が取り込まれて共存に至ることを論じていました。

「私の歴史の中での出来事とみなされたある言葉やある思想が私にとって意味をもってくるのは、ただ私がその意味を内側から捉え直す場合だけである」（『知覚の現象学2』モーリス・メルロ＝ポンティ著、竹内芳郎・木田元・宮本忠雄訳、みすず書房、１９７４年）

気づきとはそのようなことです。もちろん思想や生き方といった大それた気づきだけでなく、まいたゴーヤの種が芽を出した！といった小さな気づきも大切です。前述のYさんの場合もそうでしたが、小さな気づきが続けて起きるときは、大きな気づきが起きようとしているときで、カール・ユングが論じたようなシンクロニシティ（共時性）の力が働いていると思わざるをえない臨床経験を何度もしてきました。

〈自分をトーク〉は自分の過去と現在と未来を自分の物語として作り直す作業の場です。今までの人生を、誰かの視点で、誰かのための物語の脇役として生きるしかなかった人にとって、ＭＹ ＴＲＥＥは自分の視点で、自分が主役《ヒーロー》となって「事実や偶然を不断に己がものとしてゆく運動」そのものです（『知覚の現象学1』モーリス・メルロ＝ポンティ、竹内芳郎・小木貞孝訳、みすず書房、１９６７年）。

共感力とは「味方になる」こと

実践者研修でするアクティビティ①

❶グループで共感、同感、同情の違いを話し合う。

共感（empathy）　相手の痛みや喜びをともに心で理解し、そのことを相手に伝える。もともと「empatheia（ギリシャ語）」他人の主観的経験を知覚する能力を意味する言葉を１９２０年代に心理学者Ｅ・Ｂ・ティチェナーが心理学分野に援用。

同情（sympathy）　相手の痛みや悲しみをかわいそうに思う。

同感「わかる、わかる。私も同じ」

❷困難な状況にある人は、同情されることも同感されることも嫌がるのはなぜかを話し合う。

共感力の使い方

アクティビティ②——隣の人とペアになる。右の人が相談する人。左の人が聞く人。

相談する人は、何か困っていることを相談する。作り話で構いません。

聞く人は、自分のノートにこぶし大のハートを描く。このハートをはみ出さないように鉛筆かペンで塗りつぶす作業をしながら話を聞いてください。

相談する人は40秒話し続けてください。

さあ。どうでしたか。聞いた人は意図的に「能動的傾聴」をしない聴き方をしたのでしたが、それが相手にどう影響したかを話し合います。

共感的傾聴とは次のように聴くことです。

能動的傾聴＋反復的傾聴＋具体的傾聴＝共感的傾聴

能動的傾聴とは、からだ全身で聴くことです。耳と口を使うだけでなく、姿勢や、相手の目を見る、うなずく、相槌をうつなどして、全身で「あなたの話は大切です」「あなたのことを理解しようとしています」と伝えることです。ハートの絵のアクティビティをして能動的傾聴がいかに重要か納得したことでしょう。

反復的傾聴とは、相手の言ったことをただ反復するだけです。特に、何を言えば良いかわからないときは、余計なことは言わずに、ただ反復傾聴します。

励ましや「ガンバレ」やアドバイスは共感的傾聴になりません。

「ガンバレ」は元気な人にかけると喜ばれる便利な言葉です。しかし相談に来る人は、今元気でありません。もうずっとがんばってきたのに、状況が良くならないから困っているのです。これ以上がんばれないところまできている人たちです。その人に「ガンバレ」と言葉をかけることは、最も「非共感的」であるだけでなく、残酷ですらあります。

「ガンバレ」は英語には翻訳できない日本特有の言葉です。ある米国映画の字幕で「Good Luck」を「がんばれ」と訳していました。がんばってきたから、もうあとは運に任せるしかないからGood Luckなのです。ところが日本語では限界を超えてどこまでも、本人の意志でがんばり続けないといけないメッセージになってしまうこともあるわけです。

具体的傾聴は、もっと話を聞きたいときには「それってたとえば?」と聞きます。

使ってはいけない質問は「なぜ?」で始まる質問です。聞いている人にそのつもりはなくても「なぜ〜〜」と聴かれると責められているような気がします。

「なぜ帰りが遅かったの?」「なぜもっと早く相談しなかったの?」「なぜ大学に行かなかったのですか?」。自分を責めているように感じる相手に、話を続ける気にはなりません。

●共感力の3要素

相手を判断しない

相手の立場に立とうとする

相手の味方になること

味方なのですから、あなたの立ち位置は常に相手の側です。相手に同意できなくても、相手の反対側には立ちません。

●相手の感情や考えを受け止めていることを**相手に伝える**

聴く人が自分一人でわかっているのではなく、「わかります」という理解を相手に伝える言葉を使います。

受容と変容の弁証法——中道

アクティビティ——動いて選択「受容と変容」

①教室の一辺を5等分して一番左の位置に1 受容 と書いた紙を貼る。
その横に2、その横に3、その横に4、一番右に5 変容 の紙を貼る。

②「セラピスト、援助者として相手にもっぱら受容で関わる人は1の前に立ってください。もっぱら変容を促進しようとして関わる人は5の前に立ってください。どちらかといえば受容の人は2、両方半々の人は3、どちらかといえば変容を進める人は4にそれぞれ立ってください」

③立つ所を選び終わったら、なるべく多くの人に「なぜ、その位置に立ったか」を聞いていきます。

④他の人の意見を聞いて自分の立つ場を変えたい人は、一斉に移ってください。

⑤どのように人が動いたかを観察します。

⑥アクティビティは終わりです。思ったこと、感じたこと、気のついたこと、なんでも発言してください。

援助している相手に変化をもたらすためには、受容が不可欠です。しかし変化へ向けて背中を押すことも必要です。その受容と変化の案配をどのようにするかは、セラピストのアートの部分でマニュアル的に教えることはできないと私は長い間考えてきました。2010年にマルシャ・リネハンのDBT（弁証法的行動療法）のValidation（承認・有効化）と「前提」に出会って、その考えを変えました。

validationは日本語に翻訳することが難しい言葉です。とりわけリネハンがその言葉に付与している意味を推測すると、単に「承認」と訳すのでは誤解が生じてしまいます。ＤＢＴ関連の邦訳本の多くでは、「承認」「認証」などが使われていますが、ＤＢＴ臨床家にとっての最も重要な文献とも言える"Skills Training Manual for Treating Borderline Personality Diorder"（Marsha M.Linehan. 1993）を『弁証法的行動療法実践マニュアル』（金剛出版、２００７年）として監訳された小野和哉氏は「有効化」という訳語を使っておられます。納得のいく訳語です。Validation は単なる「承認」ではなく、その環境を有効化するという文脈的行動療法の思想を背景にした方法だからです。

本書では validation という英語をそのまま使うか、場合によっては（承認・有効化）と付け加える標記としました。

ＤＢＴ（弁証法的行動療法）から学んだ臨床のガイド

コメント返しと中間面接、終了面接で使うスキルとしては、ＭＹ ＴＲＥＥの今までの方法に加えて、２０１４年からは、ＭＹ ＴＲＥＥプログラムの方法と最も親和性のあるものとして、第三波行動療法のとりわけマルシャ・リネハンのＤＢＴ（Dialectical Behavior Therapy　弁証法的行動療法）とスティーブン・ヘイズらのＡＣＴ（Acceptance and Commitment Therapy）が提供しているツールのいくつかを活用しています。いずれも今日の最先端の心理療法として世界の心理、医療、教育、福祉の分野で影響を及ぼしている方法です。

マルシャ・リネハンは仏教の修行をする中から体得した「中道」を、「弁証法」という西洋の概念用語に置き換えて弁証法的行動療法の中心に据えたと筆者は理解しています。たとえば、クライアントを受容する validation（承認）を駆使するさなかに、行動の変化の選択を提示し、練習を促すその微妙なバランスを、東洋の私たちは「中道」として理解していますが、リネハンは「弁証法」と呼んでいます。

「地獄から抜け出るための唯一の道は……受容（acceptance）」

Skill Training Manual For Treating Borderline Personality Disorder.
Marsha M. Linehan. 1993. New York, Guilford Press. 訳・森田ゆり

２０１６年以来、毎年高槻市で開催しているエンパワメント・センター主催の「第三波行動療法をあなたの支援に活用する参加型研修」シリーズのⅠとⅡの講師Ren Stinson, PhD（ミネアポリス戦争帰還兵病院ＰＴＳＤ治療センター・サイコロジスト）の作成した研修テキストより、ＤＢＴのValidation（承認・有効化）部分を紹介します。

1　なぜ validate するのか

・認めてもらえないことは感情不調を増大させる
・Validation は感情をなだめ調整する
・Validation は信頼と安全性を築く
・モデリングとして使う
・Validation はクライアントとセラピストの二極化を止める
・Validation は相手に変化への意志をもたらす

2　何を validate するのか

①主要な感情表現
②行動の叡智
③認知の中の正しさ

④目標に向かう努力
⑤承認できることだけを承認する

3　Validation のレベル

・最高レベルで validate する
・V1：注意深く聴く
・V2：振り返る
・V3：語られないことを言葉にする
・V4：その人の過去を考えると理解できる
・V5：今の状況を考えると理解できる
・V6：ラディカルな誠実さをもって（対等な人間同士として向き合う）

MY TREE実践者の全国研修／スーパービジョンでは、Validation 技法をマスターする研修を続けてきました。以下は筆者が作成したMY TREEプログラムに特化したアクティビティです。

アクティビティ——何に validate するか。ケースで考え、ロールプレイする。

1　2人ペアになる。
2　下記のAさんの話のどの箇所で、どのように、右記2の①〜⑤の Validation をするかを話し合う。どう言うかの返し方も話し合う。

3　語る人と聴く人になって、ロールプレイをする。

例題　Aさんの話

長女は、小さい時から我が強く、何かというと私に刃向かってきた。とても憎たらしく思うことがよくありました。それで、手が出るようになって、ひどく叩いている自分に驚きました。それでも反抗はやまない。これでもか、という感じで叩いてきました。

もう12歳になった今は、叩こうと手を上げても、サッと逃げられてしまいます。それでも怒りはふつふつと起きてきます。今は、汚い言葉で、怒鳴ることが多いです。こんな自分が嫌でたまりません。じつは、わたしも母から叩かれて育ちました。父からも叩かれました。不登校にもなって、本だけ読んでいた中学時代でした。本の世界に逃げていたんですね。もう、こんなことは、わたしの代で終わりにしたいんです。

学校のカウンセラーさんから言われたんです。娘は、死にたいと言っているそうです。夫とわたしの喧嘩を見るのが嫌でたまらないって。知りませんでした。わたしと夫が大げんかをするとき、見ている娘は、心をとても傷つけられているんですね。気がつきませんでした。

娘が自傷をするのは、わたしが悪いんです。わたしのせいです。

娘との関係をよくしたいです。今までは、そのうちによくなると思ってきたけれど、それではだめなことがわかりました。これからは、このこと、一番重要なこととして取り組んでいきます。

でも、夫は、何も反省しないんですよ。自分は間違っていないと思っている。娘のことも何もしてくれないです。

チェーンアナリシス（連鎖行動分析）

ＤＢＴのツールの中でも、大変使いやすく、実践者が参加者と一緒に分析作業を一度することで、本人が自分一人でも使っていかれるようになります（図７－１）。

問題行動（子どもへの暴言暴力、自傷、自殺未遂等）に至った行動や感情を克明に書き出すことで、問題の全体像を可視化することができます。連鎖のどの段階で、代替の認知や代替行動が取れるかが可視化され、解決を戦略化できます。さらに問題行動がどのような結果を連鎖的にもたらしたかの理解を得ることもできます。時には、問題行動の背後にある傷つき体験がチェーンとして浮上してくることもあります。

ＭＹ ＴＲＥＥでは子どもへの怒りの爆発が大きく、衝動的に暴力を振るうことが変わらない人、自分への自傷などの衝動的問題行動に悩む人に、個人面接の中で、個別に使い方を教えることがあります。これをするときも、validationをしっかりとしながら行います。

このツールの具体例は"Dialectical Behavior Therapy with Suicidal Adolescents"（Alec L.Miller, Jill H. RAthus, Marusha M.Linehan, 2007. 日本語版『弁証法的行動療法――思春期患者のための自殺予防マニュアル』〔アレック・L・ミラー、ジル・H・レイサス、マーシャ・M・リネハン　高橋祥友訳　２００８年　金剛出版〕）を参照してください。

第三波行動療法の中でも最もＭＹ ＴＲＥＥの信念を共有している方法として、マルシャ・リネハンへの敬意と感謝

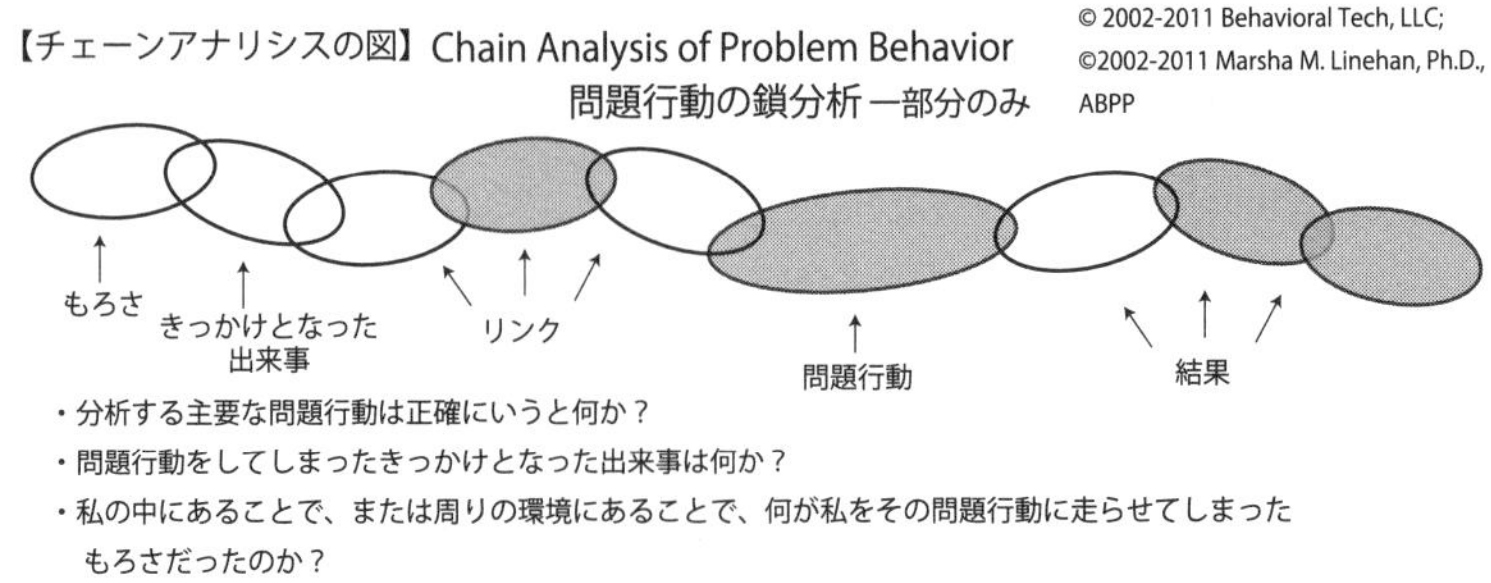

図 7-1　チェーンアナリシス（連鎖行動分析）の図。問題行動の起きた文脈全体を可視化し、どこで行動や思考の変化を起こすかを把握する。（訳・森田ゆり）

の念をもって、活用させてもらっているのがＤＢＴ実践者コンサルテーションの方法「前提　Assumption」です。

MY TREEの10の前提

我々が前提を受け入れるのは、それがいつも正しいからではなく、それが最も効果的なケアを提供させてくれるからだ。「前提は、入り組んだ暗い洞窟の中で、セラピストを常にMETTA《メッタ》（慈しみと共感）へと導くガイドロープとして機能する」。これらの前提は我々の仕事におけるMETTAの姿勢を維持することを助けてくれる。

マルシャ・リネハン〝Doing Dialectical Behavior Therapy, A Practical guide〟Kelly Koerner, 2012　訳・森田ゆり

METTAとはパーリ語で慈しみと共感の意。パーリ語は約２６００年前、釈迦、すなわちゴータマ・シッダールタが弟子たちに説法した文字を持たない言語です。その後、METTAは、サンスクリット語でMAI TRI《マイトリ》と訳されました。その英語訳はLoving Kindnessで、これが最近日本でも知られてきた「マインドフルネス」の根幹です。

マインドフルネスとは、パーリ語Satiの英訳語です。Satiは、漢語で〝念〟、日本語では〝気づき〟と訳されてきた仏教哲学の八正道の一つで、瞑想の基礎

的技術の一つです。東洋の私たちの文化では馴染み深い概念であり、方法です。

・マイトリ　Mai Tri　मैत्री　は、仏教哲学の根幹となる四量無心「慈・悲・喜・捨」（じ・ひ・き・しゃ）の第一。慈量無心は生きとし生けるものへの慈しみと友愛の心。

・カルナ　karuna　悲量無心は相手の幸福を望む心。苦しみを除いてあげたいと思う心。憐れみと共感の心。

・ムディータ　muditā　喜量無心、相手の幸福を共に喜ぶ心。

・ウペカ　upeka　捨量無心、穏やかな平常心。英語では equanimity という訳語でマインドフルネス瞑想分野では多用されている。

MY《マイ》 TREE《トリー》というプログラムの名称のルーツは、じつはサンスクリット語の　मैत्री　MAI《マイ》 TRI《トリ》（慈しみと友愛の心）にあります。

MY TREEの10の前提

1　参加者はベストを尽くしている。たとえ努力しているように見えなくても。

2　参加者は失敗しない。私たちの対応が、あるいは彼らの環境が彼らを失敗に追い込んだだけだ（第三波行動療法が文脈的行動療法と呼ばれる所以）。

3　参加者は問題のすべてをもたらしたのではないが、それを解決する責任がある。なぜならほかに誰もそれを解決できないからだ。

4　参加者は今よりもっと努力できる。変わりたい願いを持続できる。

5　実践者はプログラムを信頼する（カリキュラムを変更しない）。

6　実践者は、支援の方向が見えなくなったときは、いつもＭＹ ＴＲＥＥの基本目的に戻る。

7　実践者は誰でも間違いを犯す。私たちは誰もが間違えたことがあることを認めよう。そうすれば自己弁護をいつまでも続けなくてすむ。

8　私たちにはそれぞれの限界があり、その限界を認めて良いのだ。

実践者はチームの他の実践者の力と多様性を尊重する（経験や立場、知識の多寡、表現力の違い、参加者への見方、これらすべての多様さが効果的なケアに貢献する）。

9　実践者がベストを尽くしても、いつも期待する結果を得られるわけではない。

10　実践者にはたくさんの支援が必要だ（仲間や家族や、山や海や流れる雲や風や木からの支援が）。

毎回のセッション後の実践者間の振り返りは、10の前提を念頭に置きながらします。スーパービジョンのときも同様です。

エンパワメントの方法（思想と具体的スキル）を中心に置いて実践する私たちの、虐待に至ってしまった親への関わりは、「救う」という正義感ではなく、「治す」使命感でもなく、その人の味方として、人が変わることのいのちの躍動に立ち会わせてもらう感動に他なりません。

第8章 効果調査

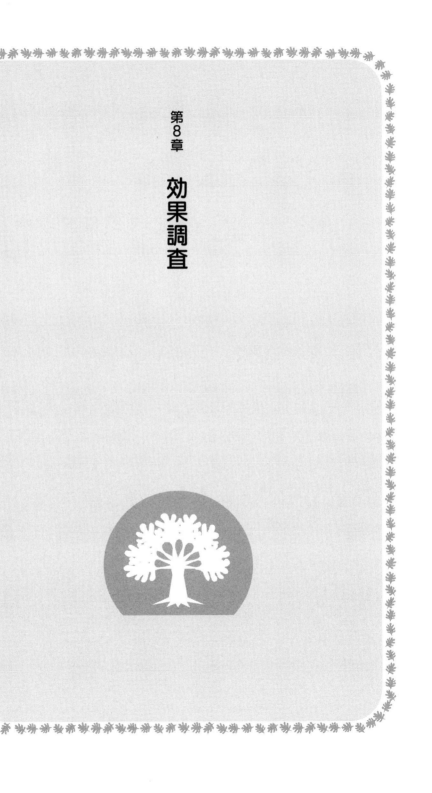

ＭＹ ＴＲＥＥプログラムでは早い時期から、効果調査を積み上げてエビデンスを固めることの必要性を意識していましたが、その努力は紆余曲折を経てきたと言わざるを得ません。

その最大の理由は、筆者がＭＹ ＴＲＥＥプログラムの効果は、外からの観察に基づく客観的証明を重視する量的研究方法では測定できないのではないかと考えていたからです。〈自分をトーク〉のナラティブで起こる参加者の変化と学びは当人の主観的現実を尊重するがゆえに起こる方法なので、外からの観察に基づく実証主義的な量的研究方法を取ろうとすると、質問の内容や仕方において参加者の回復を最優先できないことになり、行き詰まりました。加えて瞑想や呼吸法で起こる心身の変化も客観的理解の対象になりにくいのです。そのためＭＹ ＴＲＥＥプログラムには質的研究が必要だと考えていました。しかし、つい最近まで心理、教育分野の効果研究をする日本の研究者のほとんどが量的研究を専門にしておられて、質的研究をする研究者とは出会えませんでした。質的データ分析が実行できるコンピュータ・ソフトが開発されているので、それを使えないのか検討もしたのですが、それを使いこなして、私たちが納得のいく分析方法を示してくれる研究者とは出会えないという袋小路に突き当たりました。

２０１４年からは量的研究か質的研究かと二者択一で考えるのではなく、参加者の回復を最優先できる範囲内で、測定できるものを検証していくスタンスで調査を専門家にお願いしています。この章ではそれらの調査の結果を報告していただきました。

ＭＹ ＴＲＥＥペアレンツ・プログラムの量的意識調査から見た効果測定

八重樫牧子（福山市立大学名誉教授）

１　はじめに（目的）

ＭＹ ＴＲＥＥペアレンツ・プログラムの効果については、実際に支援をされているスタッフの実践報告、そして何よりもプログラムの参加者たちの感想からも明らかである。しかし、このプログラムについてよく知らない人たちに、プログラムの効果を説明することはなかなか難しい。ＭＹ ＴＲＥＥペアレンツ・プログラムの効果を客観的にそして実証的に評価し、その効果を参加者、専門職、行政そして社会の人々に説明することができるエビデンス（証拠）があれば、もっとこのプログラムの有効性を理解してもらえ、広く活用されると思う。

ＭＹ ＴＲＥＥペアレンツ・プログラムではプログラムの最初と終わりに、参加者にアンケート調査（以下、プレ調査とポスト調査と略す）を実施している。これまで多くの方がこのプログラムに参加されたので、このアンケート調査に答えた参加者の方は３００人以上になる。このような量的な意識調査は１００以上を超えると、統計的な分析が可能となる。なお、このプログラムは、研修を受けた資格者がテキストに従って実施するので、時期や場所にかかわらず原則的に同じプログラムが実施されている。したがって、時期や場所が異なっていても、アンケート調査に答えた参加者をトータルして分析することが可能であると考える。

そこで、ＭＹ ＴＲＥＥペアレンツ・プログラムの実施前後に行ったアンケート調査の結果を比較検討することによって、ＭＹ ＴＲＥＥペアレンツ・プログラムの効果について分析を行った。

2　調査方法

（1）調査期間と調査対象

2010年度から2016年度に実施したMY TREEペアレンツ・プログラムの参加者に、プログラムの前後にアンケート調査を実施した。

調査対象は、MY TREEペアレンツ・プログラムに参加し、プレ調査とポスト調査に回答した384人である（表8-1と図8-1）。

参加者の平均年齢は、38・3±6・2歳（最小年齢20歳、最大年齢54歳）であった。

参加経路別にみると、自主的参加は169人（44・0％）、紹介は191人（49・7％）、児童相談所主催／紹介は24人（6・3％）であった（表8-2、図8-2）。

（2）調査内容

育児意識に関する調査項目は13項目であり、「①はい」「②どちらかといえばはい」「③どちらかといえばいいえ」「④いいえ」の順序尺度の4件法で回答を求めた。

自己評価に関する調査項目は15項目であり、「①まったくない」「②年に1・2回ある」「③月に1・2回ある」「④週に1・2回ある」「⑤ほとんど毎日」の順序尺度の5件法で回答を求めた。

子育て状況に関する調査項目は10項目であり、項目5「DVを受けている。過去に受けたことがある」を除く9項目は「はい」「いいえ」の名義尺度の2件法で回答を求めた。項目5は「過去に受けたことがある」「今受けている」「いいえ」の名義尺度の3件法で回答を求めた。

年度	人数	%
2010	16	4.2
2011	24	6.3
2012	40	10.4
2013	64	16.7
2014	83	21.6
2015	82	21.4
2016	75	19.5
合計	384	100.0

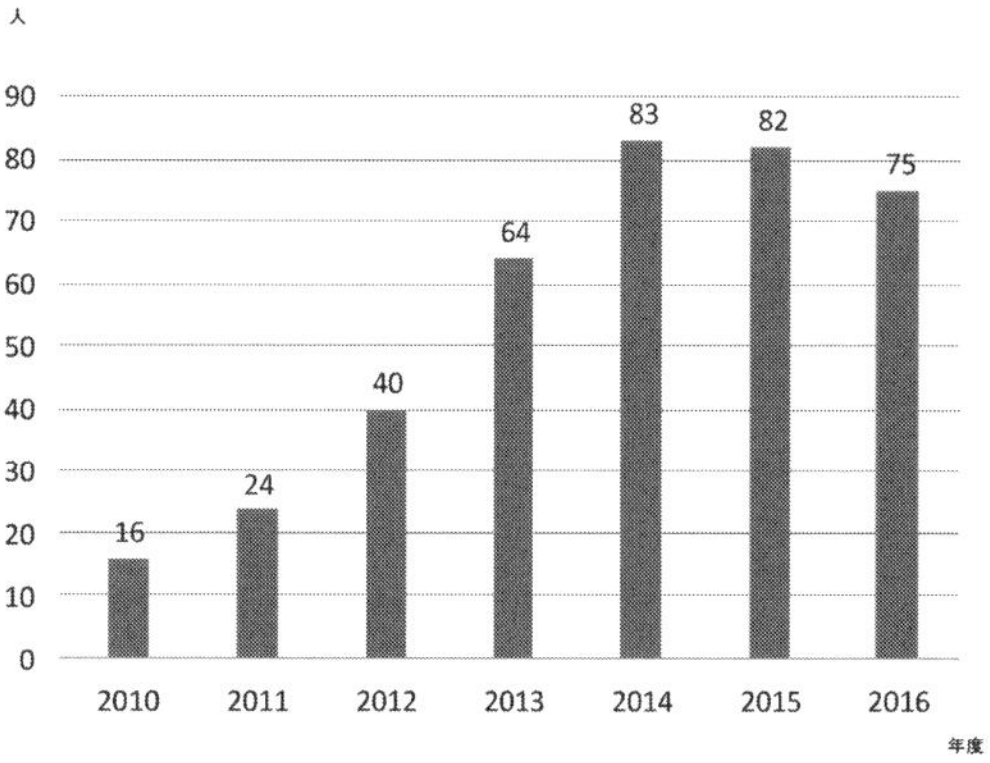

（左）表 8-1　調査対象
（右）図 8-1　調査対象

参加経路	度数	%
自主的	169	44.0
紹介	191	49.7
児相主催／紹介	24	6.3
合計	384	100.0

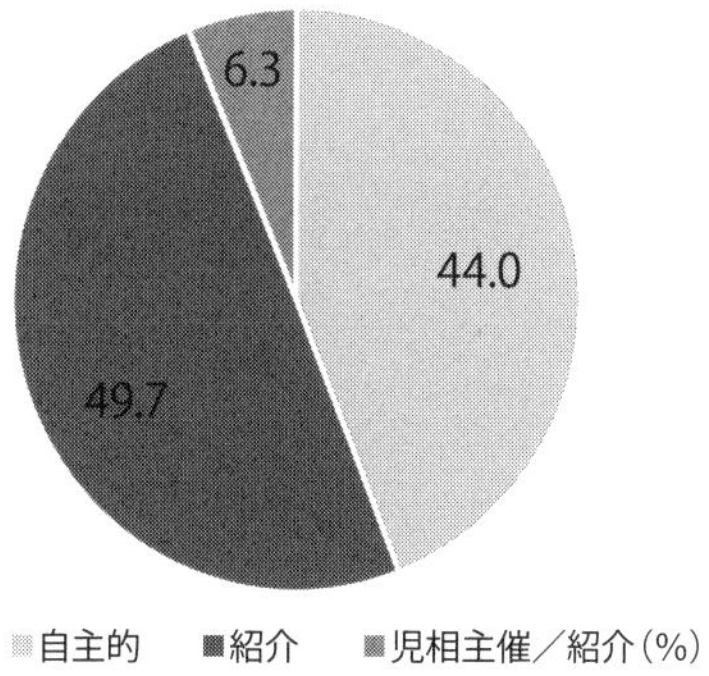

（左）表 8-2　参加経路
（右）図 8-2　参加経路

3 分析方法

(1) 基礎集計

全体の状況をみるためにすべての項目について、基礎集計を行った。

(2) クロス集計

子育て状況については、プレ調査とポスト調査の関連性を検討するために、クロス集計を行い、統計的に有意な差があるかどうか検討するために、カイ2乗検定を行った。

(3) 育児意識と自己評価に関するプレ調査とポスト調査の比較

プレ調査とポスト調査の関連をみるために、育児意識と自己評価の各項目についてはウィルコクスンの符号付き順位検定を行った。育児意識については順位が低くなると効果があり、自己評価については順位が高くなると効果があるといえる。なお、この検定を用いたのは、各項目についてシャピロ・ウィルク検定を行った結果、正規分布を示していなかったからである。

(4) 育児意識と自己評価に関する因子分析と下位尺度得点の算出

育児意識と自己評価の項目については、たくさんの項目があるので単純化するために因子分析（重みなし最小二乗法、バリマックス回転）を行い、因子を抽出し、下位尺度得点の中央値を算出した。

下位尺度得点を算出するにあたっては、育児意識や自己評価について否定的であるほど得点が高くなるように得点を付置した。育児意識については、「①はい」に4点、「②どちらかといえばはい」に3点、「③どちらかといえばいいえ」

に2点、「④いいえ」に1点を付置した。ただし、逆転項目7、10、13については逆の得点を付置した。自己評価については、「①まったくない」に1点、「②年に1・2回ある」に2点、「③月に1・2回ある」に3点、「④週に1・2回ある」に4点、「⑤ほとんど毎日」に5点を付置した。

なお、因子分析を行うにあたっては、MY TREEペアレンツ・プログラム実施後に行ったポスト調査のデータを使用した。

（5）育児意識や自己評価の下位尺度得点に関するプレ調査とポスト調査の比較

育児意識や自己評価の因子分析結果から得られた各因子の下位尺度得点の中央値について、MY TREEペアレンツ・プログラム実施前後を比較するためにウィルコクスンの符号付き順位検定を行った。プレ調査よりポスト調査の得点が統計的に有意に低くなると効果があったといえる。なお、この検定を用いたのは、各項目についてシャピロ・ウィルク検定を行った結果、正規分布を示していなかったからである。

4　調査結果

（1）子育て状況の変化

子育て状況については、表8-3に示すように、項目4「子どもの健診は受けている」を除く9項目について肯定的な回答が有意に増えていた。

なお、項目4「子どもの健診は受けている」については、プログラムの後の方が、子どもの健診を受けていると答えた人がやや少なくなっていた。この項目は意識ではなく実態を問うているものなので、後の方が正確に答えたのではないかと思われる。

表 8-3　子育て状況のクロス集計とカイ２乗検定

項目	回答	プレアンケート調査		ポストアンケート調査		正確有意確率	漸近有意確率
		度数	パーセント	度数	パーセント		
Ⅲ-1 子育てを手伝ってくれる人がいる	はい	278	79.2	295	84.0	0.000 ***	
	いいえ	73	20.8	56	16.0		
	合計	351	100.0	351	100.0		
Ⅲ-2 子育ての大変さをわかってくれる人がいる	はい	266	76.2	289	82.8	0.000 ***	
	いいえ	83	23.8	60	17.2		
	合計	349	100.0	349	100.0		
Ⅲ-3 子育ての相談ができる人がいる	はい	286	81.5	307	87.5	0.000 ***	
	いいえ	65	18.5	44	12.5		
	合計	351	100.0	351	100.0		
Ⅲ-4 子どもの健診（０歳、１歳、３歳児健診など）は受けている	はい	347	98.6	344	97.7	0.004 **	
	いいえ	5	1.4	8	2.3		
	合計	352	100.0	352	100.0		
Ⅲ-5 DV を受けている。過去に受けたことがある	過去	114	32.6	148	42.3		0.000 ***
	今	24	6.9	17	4.9		
	いいえ	212	60.6	185	52.9		
	合計	350	100.0	350	100.0		
Ⅲ-6 過去に DV を受けたことがある人のみ：（過去の DV が）今も影響している	はい	89	78.1	79	69.3	0.000 *	
	いいえ	25	21.9	35	30.7		
	合計	114	100.0	114	100.0		
Ⅲ-7 リラックスできる時間がある	はい	242	69.1	274	78.3	0.000 ***	
	いいえ	108	30.9	76	21.7		
	合計	350	100.0	350	100.0		
Ⅲ-8 子育て以外の困った時に相談できる人がいる	はい	266	76.0	277	79.1	0.000 ***	
	いいえ	84	24.0	73	20.9		
	合計	350	100.0	350	100.0		
Ⅲ-9 自分が楽しめることをしている	はい	188	55.0	229	67.0	0.000 ***	
	いいえ	154	45.0	113	33.0		
	合計	342	100.0	342	100.0		
Ⅲ-10 楽しいことを一緒にする友人や家族がいる	はい	244	71.3	258	75.4	0.000 ***	
	いいえ	98	28.7	84	24.6		
	合計	342	100.0	342	100.0		

注）＊＊＊：p＜.001、＊＊：＜.01、＊：p＜.05

（2）育児意識と自己評価のプレ調査とポスト調査の比較

1）育児意識のプレ調査とポスト調査の比較

表8－4からわかるように、育児意識については、逆転項目7、10、13を除くすべての項目について、ポスト調査の順位が低くなっていた。逆転項目は高くなっていた。このようにすべての項目について、否定的な育児意識から肯定的な育児意識に変化したことから、プログラムの効果があったといえる。

2）自己評価のプレ調査とポスト調査の比較

表8－5からわかるように、自己評価については、すべての項目（15項目）について有意に順位が高くなっていた。このようにすべての項目について、否定的な自己評価から肯定的な自己評価に変化したことから、プログラムの効果があったといえる。

（3）因子分析

1）育児意識に関する因子分析

MY TREEペアレンツ・プログラムの実施後に行ったアンケート調査の育児意識に関する13項目の因子分析（重みなし最小二乗法、プロマックス回転）を行った。

その結果、表8－6に示すように、3つの因子を抽出することができた。第1因子は「体罰容認」、第2因子は「被害感情」、第3因子は「悲観的思考」と命名した。それぞれの因子について下位尺度得点の中央値を算出した。ただし、7、10、13は逆転項目である。

表 8-4　育児意識に関するプレとポストの比較（Wilcoxon の符号付き順位検定）n ＝ 384

	プレ ポスト	度数	順位平均値	中央値	Z	漸近有意確率 （両側）
Ⅰ-1 手のかかる子どもがいるので腹が立つ	プレ	379	2.087	2.00	-8.705b	.000
	ポスト	356	2.590	3.00		
Ⅰ-2 子どもは私を困らせてばかりいるように感じる	プレ	379	2.224	2.00	-9.445b	.000
	ポスト	354	2.828	3.00		
Ⅰ-3 うちの子は、なかなか言うことを聞かないので腹が立つ	プレ	380	2.061	2.00	-8.436b	.000
	ポスト	355	2.538	2.00		
Ⅰ-4 子どもを甘やかすとつけあがると思う	プレ	378	2.519	2.00	-7.983b	.000
	ポスト	355	3.028	3.00		
Ⅰ-5 悪いことをしたら、体罰も必要だ	プレ	377	2.834	3.00	-11.783b	.000
	ポスト	356	3.643	4.00		
Ⅰ-6 言ってもわからないときは、体罰でわからせることが必要だ	プレ	378	2.964	3.00	-10.538b	.000
	ポスト	355	3.656	4.00		
Ⅰ-7 どんな場合でも、しつけにおいて、暴力をふるうべきではない（逆転項目）	プレ	377	1.914	2.00	-5.597c	.000
	ポスト	355	1.510	1.00		
Ⅰ-8 言葉で 1、2 度注意してもきかないときは、ある程度の体罰もやむを得ない	プレ	374	2.761	3.00	-11.241b	.000
	ポスト	356	3.556	4.00		
Ⅰ-9 子どもが危険なとき、咄嗟の暴力（体罰）はやむを得ない	プレ	372	2.247	2.00	-11.824b	.000
	ポスト	356	3.163	3.50		
Ⅰ-10 困ったことが起きても必ず解決できると思う（逆転項目）	プレ	376	2.399	2.00	-7.709c	.000
	ポスト	355	1.915	2.00		
Ⅰ-11 困難に直面したときは悪い事態を考えるほうだ	プレ	379	1.612	1.00	-6.501b	.000
	ポスト	355	1.946	2.00		
Ⅰ-12 面倒なことには最初から諦める	プレ	376	2.750	3.00	-2.020b	.043
	ポスト	355	2.831	3.00		
Ⅰ-13 困ったときは、誰かに相談できる（逆転項目）	プレ	376	2.069	2.00	-3.331c	.001
	ポスト	356	1.882	2.00		

a：Wilcoxon の符号付き順位検定

b：負の順位に基づく

c：正の順位に基づく

注）1 位：はい、2 位：どちらかといえばはい、3 位：どちらかといえばいいえ、4 位：いいえ

表 8-5　自己評価に関するプレとポストの比較（Wilcoxon の符号付き順位検定）n ＝ 384

	プレ ポスト	度数	順位平均値	中央値	Z	漸近有意確率（両側）
Ⅱ -1　私は価値のないつまらない存在だと思うことがある	プレ	379	3.161	3.00	−6.765b	.000
	ポスト	355	2.670	3.00	0.000	
Ⅱ -2　自分の人生はつらいことが多すぎると思うことがある	プレ	376	2.931	3.00	−5.916b	.000
	ポスト	356	2.570	2.00	0.000	
Ⅱ -3　人はどうせ自分から離れていってしまうと思う	プレ	377	2.679	2.00	−4.300b	.000
	ポスト	353	2.361	2.00	.000	
Ⅱ -4　つらいときにも助けをもとめることができない	プレ	373	2.815	3.00	−4.543b	.000
	ポスト	354	2.455	2.00	0.000	
Ⅱ -5　自分のほんとうの気持ちを人に語れないときがある	プレ	378	3.288	3.00	−5.663b	.000
	ポスト	354	2.836	3.00	0.000	
Ⅱ -6　子どもに暴言を吐いてしまう	プレ	376	4.036	4.00	−10.224b	.000
	ポスト	351	3.326	3.00	0.000	
Ⅱ -7　子どもをほめるよりも、けなしてしまう	プレ	376	3.782	4.00	−9.491b	.000
	ポスト	348	3.118	3.00	0.000	
Ⅱ -8　怒りを子どもに爆発させてしまう	プレ	379	3.918	4.00	−10.720b	.000
	ポスト	350	3.207	3.00	0.000	
Ⅱ -9　しつけとして、子どもをベランダや屋外に閉め出す	プレ	379	1.578	1.00	−7.772b	.000
	ポスト	352	1.193	1.00	0.000	
Ⅱ -10　罰として、子どもの気に入っているものを壊す	プレ	380	1.650	1.00	−5.019b	.000
	ポスト	352	1.375	1.00	0.000	
Ⅱ -11　つい、子どもに怒鳴っている	プレ	379	4.264	5.00	−11.005b	.000
	ポスト	352	3.453	4.00	0.000	
Ⅱ -12　腹が立つと、子どもを無視する	プレ	379	3.211	4.00	−7.713b	.000
	ポスト	351	2.631	3.00	0.000	
Ⅱ -13　しつけとして、子どもに平手で叩く	プレ	378	2.738	3.00	−10.616b	.000
	ポスト	351	1.917	1.00	0.000	
Ⅱ -14　子どもにげんこつで殴る	プレ	379	1.686	1.00	−5.543b	.000
	ポスト	351	1.365	1.00	0.000	
Ⅱ -15　子どもを足蹴りする	プレ	379	1.821	1.00	−6.782b	.000
	ポスト	351	1.444	1.00	0.000	

a : Wilcoxon の符号付き順位検定

b : 正の順位に基づく

注）1 位 : まったくない、2 位 : 年に 1・2 回ある、3 位 : 月に 1・2 回ある、4 位 : 週に 1・2 回ある、5 位 : ほとんど毎日

表 8-6　育児意識の因子分析

	第 1 因子 体罰容認	第 2 因子 被害感情	第 3 因子 悲観的思考	共通性
Ⅰ-6 言ってもわからないときは、体罰でわからせることが必要だ	.86	.32	.25	.81
Ⅰ-5 悪いことをしたら、体罰も必要だ	.86	.32	.28	.55
Ⅰ-8 言葉で 1、2 度注意してもきかないときは、ある程度の体罰もやむを得ない	.85	.36	.31	.64
Ⅰ-9 子どもが危険なとき､咄嗟の暴力（体罰）はやむを得ない	.62	.29	.26	.33
Ⅰ-4 子どもを甘やかすとつけあがると思う	.53	.40	.32	.73
Ⅰ-7 どんな場合でも、しつけにおいて、暴力をふるうべきではない	-.45	-.18	-.16	.75
Ⅰ-1 手のかかる子どもがいるので腹が立つ	.36	.90	.35	.21
Ⅰ-3 うちの子は、なかなか言うことを聞かないので腹が立つ	.32	.80	.31	.73
Ⅰ-2 子どもは私を困らせてばかりいるように感じる	.36	.73	.41	.39
Ⅰ-10 困ったことが起きても必ず解決できると思う	-.29	-.25	-.70	.50
Ⅰ-11 困難に直面したときは悪い事態を考えるほうだ	.10	.34	.50	.29
Ⅰ-13 困ったときは、誰かに相談できる	-.11	-.13	-.40	.16
Ⅰ-12 面倒なことには最初から諦める	.25	.24	.39	.16
寄与率（%）	31.34	11.10	5.56	
累積寄与率（%）	31.34	42.45	48.01	
Cronbach のα係数	.83	.85	.56	

因子抽出法：重みなし最小二乗法
回転法：Kaiser の正規化を伴うプロマックス法

表 8-7　自己評価の因子分析

	第 1 因子 感情コントロール困難	第 2 因子 孤立感・不信感	第 3 因子 身体的暴力	共通性
Ⅱ-8 怒りを子どもに爆発させてしまう	.89	.39	.47	.57
Ⅱ-6 子どもに暴言を吐いてしまう	.85	.33	.44	.50
Ⅱ-11 つい、子どもに怒鳴っている	.83	.28	.47	.66
Ⅱ-7 子どもをほめるよりも、けなしてしまう	.76	.32	.43	.63
Ⅱ-12 腹が立つと、子どもを無視する	.67	.29	.45	.52
Ⅱ-3 人はどうせ自分から離れていってしまうと思う	.32	.81	.25	.72
Ⅱ-4 つらいときにも助けをもとめることができない	.29	.80	.23	.58
Ⅱ-1 私は価値のないつまらない存在だと思うことがある	.39	.75	.26	.79
Ⅱ-5 自分のほんとうの気持ちを人に語れないときがある	.29	.72	.21	.17
Ⅱ-2 自分の人生はつらいことが多すぎると思うことがある	.24	.70	.22	.27
Ⅱ-15 子どもを足蹴りする	.39	.17	.80	.70
Ⅱ-13 しつけとして、子どもに平手で叩く	.57	.33	.71	.45
Ⅱ-14 子どもにげんこつで殴る	.29	.24	.64	.55
Ⅱ-10 罰として、こどもの気に入っているものを壊す	.36	.16	.51	.42
Ⅱ-9 しつけとして、子どもをベランダや屋外に閉め出す	.26	.12	.41	.65
寄与率（%）	34.74	13.08	6.63	
累積寄与率（%）	34.74	47.83	54.46	
Cronbach のα係数	.83	.87	.75	

因子抽出法：重みなし最小二乗法

回転法：Kaiser の正規化を伴うプロマックス法

2）自己評価に関する因子分析

育児意識の因子分析と同様に、MY TREEペアレンツ・プログラムの実施後に行ったアンケート調査の自己評価に関する15項目の因子分析（重みなし最小二乗法、プロマックス回転）を行った。その結果、表8－7に示すように、3つの因子を抽出することができた。第1因子は「感情コントロール困難」、第2因子は「孤立感・不信感」、第3因子は「身体的暴力」と命名した。それぞれの因子について下位尺度得点の中央値を算出した。

（4）育児意識の下位尺度得点や自己評価の下位尺度得点のプレ調査とポスト調査の比較

MY TREEペアレンツ・プログラムの効果を検討するために、育児意識の3因子と自己評価の3因子について、プログラム実施前後の各因子の下位尺度得点の中央値に有意差があるかどうかウィルコクスンの符号付き順位検定を行った。

表8－8、図8－3と図8－4からわかるように、いずれもプログラム実施後の下位尺度得点の中央値は、プログラム実施前の下位尺度得点の中央値より0・1％の危険率で有意に低くなっていた。

この結果から、MY TREEペアレンツ・プログラムに参加することによって、体罰容認、被害感情、悲観的思考などの否定的な育児意識は軽減され、また、感情コントロール困難、孤立感・不信感、身体的暴力などの否定的な自己評価も軽減されることが明らかになった。

このことからプログラムの効果があったといえる。

5 結論

調査結果を分析した結果、以下の4点が明らかになった。

表 8-8　育児意識や自己評価の因子のプレ調査とポスト調査の比較

因子名		プレ ポスト	度数	順位平均値	中央値	Z	漸近有意確率（両側）
育児意識	第 1 因子 体罰容認	プレ	368	2.273	2.33	−13.809b	0.000
		ポスト	353	1.576	1.33		
	第 2 因子 被害感情	プレ	378	2.875	3.00	−10.604b	0.000
		ポスト	354	2.347	2.33		
	第 3 因子 悲観的思考	プレ	374	2.527	2.50	−8.105b	0.000
		ポスト	354	2.255	2.25		
自己評価	第 1 因子 感情コントロール困難	プレ	374	3.626	3.70	−11.719b	0.000
		ポスト	346	2.990	3.00		
	第 2 因子 孤立感・不信感	プレ	368	2.967	3.00	−7.257b	0.000
		ポスト	351	2.575	2.40		
	第 3 因子 身体的暴力	プレ	377	1.895	1.80	−11.360b	0.000
		ポスト	351	1.458	1.20		

a : Wilcoxon の符号付き順位検定

b : 正の順位に基づく

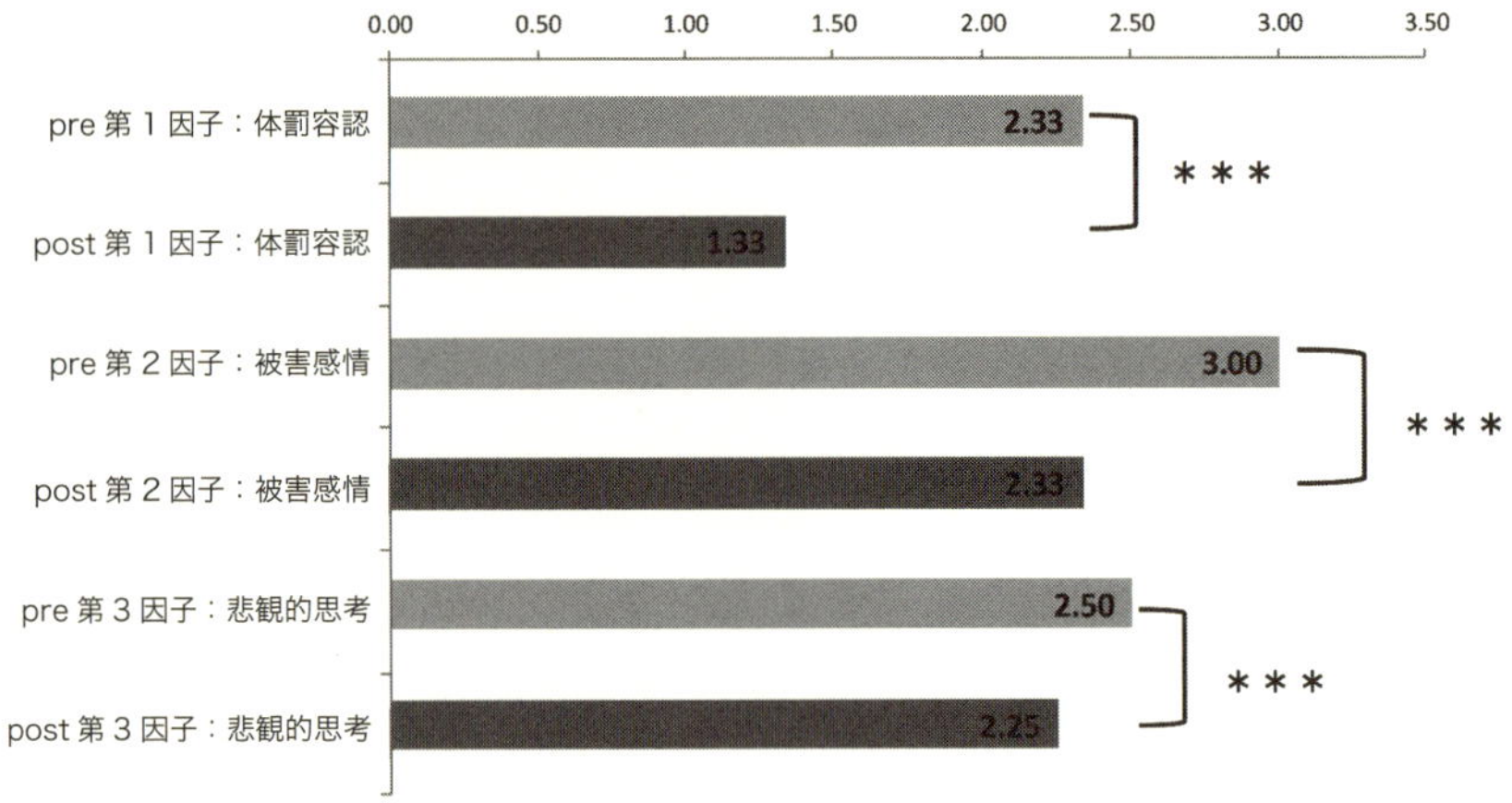

図 8-3　育児意識の 3 因子のプレ調査とポスト調査の比較（n = 384）
注）＊＊＊：p < .001

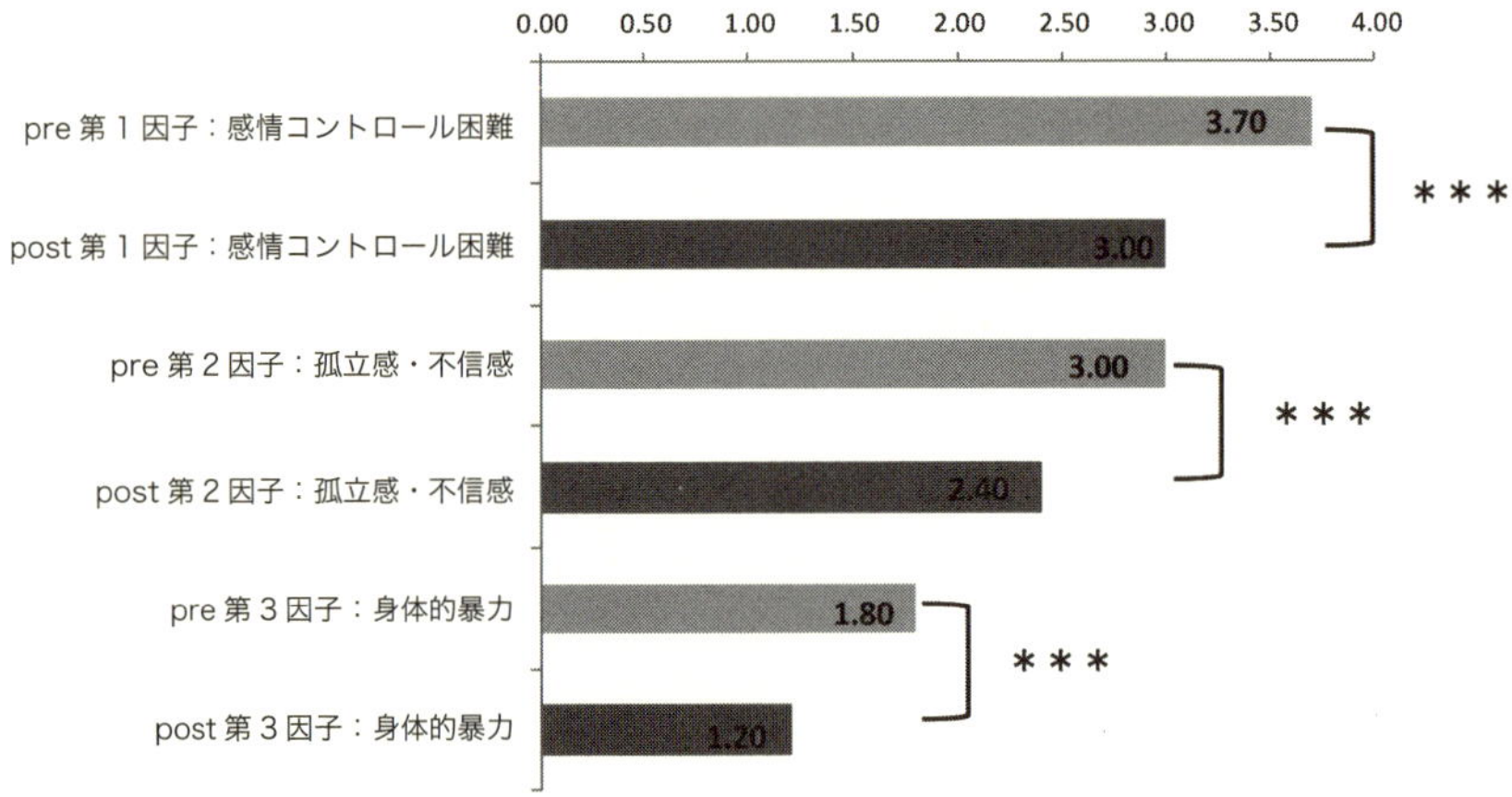

図 8-4　自己評価の 3 因子のプレ調査とポスト調査の比較（n = 384）
注）＊＊＊：p < .001

①育児意識については、逆転項目を除くすべての項目についてポスト調査の方が有意に順位（1位：はい、2位：どちらかといえばはい、3位：どちらかといえばいいえ、4位：いいえ）が低くなっていた。ただし逆転項目7、10、13は高くなっていた。このことからプログラムを受けることによって育児意識が肯定的に変化したことが明らかになった。

②自己評価については、すべての項目（15項目）についてポスト調査の方が有意に順位（1位：まったくない、2位：年に1・2回ある、3位：月に1・2回ある、4位：週に1・2回ある、5位：ほとんど毎日）が高くなっていた。このことからプログラムを受けることによって自己評価が肯定的に変化したことが明らかになった。

③子育て状況については項目4「子どもの健診は受けている」を除く9項目について肯定的な回答が有意に増えていた。

④育児意識と自己評価に関する項目を因子分析した結果、育児意識については「体罰容認」「被害感情」「悲観的思考」の3因子、自己評価については「感情コントロール困難」「孤立感・不信感」「身体的暴力」の3因子が抽出された。これらの3因子の下位尺度得点を算出するにあたって、否定的であるほど得点が高くなるように得点を付値した。すべての因子の下位尺度得点の中央値についてポスト調査の方が有意に低くなっていたことから、肯定的に変化したといえる。

以上のことから、MY TREEペアレンツ・プログラムの効果が明らかになった。

ＭＹ ＴＲＥＥペアレンツ・プログラムの第三者評価

中川和子（ＭＹ ＴＲＥＥ事務局長）

１ 評価の３つの視点

（１）参加者による評価

ＭＹ ＴＲＥＥではプログラムの効果測定として、参加者に受講前と受講後に、子育ての意識や子どもへのダメージ的な言動について、５件法、４件法などの数量化ができる同様の質問票を使用して自己評価してもらい、その差を統計的に検定する分析を行ってきた。参加者の認識の変化や、子どもとの日常での言動は、参加者自身でなければわからないことも多い。アンケートは参加者が自分と向き合い、認識の変化や子どもへの言動の変化を評価することに意味がある。自分を知り、主体的に生きる手立てにもなる。

これまでの数量化した分析では、毎年、受講前後で参加者に有意な変化がみられた。ＭＹ ＴＲＥＥペアレンツ・プログラムは虐待回復のプログラムとして有効なプログラムであると言える。受講後のアンケートには、自由記述形式での質問がある。一人ひとりの参加者にとって、ＭＹ ＴＲＥＥがどのようなものであったか、何が参加者の変化につながっているのかを知ることができる。匿名性を重視したグループであったことの意味や、仲間を通じた人への信頼感の回復などは、参加者の内面の変化をうかがい知るものである。

（２）実践者による評価

各実践において、グループのファシリテーターである実践者が、個人の変化とグループの変化や相乗効果などを具体的に報告している。個々の変化にとどまらず、個人の変化が他者に与える影響や、グループとしての相乗効果をもたらす力動など、グループアプローチの効果を示してきた。半年以上の期間を、参加者と共にグループに関与してきた実践者だからこそ、明らかにできる変化や効果があり、重要な評価の一つである。

（3）児童相談所などのケース担当者による第三者評価

ケース担当者が、プログラム受講後の参加者の変化（子どもとの関わりや、子どもの変化など）について、継続的、定期的に親との面談や家庭訪問をしている担当者が変化を評価するものである。実際の子どもとの関わりを見ることができる第三者だからこそ、明らかになるものも多い。

2　第三者評価調査の目的

当事者の自己評定や、グループに関わってきた実践者の評価に、主観的な面がないとは言いきれない。また実践者は、参加者の語りから変化をうかがい知るものであり、実際に親と子の関わりを見ているのではない。ケース担当者が評価することで、より現実的で客観的な評価を得ることができる。

よって本稿では、（3）ケース担当者による評価を紹介する。

3　調査方法

（1）調査期間と調査対象

2014年度から2016年度に、担当者からMY TREEペアレンツ・プログラムの受講を勧められて、受講、

担当者所属機関	人数	%
児童相談所	23	47
家庭児童相談室	7	14
保健センター	13	27
その他	6	12
合計	49	100

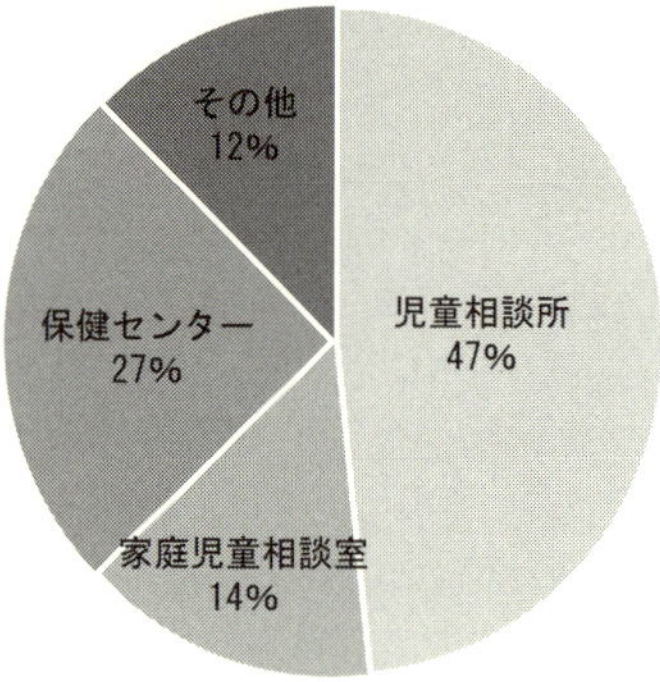

図 8-5　担当者の所属機関

修了した参加者の担当者（ケースワーカー、相談員、保健師等）に、受講後の親や子どもの変化について、アンケート調査を実施した。奈良県、堺市、京都市、日光市、加東市などの担当者49人から回答を得た。担当者の所属機関は図8－5に示す通りである。

（2）MY TREEを修了した参加者属性

平均年齢：37・6歳（最小年齢23歳、最大年齢52歳）標準偏差7・1歳

在宅ケース：35　分離ケース：14

子どもへのダメージ：身体的36、心理的36、ネグレクト11（重複あり）

（3）調査内容

調査項目は、Ⅰ親、Ⅱ子ども、Ⅲその他に分けて、Ⅰについては、「改善した」「やや改善した」「変化なし」「やや悪化した」「悪化した」の5件法で、Ⅱ、Ⅲについては記述式で回答を得た。

Ⅰ　親については、7項目の質問を設定した。

1　子どもにダメージを与える言動の改善について

身体的虐待、心理的虐待、ネグレクトのダメージ的関わりについて

2　体罰についての認識

3　子どもへの関わりについて（肯定的な関わり）

表 8-9　親の変化。ダメージを与える言動

	Ⅰ 親の変化について								
	1　子どもにダメージを与える言動の改善について								
	身体的虐待			心理的虐待			ネグレクト		
	n=36			n=36			n=11		
	在宅	分離	全体	在宅	分離	全体	在宅	分離	全体
1. 改善した	14	3	17	6	4	10	0	2	2
2. やや改善した	10	4	14	14	3	17	0	1	1
3. 変化なし	3	1	4	6	2	8	6	1	7
4. やや悪化した	1	0	1	0	0	0	1	0	1
5. 悪化した	0	0	0	1	0	1	0	0	0
以前から問題ない	6	6	12	6	5	11	26	9	35
わからない（未記入等含む）	1	0	1	2	0	2	2	1	3
改善率（%）	86	88	86	74	78	75	0	75	27
悪化率（%）	4	0	3	4	0	3	14	0	9
変化がない（%）	4	13	11	22	22	22	86	25	64

4　親の自己肯定感について
5　セルフケアについて
6　親の問題解決力について
7　担当者との関わりについて

Ⅱ　子どもについては、子どもの表情や言動などの変化について回答してもらった。

Ⅲ　その他は、家族、拡大家族、家庭環境や周囲の環境などの変化について回答してもらった。

4　分析方法

Ⅰ　親についての7項目は、得点化して改善率を出した。
改善率（%）＝（「改善した」＋「やや改善した」人数の合計）÷問題があった対象人数×100
同様に悪化率や変化がみられない率も算出した。

5　調査結果

（1）Ⅰ　親の変化についての回答集計と改善率を表8－9と表8－10に示す。

表 8-10　親の変化。認識、肯定的な関わりなど

	Ⅰ 親の変化について																	
	2　体罰についての認識			3　子どもへの関わりについて			4　親の自己肯定感について			5　セルフケアについて			6　親の問題解決力について			7　担当者との関わりについて		
	n=35			n=42			n=44			n=43			n=45			n=23		
	在宅	分離	全体	在宅	分離	全体	在宅	分離	全体	在宅	分離	全体	在宅	分離	全体	在宅	分離	全体
1. 改善した	11	3	14	7	4	11	6	1	7	4	1	5	6	3	9	5	1	6
2. やや改善した	9	2	11	19	7	26	17	7	24	12	2	14	15	6	21	3	6	9
3. 変化なし	7	3	10	3	1	4	8	5	13	13	11	24	10	4	14	6	2	8
4. やや悪化した	0	0	0	1	0	1	0	0	0	0	0	0	0	1	1	0	0	0
5. 悪化した	0	0	0	0	0	0	0	0	0	0	0	0	0	0	0	0	0	0
以前から問題ない	6	6	12	1	2	3	1	0	1	2	0	2	2	0	2	19	5	24
わからない（未記入等含む）	2	0	2	4	0	4	3	1	4	4	0	4	2	0	2	2	0	2
改善率（%）	74	63	71	87	92	88	74	62	70	55	21	44	68	64	67	57	78	65
悪化率（%）	0	0	0	3	0	2	0	0	0	0	0	0	0	7	2	0	0	0
変化がない（%）	26	38	29	10	8	10	26	38	30	45	79	56	32	29	31	43	22	35

（2）Ⅱ　子どもの変化（自由記述から引用）

・面会、外出、外泊とステップをプログラムと並行して行ったが、子どもが親の様子を肌で感じながら、安心感を保ちつつ親との交流を楽しむようになった。

・分離してからしばらくは、親への拒否感が強かったが、プログラム受講前に面会を行って以降、母との面会や外出を望むようになってきている。外泊を行うようになってから、よい表情で生活できている。

・定期的に親子面会を重ねていくうちに、子どもたちも面会を楽しみとするようになった。しかし、いつまで施設に入らなければならないのかと、子どもたちから親に確認することも増え、子どもたちが見通しを持てないことで、不安になることも増えた。

・子どもは現在、家族再統合を進める中、虐待の経験から家を安心と思える段階に至っておらず、家庭引き取りに後ろ向きになっている。

・前は、子育て広場に来所されても、母親の傍から離れることができなかったが、今は母とほどよい距離感を保ちながら楽しく遊べている様子。長女の方も子どもの言葉が増えた。

・髪を切ろうと思っていると話してくれました。もう何年も美容院にも行っていない子ですので、大きな心境の変化だろうと思います。

・母の行動や言動に甘えるようになり、父母で態度を変えたり（母なら言うことを聞いてくれると認識している）家庭で過ごすことを強く望むようになった。

・発達の遅れや自閉傾向をみとめており、愛着障がいと先天性の見極めは必要ですが、表情の変化がないことや痛みに無頓着であることは変化がないようです。子どもから母を求めることもあまりありません。

・保育園での活動など、子どもなりの成長があります。双子なので比較されやすいのですが、それぞれの力を発揮して、頑張っています。発達面の遅れがあり、落ち着かなかったのですが、落ち着いて取り組むことができるようになりました。
・母に甘えるようになった。一方で思い通りにならないと奇声を発する姿も見られるようになった。保健センターの幼児教室に参加しているが、以前に比べると表情も豊かになり、活発さが増した。

（3）Ⅲ　その他の変化（自由記述から引用）

・第三子を妊娠した。
・下の子が生まれた。
・父の働き方も変化があり、子育てに関わる時間が増え、母のゆとりにつながった。
・土日に父との喧嘩（言いあい）が減った。父に「Ｉメッセージ」で伝えると、父がわかってくれることが増えた。
・「夫との喧嘩が減った。夫も本人のことを〝穏やかになった〟と話している」とのことで、夫婦関係は改善をみとめているようです。
・母親がＭＹ　ＴＲＥＥに参加しているが、受講内容を父親にも話すようになり、両親の意識が高まるようになった。
・パートナーに自分のことを理解してほしいと思うようになり、自分が伝えてうまくいかないときには、支援者に間に入ってもらって調整を依頼するようになった。
・参加者の夫は、毎回どのような活動を参加者が行っているのか、気になっている様子があった。ＭＹ　ＴＲＥＥの参加に夫が協力的だった。
・親族の協力、特に養父方祖父母の協力は増えている。

・父が母には支援が必要と判断し、父母方祖父母等の親族に支援を求めた。母は、以前は拒否をしていたが、父が動いたことで母も納得し支援を受け入れようとしている。
・親戚との付き合いに悩んでいた母親であったが、プログラム受講後はよい関係を続けられている。
・母が作業所に通所し始めた。
・子育てサロン等、積極的に交流されている。
・就労するようになった。
・転居され、校区内での子育てサークルに参加されるようになり、サークル内のお世話役にもなられた。
・母が自ら親や他の実子との関係を見直し、親族内で相談し、協力していこうとする変化を起こした。結果として、母への親族のサポートが深まった。
・夫や姑に「変わったね」と言われることがうれしい、と発言あり。子育てにおいて、夫とバランスをとりながら関われるようになった。
・警察、児相介入、そしてＭＹ ＴＲＥＥ受講を経る中で、母は父に支えられている実感を得ており、父のことを最大の支援者であり、理解者だと考えている。夫婦間の信頼関係がより強固になったことで、母は、同居の家族や母の原家族、近隣との関係もポジティブにとらえられるようになった。

Ⅲ　その他（感想・意見・要望など。自由記述から引用）
・プログラムを勧めてよかった。
・ＭＹ ＴＲＥＥによる変化なのか、判断しにくいものもあった。
・プログラムを勧めることで、「虐待母と見られている」となり、母との関係悪化を危惧した。

・ケースワーカー、保健師と子育て支援センターやカウンセリング、受診先等と役割分担することも必要かなと思いました。

6　考察

今回の調査では、親の変化、子どもの変化、その他の変化について、第三者の視点で評価してもらった。参加者本人でもない、ＭＹ ＴＲＥＥ実践者でもない、より客観的な評価は、参加者の子どもへの関わりの変化を知る上で、とても有効であった。

親の変化では、改善率で変化を数値化した。身体的虐待が全体で86％、心理的虐待が全体で75％の高い改善率であった。暴言や暴力の終止、減少を目的としたプログラムとして、効果があったと言えよう。ネグレクトについては、分離ケースでは改善率が75％、在宅ケースでは０％であった。今回はネグレクトを問題とする対象者数が、在宅が７人、分離が４人、全体で11人なので、今回の数字がプログラムの効果の特徴を示すものであると言い切れない。しかし、在宅者７人中、６人の担当者が「変化なし」を選択されていることは、何らかの傾向を示しているのかもしれない。引き続き調査が必要である。

表８－10の親の意識や肯定的な関わりでは、体罰を不必要であるとする認識の改善が全体で７割であった。積極的に体罰を肯定することはないが、「時には必要である」とする考えが、拭い去れない。危険を知らせるときや、咄嗟に出る体罰については、やむを得ないとする認識がある。子どもに対する肯定的な関わり（気持ちを聴く、褒める、Ｉメッセージで語るなど）は、全体で88％の改善率である。学びの宿題として、日々の生活で子どもに実践していくものなので、改善率が高くなる。興味深いことに、分離ケースでは92％で在宅の87％を上回っている。面会や外出、外泊時に限定される関わりなので高い数値になっている。親のセルフケアについては全体で44％の改善率である。セルフケアにつ

いては、第三者には捉えにくいものなのかもしれない。問題解決力については全体で67％の改善率であった。他者の力を借りられるようになったことも、その一因であろう。担当者と参加者との関係では、分離ケースで78％の改善率である。分離ケースでは担当者と親が対立している場合も少なくない。担当者との関係が良好になることはその後の親と子の支援にも有益に機能するものである。

子どもの変化については、実践者は親（参加者）が語る内容からしか知ることができない。今回の調査では、子どもと会う機会のある担当者からは、率直な見解を回答してもらった。親が変わることで、子どもも親に応答するように、親に甘えるようになったり、自分の気持ちを出せるようになってきていることがわかる。

その他の変化については、夫や拡大家族との関係が改善されたことが多く回答された。また、新たな仕事を始めたり、地域の活動の世話役をするなど、社会に参画する姿も報告されている。子どもへのダメージ的な関わりがなくなるだけでなく、参加者がより自分らしく豊かに生きることも、MY TREEペアレンツ・プログラムがめざすものである。

今回の調査から、第三者の視点で、親の子どもへの意識や関わり行動の変化、子どもの変化など、知ることができた。MY TREEペアレンツ・プログラムは、参加者の回復を促すプログラムとして、有効であると言える。

本稿は効果調査ではありませんが、前稿の第三者評価に参加した児相の方の検証報告なので、ここに掲載しました。

児童相談所の立場から

三木　馨（奈良県高田こども家庭相談センター）

1　児童相談所における虐待対応の現状

児童相談所が受理する児童虐待対応件数は増加の一途をたどり、現場は子どもの安全とその確保に奔走することが日常化しています。一方で、虐待をした親への支援、親子分離となった後の家族支援については、日々の対応に手一杯で十分な支援ができにくい状況にあります。

虐待の世代間連鎖の解消や親との生活を望む子どもの権利を保障していくためにも、虐待をした親への支援（家族再統合）が必要不可欠であり、効果的な取り組みの一つとして、本県はＭＹ ＴＲＥＥペアレンツ・プログラム（以下、ＭＴ）を導入してきました。

2　親をＭＴにつなげる

児童相談所がＭＴへの参加を勧める対象は、「虐待をしてしまった、あるいはしている親」です。対象となる親は、一時保護や施設入所等で子どもと分離されている親や、精神的な問題を抱えている親、孤独で誰にも相談できない親等、みな複雑な背景を有しています。また多くは、言いようのない不安、怒りを抱えており、そのネガティブな感情を子どもにぶつけることで、ある意味子どもを依存対象とした虐待関係を形成しています。こうした親に対して、児童相談所の立場から「虐待はいけない」と伝えるだけでは、虐待に至った親の背景や、根本の問題は変化しません。

ＭＴは、虐待を止めるために、第一に親が自ら回復できる力を得るようになることを目的としています。さらに虐待をしてしまった、生きにくさを抱えた親同士が、匿名性の担保された安全な場に集まることにより、心理的なエンパワメントも提供されます。これは、児童相談所による子どもの安全を第一とした指導的な立場からの関わりとは、異なるアプローチです。

3　ＭＴによる親の変化

児童相談所が親をＭＴの参加につなげた後から、親からは、以下のような変化が話題に上ることがあります。

○自らの虐待行為に気づく

他の親から、子どものときに受けた体罰の話を聞き、自分が幼い頃に受けた虐待場面の恐怖、悲しみの感情がよみがえった。今自分が親として子どもに行っている体罰は、親の願いをこめた愛のムチと思っていたが、幼い自分の気持ちを重ねることで、これは虐待なのだと知った。

○完璧でなくていい

ＭＴへの参加が子どもを施設から早く取り戻すことの条件だと思い込んでいた。子どもに自分が親であると認められたいから、子どもに会うときは、精一杯優しいママを演じていたのに、子どもはわがまま放題で内心怒りがおさまらなかった。ＭＴでは、つらいこと、嫌われそうなことを話しても、誰にも責められないし、励まされもしない。「つらいのは自分だけじゃない、無理しなくてもいい」と、救われた気持ちになった。「私は完璧な母になれないけれど、それでいい」と思うようになった。

4 MTを親につなげていく上での課題

児童相談所が親をMTにつなぐ際の課題として、以下のものがあります。

○MTへの参加を勧める際

虐待をした親にMTを勧めても、「集団場面が苦手」「仕事が休めない」等の理由で参加を敬遠されることがあります。こうした親の心理背景には「自分自身の変化への恐怖や他者不信」があることを理解し、丁寧に参加の目的と意味を説明する必要があります。

○MTに参加している間

MTに参加すると、ワークを通じて意識していなかった怒りや悲しみがわき出て、感情の波の激しさに自ら気づくことにより、参加前より苦痛が大きくなる時期を経験する人も少数ですがいるようです。子どもに対する関わりを見直す意識が芽生えると同時に、自身への嫌悪感や自信の低下から、否定的な言動が多くなり、親の方から子どもと距離を置きたいと児童相談所に訴えることもあります。この状況を悪化ととらえず、親が変化するための必要な時期であるとし、子どもと親との関係に配慮しながら必要な支援（子どもの一時預かり、親のサポートとなる人の面接同席等）を活用して対応していきます。

5　児童相談所の立場から

ＭＴを修了した親のその後については、一概に記せません。心身ともに回復し子どもとの生活を再開した親、自らの課題に向き合いながらも、子どもとの交流を少しずつ増やしている親、これまでの依存的な人間関係を自ら断った親など、さまざまです。

しかしどの親にも共通して言えるのは、ＭＴを通して、生きづらさを抱えていた今までの自分から脱け出せる「変化」に出会えたということです。

ある親から、「虐待で児童相談所に行くことになったけど、ＭＹ ＴＲＥＥに出会えてよかった」と言われたことがあります。児童相談所が親をＭＴにつなげる目的は、「子どもへの虐待を止める」ことですが、ＭＴの目的はもっと大きな、親が「自分自身の生き方への気づき」をもたらす場としてあることだと思います。

児童相談所が支援を終えた先の未来においても、親が自ら気づいて得た自己回復力は、何よりその子どもにとってのエンパワメントにつながっていくものだと思います。

あとがき

２０００年、児童虐待防止法制定の過程で、親の回復ケアを司法制度の中に組み込む重要性を国会参考人として述べたときから18年が経ちました。当時私は性暴力の加害ティーンズの回復プログラム開発に着手したばかりだったのですが、それはとりあえず横に置いて、親プログラムの開発を優先しなければならなくなりました。以来、ＭＹ ＴＲＥＥペアレンツ・プログラムを実施しながら、プログラム受講を親に義務づける法制化を主張し続けてきて、昨年２０１７年にようやく家庭裁判所による親への直接勧告通知が制度化されました。ほっと一息つきたい気がします。

ＭＹ ＴＲＥＥプログラムが、瞑想や気功などの古くから日本文化に根づいているボディワークや日本の四季の風土と自然観を活用するプログラムであるために、「宗教ですか」と揶揄されることも一度ならずありましたが、最近の日本におけるマインドフルネスの流行ゆえにか、ソマティック・アプローチの心理療法教育プログラムとして受け入れられつつあるようです。これもほっと一息です。

17年間、棚上げにしたままだった性暴力の被害児と加害児の回復プログラムの2冊のＭＹ ＴＲＥＥジュニア・ワークブックを昨年、完成させることができました。

「ＭＹ ＴＲＥＥ Jr.くすのきプログラム――性暴力加害ティーンズの回復」17セッションと「ＭＹ ＴＲＥＥ Jr.さくらプログラム――暴力被害を受けた子どもの回復」11セッションはグループではなく一対一でするプログラムです。怒りの仮面や木の観察、木の絵、めいそう（へんとうたい）35日間ワークシートなどMY TREEペアレンツ・プログラムと同じツールもいくつか使います。

このプログラムの中でこだまの話をします。

子どもの頃の山登りで、足を止めて休むたびに「ヤッホー」と叫んで「ヤッホー」とこだまが返ってくるのを楽しんだことを思い出します。「オーイ」と叫ぶと「オーイ」。「おかあさーん」と呼ぶと「おかあさーん」。「いたいよー」に「いたいよー」と。

このこだま、漢字では木霊《こだま》と書くのでした。山々を飛び越える声の応酬を木の精霊たちが自在に谷を駆け巡るしわざと思った日本の古代の人々の想像力は優しく陽気です。

木霊《こだま》は叫びを丸ごとそのまま返してくれます。「いたいよー」と叫んで「いたくないよ」とは返しません。「怖いよー」と叫んで「怖いよー」と返してきます。木霊《こだま》はあなたを丸ごと受け入れて、そのまま返してくれるのです。

本書の中の親たちは、一方的に否定されるばかりで、木霊《こだま》する人々に出会えなかった悲しみを沈殿させ、さらに自分の子どもの木霊《こだま》になれない苦しみに葛藤していました。その葛藤をMY TREEの木霊《こだま》しあう出会いの場がほぐしていきました。

回復するということは、出会っていくことです。鎧をまとって生きてきた自分に出会い、仮面の裏の自分に出会い、自分の内なる自然に出会い、生きたいと欲する生命力に出会うこと。このようないくつもの層の出会いのプロセスが回復です。

出会っていくという回復のプロセスの中で、人は自分に正直にならざるを得ません。自分に正直になるとは着込んでいるたくさんの不要な服や鎧を脱ぐことです。そのプロセスには恐れと苦痛が伴いますが、人と人とが優劣で競い合うパワーゲームの中で生きている虚しさに気づかせてくれます。他者との比較、他者への優越感によってしか自分の価値を自覚できない競争社会にあって、では自分はどう生きたいのかという多くの人が避けている課題に向き合わせてくれます。持ちすぎているものを手放し、着込みすぎている服を脱いで、地に根を張って立つ木のように素足で土を踏みしめれば、自分の存在の輝きが姿を現すという真実に気づかせてくれます。

回復するということは、身体、意識、無意識、そして魂をひっくるめての自分という存在をいとおしみ、大切にし、付き合い続けていくのは自分以外にないという現実に直面することです。その現実を見つめながら、なおかつ自分の闇を他人と共有しようとすることに他なりません。

苦しみの多い人生を生きてきた人はその分、長年抑圧されてきた生命力がとめどなく奔流し始める可能性をたたえています。一人ひとりのその命の流れは、子どものいのちの小川と合流し、他者の川とも合流し、豊かに水をたたえて流れる生命の大河になることが可能です。人と人が競い合い傷つけ合う暴力と支配の人間の歴史の流れの方向が変わり、エンパワメントと共生と、そしてマイトリ（मैत्री、慈しみ）の文化へと向かって大きく蛇行するその河面が光る輝きを、あなたと一緒に山の上から見下ろし、「ヤッホー」と木霊《こだま》を交わし合う日がいつかくるでしょうか。

मैत्री

２０１８年5月　高槻市にて

森田ゆり

参考文献

Damasio, Antonio R. 1994. *Descartes' Error: Emotion, Reason, and the Human Brain*. Putnam; revised 2005 by Penguin.

Damasio, Antonio R. 1999. *The Feeling of What Happens: Body and Emotion in the Making of Consciousness*. Harcourt.

Damasio, Antonio R. 2003. *Looking for Spinoza: Joy, Sorrow, and the Feeling Brain*. Harcourt.

Damasio, Antonio R. 2018. *The Strange Order of Things: Life, Feeling, and the Making of Cultures*. Pantheon.

Linehan, M. M. 1993. *Skills Training Manual for Treating Borderline Personality Disorder*. New York: Guilford Press.

Linehan, M. M. 2014. *DBT Skills Training Handouts and Worksheets*. New York: Guilford Press.

Hayes, Steven C. Luoma, Jason B. and Walser Robyn D. 2007. *Learning Act: An Acceptance & Commitment Therapy Skills Training Manual for Therapists*. New Harbinger Publication.

Wilcox *et. al.* 1991. Family Decision Making Family group Conference-Practitioners Views. Practitioners Publishing Wellington, N. Z.

Hayden, Anne. 2001. Restorative Conferencing Manual of Aotearoa New Zealand. Dept. for Courts, New Zealnad.

Brown, B. J. and F. W. M McElrea, eds. 1993. The Youth Court in New Zealand: A New Model of Justice. Legal Research foundation, New Zealand.

Zehr, Howard. 2002. *The Little Book of Restorative Justice*. Good Books.（ハワード・ゼア　森田ゆり訳・解説　２００８年『責任と癒し――修復的正義の実践ガイド』築地書館）

Zehr, Howard. 1990. *Changing Lenses: A New focus for Crime and Justice*. Herald Press.

MacRae, Allan. & Zehr, Howard. 2004. *The Little Book of Family Group Conference：New Zealand Style*. Good Books.

Pranis, Kay. 2005. *The Little Book of Circle Processes: A New/Old Approach to Peacemaking*. Good Books.
Baldwin, Christina. 1994. *Calling the Circle: The First and Future Culture*. Newberg. reprint. 1998. Bantam Doubleday Dell
Herman, Judith L. 1992. *Trauma and Recovery*. Basic Books（ジュディス・ハーマン　中井久夫訳　１９９６年『心的外傷と回復』みすず書房）
Bopp. Judie. *et al.* 1984. *The Sacred Tree: Reflection on Native American Spirituality*. Lethbridge, Alberta: Four Worlds International Institute.
Engel, Beverly. 2000. *Women Circling the Earth: A Guide to Fostering Community, Healing and Empowerment*. Deerfield Beach, FL: Health Communications.
Morita,Yuri. 1994. *Diversity Awareness Training Guide: Comprehensive Manual for Implementing Diversity. Training* Office of Affirmative Action DNAR University of California.
Bonnie Beard. 1995. *Fostering Resilience in Children*. ERIC.
Werner E.E., Smith R.S. 1982. *Vulnerable but invincible; a longitudinal study of resilient children and youth McGraw-Hill*. New York.

エリアーデ、ミルチャ　中村恭子訳　１９７３年『エリアーデ著作集　第7巻――神話と現実』せりか書房
エリアーデ、ミルチャ　堀一郎監修　立川武蔵訳　１９７５年『エリアーデ著作集　第９・10巻――ヨーガ１・２』せりか書房
エリアーデ、ミルチャ　堀一郎訳　１９６３年『永遠回帰の神話――祖型と反復』未來社

メルロー＝ポンティ、モーリス　滝浦静雄・木田元訳　１９６６年『眼と精神』みすず書房
メルロー＝ポンティ、モーリス　竹内芳郎・小木貞孝訳　１９６７年『知覚の現象学1』みすず書房
メルロー＝ポンティ、モーリス　竹内芳郎・木田元・宮本忠雄訳　１９７４年『知覚の現象学2』みすず書房

フレイレ、パウロ　小沢有作・楠原彰・柿沼秀雄・伊藤周訳　１９７９年『被抑圧者の教育学』亜紀書房
ホランダー、マイケル　藤沢大介・佐藤美奈子訳　２０１１年『自傷行為救出ガイドブック――弁証法的行動療法に基づく援助』星和

書店
スティンソン、蓮　森田ゆり訳　2016・2017年『第三波行動療法をあなたの日々の支援に活用する参加型研修』PART I・IIテキストブック　エンパワメント・センター発行
ペリー、ブルース・D＋サラヴィッツ、マイア　仁木めぐみ訳　2010年『犬として育てられた少年――子どもの脳とトラウマ』紀伊國屋書店
ヴァン・デア・コーク、ベッセル　柴田裕之訳　2016年『身体はトラウマを記録する――脳・心・体のつながりと回復のための手法』紀伊國屋書店
ユング、C・G＋パウリ、W　河合隼雄・村山陽一郎訳　1976年『自然現象と心の構造――非因果的連関の原理』海鳴社
ゼア、ハワード　森田ゆり訳　2008年『責任と癒し――修復的正義の実践ガイド』築地書館
バス、エレン＋ソーントン、ルイーズ共編　森田ゆり訳　1991年『誰にも言えなかった――子ども時代に性暴力を受けた女性たちの体験記』築地書館
ナット・ハン、ティク　棚橋一晃訳　1999年『仏の教えビーイング・ピース――ほほえみが人を生かす』中央公論新社（中公文庫）
中村元・紀野一義共訳　1960年『般若心経・金剛般若経』岩波書店
中村元　1985年『原始仏典を読む』岩波書店（岩波現代文庫、2014年）
中村元　1949年『慈悲』雄山閣（講談社学術文庫、2010年）
中村元　1968年『インド思想史』岩波書店（第2版、1980年）
柳澤桂子　1991年『意識の進化とDNA』地湧社（集英社文庫、2000年）
柳沢桂子文・朝倉まり絵　1993年『お母さんが話してくれた生命の歴史』全4巻　岩波書店
柳沢桂子　1994年『いのちとリズム――無限の繰り返しの中で』中央公論社

柳澤桂子歌・赤勘兵衛画　1998年『冬樹々のいのち』草思社
柳澤桂子　2002年『いのちの声——柳澤桂子歌集』河出書房新社
中村桂子　2014年『生命誌とは何か』講談社
中村桂子　2004年『ゲノムが語る生命——新しい知の創出』集英社
村上和雄　2010年『こころと遺伝子』実業之日本社
村上和雄　2012年『スイッチ＝SWITCH——遺伝子が目覚める瞬間』サンマーク出版

浦河べてるの家　2002年『フォームの始まり　べてるの家の「非」援助論——そのままでいいと思えるための25章』医学書院
向谷地生良・浦河べてるの家　2006年『安心して絶望できる人生』日本放送出版協会
東田直樹　2007年『自閉症の僕が跳びはねる理由——会話のできない中学生がつづる心』エスコアール
新たな社会的養育の在り方に関する検討会　平成29年8月2日「新しい社会的養育ビジョン」厚生労働省子ども家庭局
厚生労働省子ども家庭局家庭福祉課　平成29年12月2日「児童虐待防止対策について」

＊本書には、以下の森田ゆりの既刊書・記事の中ですでに論じられている内容を要約して記述、または部分引用している箇所が多数ありますが、そのすべてを本文では明記していません。

森田ゆり　2018年『MY TREE Jr. くすのきプログラム——性暴力加害ティーンの回復』ふりがな付きワークブック40頁17セッション　エンパワメント・センター発行
森田ゆり　2018年『MY TREE Jr. さくらプログラム——暴力被害を受けた子どもの回復』ふりがな付きワークブック28頁11セッション　エンパワメント・センター発行
森田ゆり　2018年『ALOHA KIDS YOGA アロハキッズヨガ』小冊子シリーズ3　エンパワメント・センター発行

森田ゆり　２００７年『怒りの仮面――傷ついた心の上に』小冊子シリーズ２　エンパワメント・センター発行
森田ゆり　２００７年『心の応急手当――子どもの虐待をなくすためにあなたのできる大切なこと』ふりがな付き　小冊子シリーズ１　エンパワメント・センター発行
森田ゆり　１９９８年『アサーティブネス研修ワークブック』エンパワメント・センター発行（２００７年改訂）
森田ゆり　２０００年『多様性トレーニング・ガイド――人権啓発参加型学習の理論と実践』解放出版社
森田ゆり　１９９８年『エンパワメントと人権――こころの力のみなもとへ』解放出版社
森田ゆり　２００９年『ダイバーシティ・トレーニング・ブック――多様性研修のてびき』解放出版社
森田ゆり・安藤史江・前川孝雄共著　２０１７年「多様さのマネジメント」産業能率大学
森田ゆり　１９９２年『沈黙をやぶって――子ども時代に性暴力を受けた女性たちの証言＋心を癒す教本』築地書館
森田ゆり　１９９４年『子どもに会う――体験的子ども論』アドバンテージサーバー
森田ゆり　１９９５年『子どもの虐待――その権利が侵されるとき』岩波書店
森田ゆり　１９９９年『子どもと暴力――子どもたちと語るために』岩波書店（岩波現代文庫、２０１１年）
森田ゆり　２００１年『ドメスティック・バイオレンス――愛が暴力に変わるとき』小学館（小学館文庫、２００７年）
森田ゆり　２００２年『癒しのエンパワメント――性虐待からの回復ガイド』築地書館
森田ゆり　２００４年『新・子どもの虐待――生きる力が侵されるとき』岩波書店（２０１４年改訂版）
森田ゆり　２００４年『非暴力タンポポ作戦――ひきわけよう　あきらめない　つながろう』解放出版社
森田ゆり　２００６年『子どもが出会う犯罪と暴力――防犯対策の幻想』日本放送出版協会
森田ゆり　２００８年『子どもへの性的虐待』岩波書店
森田ゆり　２００３年「エンパワメントとレジリアンシー――家族内の性虐待被害のトラウマを癒す」日本家族心理学会編『家族カウンセリングの新展開』（家族心理学年報21）に収録
森田ゆり　１９９７年『あなたが守る　あなたの心・あなたのからだ』童話館出版

森田ゆり　２００３年『気持ちの本』童話館出版
森田ゆり　２００３年『しつけと体罰――子どもの内なる力を育てる道すじ』童話館出版
バンクス、デニス　森田ゆり共著　１９９３年『聖なる魂――現代アメリカ・インディアン指導者の半生』朝日新聞社（朝日文庫。単行本は１９８９年）
森田ゆり　２０１８年『体罰と戦争――人類の不名誉なふたつの伝統』かもがわ出版
森田ゆり　２０１７年「一億総活躍社会と相模原事件」「部落解放」8月号　連載：多様性の今①
森田ゆり　２０１７年「脳神経多様性（Neurodiversity）か自閉症スペクトラムか」「部落解放」10月号　連載：多様性の今③
森田ゆり　２０１８年「『ALOHA』はいのちの多様性を讃える言葉」「部落解放」2月号　連載：多様性の今⑦
森田ゆり　２０１８年「マイケルジャクソンと子どもの癒し・世界の癒し」「部落解放」4月号　連載：多様性の今⑨
ＭＹ ＴＲＥＥペアレンツプログラム実践グループ　２００６年「実践報告書２００１～２００５年度」
ＭＹ ＴＲＥＥペアレンツプログラムセンター２０１０年「第2回全国セミナー　実践報告書２００６～２０１０年度」
森田ゆり　２０１３年「ＭＹ ＴＲＥＥペアレンツ・プログラム実践者養成講座テキスト第4版」ＭＹ ＴＲＥＥペアレンツ・プログラムセンター
森田ゆり　２０１７年「怒りの仮面と扁桃体―海馬―前頭前野の脳回路」ＭＹ ＴＲＥＥニュースレター　２０１７年夏号掲載
森田ゆり　２０１６年「北海道少年生還のニュースからしつけと体罰について考える」ＭＹ ＴＲＥＥニュースレター　２０１６年夏号掲載
森田ゆり　２０１５年「元少年Aにしかできないこと――どんな治療で回復更生したのかを語ることがあなたの償い」ＭＹ ＴＲＥＥニュースレター　２０１５年夏号掲載

めいそう（へんとう体トレーニング）35日間

年　　月　　日～　　月　　日　　　　なまえ

							コメント
							コメント
							コメント
							コメント
							コメント

たっせい!!

＿＿＿日　　Yes, I did it !!　　Congraturation！

ヤッター！　ヤッター！　イエーッ

おめでとう！！

〈付録〉

1　新聞記事抜粋

MY TREE プログラムはマスメディアで頻繁に紹介されてきました。新聞掲載記事だけでも 50 件以上になります。

（第三種郵便物認可）　2004年（平成16年）8月24日（火

ストップ！子どもへの虐待

親の心回復支援講座

31日から西成区　感情調整方法など学ぶ

芦原病院など主催

気がつけば子どもをたたいている、子どもの心を傷つけてしまう……。そんな苦しみを抱える親の心をケアし、子への虐待を止めるための講座「MY TREE ペアレンツ・プログラム」が三十一日から、西成区長橋二の西成青少年会館で始まる。浪速区にある芦原病院などの主催で、十二月十四日まで、ほぼ毎週火曜日の午後に開講する。参加費無料。

講座では、〝虐待してしまう親〟への回復支援策として、暴力防止の活動に取り組む「エンパワメント・センター」（兵庫県西宮市）の主宰者、森田ゆりさんが開発したプログラムを行う。

同病院の看護師と助産師の三人が進行役となり、参加者らが互いの悩みを語り合ったり、リラックスするための呼吸法や気功で体と感情をコントロールする方法を身につけたりする。安心して話せるよう、参加者間では原則としてプライバシーを明かさない。

同病院では昨年に続いて二度目の開催。昨年参加した十人は、全員が子どもへの虐待をやめることができ、「苦悩を聞いてもらえて救われた」「初めて人から尊重され、自分が変われると分かった」などと、感想を寄せているという。

講座を担当する同病院の看護師、伊藤悠子さんは「講座は、自分の中にある力を発見し、伸ばす場所。今苦しんでいる人に、ぜひ一歩を踏み出して欲しい」と呼びかけている。

講座の準備を進める芦原病院のスタッフ。伊藤さん（中央）ら3人がプログラムの進行役となる

朝日新聞　2008年（平成20年）11月26日　水曜日　13版△

「怒りの正体」突き止めケア　ストップ児童虐待

親自身の回復を支援

西宮の民間研修機関を本社助成

児童虐待の防止活動などを支援する「子どもへの暴力防止プロジェクト助成」（朝日新聞厚生文化事業団、朝日新聞社主催）の対象に、西宮市の民間研修機関「エンパワメント・センター」の「MY TREEペアレンツ・プログラム」（虐待してしまう親の回復のためのプログラム）が選ばれた。育児ノウハウを教え込むことで虐待をやめさせようという従来型の視点とは異なり、親自身のケアに重きを置いた実践だ。

普及めざしDVDやパンフ

500施設に配布へ

開発したのは日米で計27年間、虐待防止専門職の養成に携わってきた同センター代表の森田ゆりさん。深刻な虐待をしている親を対象とした全15～16回のグループミーティングだ。参加者が自らの心象を託した樹木を最初と最後に描くことから「MY TREE」と名付けられている。

このプログラムは、虐待を「人として尊重されなかった痛みや悲しみを怒りの形で子どもに爆発させている行動」ととらえている。虐待の背景には、悔しさ、悲しさ、絶望、不信、見捨てられ感といった親自身の傷つき体験があり、こうした「怒りの正体」を突き止めてケアする。グループミーティングを重ねながら「私は大切にされて当然の人間だったんだ」と親自身の「気づき」を促し、人の持つ本来の力を引き出すことで虐待を止める。

森田さんによると、01年の実践開始から約280人が受講し、その多くが虐待を止めることに成功したという。高い効果を上げていることは専門家の間で知られており、大阪府、大阪市、堺市、三重県の児童相談所なども、親子関係の修復プログラムの一環として導入している。

一方で、「MY TREE」を実践する人には高度な専門性が求められ、人材養成に時間がかかる。このため「私も参加したい」「うちの町でも実践してほしい」といった要望が全国から寄せられながら、なかなか普及させられないという悩みもあった。

そこで今回助成された200万円を活用して「MY TREE」を紹介するDVD（約20分）やパンフレットを作ることにした。全国の児童相談所や児童養護施設など約500カ所に無料配布し、研修教材として使ってもらうという。

森田さんは「MY TREEは感情、身体、理性、魂のすべてに働きかけ、人間本来のごく自然な感覚を取り戻すことで虐待を止める。このプログラムを必要とする多くの人に知ってもらいたい」と話す。問い合わせは同センター（0798・51・2903）へ。

MY TREEペアレンツ・プログラムを開発した森田ゆりさん＝西宮市

上：読売新聞（2004 年 8 月 24 日付）　下：朝日新聞（2008 年 11 月 26 日付）

安心の設計 evening

児童虐待　親にもケア

児童虐待が増え続ける中、虐待をする親が立ち直るのを支援する民間のプログラムが注目を集めている。虐待を受けた子どもに比べて親へのサポートが遅れがちだが、虐待予防につながる面もあるようだ。（粂文野）

気がつくと暴力

「このままだと、もっと手を上げてしまうかもしれない」。東京都内の主婦(38)は3年前、言うことを聞かない3歳の長男の育児に悩み、行政の育児相談に駆け込んだ。

次男を妊娠中だった当時、長男のささいな言動にイライラして大声を出し、気がつくとたたいていた。自身も幼い頃、母親から「言うことを聞かないと」たたかれた。そんな嫌な経験を子どもにしている自分が嫌で夫に相談したが、理解してもらえなかった。孤独感が募り、「死にたい」と感じていた。

相談員のすすめで、参加したのが、虐待してしまう親向けの支援プログラム「MY TREE ペアレンツ・プログラム」だ。

民間プログラム
心理教育、育児指南

このプログラムは、米国と日本で児童虐待防止の人材育成に関わり、「エンパワメント・センター」（大阪市）を主催する森田ゆりさんが2001年に開発した。現在、児童相談所など全国12か所で行われ、東京では児童養護施設出身者らを支援する相談所「ゆずりは」（国分寺市）が実施。主婦もそこに参加した。

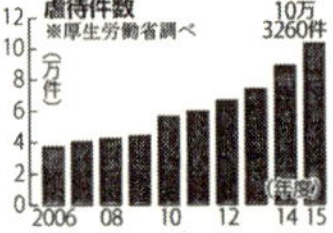

子どもへの虐待を、「親が人として尊重されなかった痛みや悲しみを、怒りの形で子どもに爆発させている行動」とし、親自身のケアを行いつつ、問題解決能力の回復をしていく心理教育が特徴だ。

毎回約10人の参加者が1回2時間、13回集まり、互いに自分の気持ちを話した。主婦は、「怒りや悲しみへの向き合い方を学んだ。子どもにも落ち着いて接せられるようになった」と語る。

講習や電話でも

親向けのプログラムは、他の民間団体でも、取り組んでいる。「MY TREE ペアレンツ・プログラム」のように、暴言や暴力をふるってしまう親自身の内面のケアに焦点を当てたもののほか、広く日常的な子育ての技術を教えるものもあり、自治体の子育て事業としても広がっている。

豪州で開発され、欧米などでも実施されている「前向き子育てプログラム」（ポジティブ・ペアレンティング・プログラム）もその一つだ。普及に取り組むNPO法人「トリプルPジャパン」（東京）は、「子どもを褒める」「わかりやすい基本ルールを作る」といった17の子育てのコツから、親子関係を良くするための具体的な行動を、講習や電話などで助言する。

同法人の理事で虐待予防に詳しい和歌山県立医科大の柳川敏彦教授は「親が虐待にいたる背景には、育児の困難さや本人が親から虐待を受けた経験など様々な経緯がある。子育ては自然と身に付くものではなく、すべての親が学ぶ必要があるものととらえ、プログラムを活用していくことが、虐待予防にもつながる」と指摘している。

「お互いに安心して自分のことを話せるよう、相談スペースは、家のリビングのような雰囲気にしています」と話す「ゆずりは」のスタッフ、広瀬朋美さん（東京都国分寺市で）

虐待から子どもを保護する児童相談所でも、子どもを再び家庭に戻していく家族支援の一環として、親向けのプログラムが導入されている。

2012～13年度に行われた厚生労働省の委託調査では、回答した全国207の児相のうち、半数以上が取り入れていた。

児相は人手不足

ただ、15年度、児童虐待に対応した件数は10万3260件と過去最高を記録。子どもへの対応に追われ、親向け支援に取り組む課題（複数回答）として、「人員不足」（66か所）、「時間不足」（58か所）、「（職員向けの）研修制度がない」（35か所）などの回答を挙げる児相が多かった。

児童相談所で親支援のプログラムを展開しにくい理由

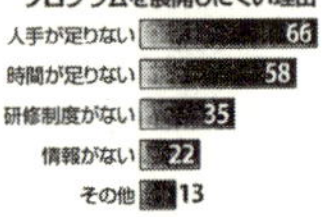

※厚労省の委託で加藤則子・十文字学園女子大教授らが2012～13年度、全国の児相を対象に行った調査から（数字は、回答した児相の数。複数回答）

読売新聞（2017年8月4日付、夕刊）

2 MY TREE プログラム研究論文掲載雑誌リスト

日本語雑誌掲載分、英文発表掲載など

森田ゆり「虐待する親の回復支援の視点——MY TREE ペアレンツ・プログラムの実践から」
町野朔・岩瀬徹編『児童虐待の防止——児童と家庭、児童相談所と家庭裁判所』有斐閣 2012 年 P.38 ～ 60 収録論文

森田ゆり「虐待する親の回復と法改正——MY TREE ペアレンツ・プログラムの実践から」
「アディクションと家族」家族機能研究所 2008 年 2 月 24 巻 4 号 P.306 ～ 312 に掲載

森田ゆり「公衆衛生の視点に立つ虐待防止プログラムの実践から——児童虐待防止法のさらなる改正への提言」
「児童虐待への対応の実態と防止に関する研究」財団法人社会安全研究財団 2006 年 3 月 P.21 ～ 42 収録論文

森田ゆり「MY TREE ペアレンツ・プログラム——子どもの虐待・DV 問題を抱える親の回復支援」
「子どもの虐待とネグレクト」日本子どもの虐待防止研究会学術雑誌 2004 年 5 月 Vol.6 P.83 ～ 89 に収録

森田ゆり「子ども虐待・DV に対する親支援プログラム」
「子どもの虐待とネグレクト」日本子どもの虐待防止研究会学術雑誌 2002 年 7 月 Vol. 4 P.49 ～ 58 に収録

Presented MY TREE Parents Program at the Ministry of Gender Equality and Family Soul, Korea 2015 Aug.

Presented with the accepted abstract MY TREE Parents Program at the 19th ISPCAN International Congress at Hong Kong, China 2008 Sep.

The accepted abstract MY TREE Parents Program at the 15th ISPCAN International Congress in Brisbane, Australia 2004 Sep.

3　MY TREE 出版物について

５年ごとに実践報告書を発行してきました（上）。また、朝日新聞厚生文化事業団の助成を受けて、プログラムの紹介ビデオを作成し、全国すべての児童相談所に配布しました（下）。

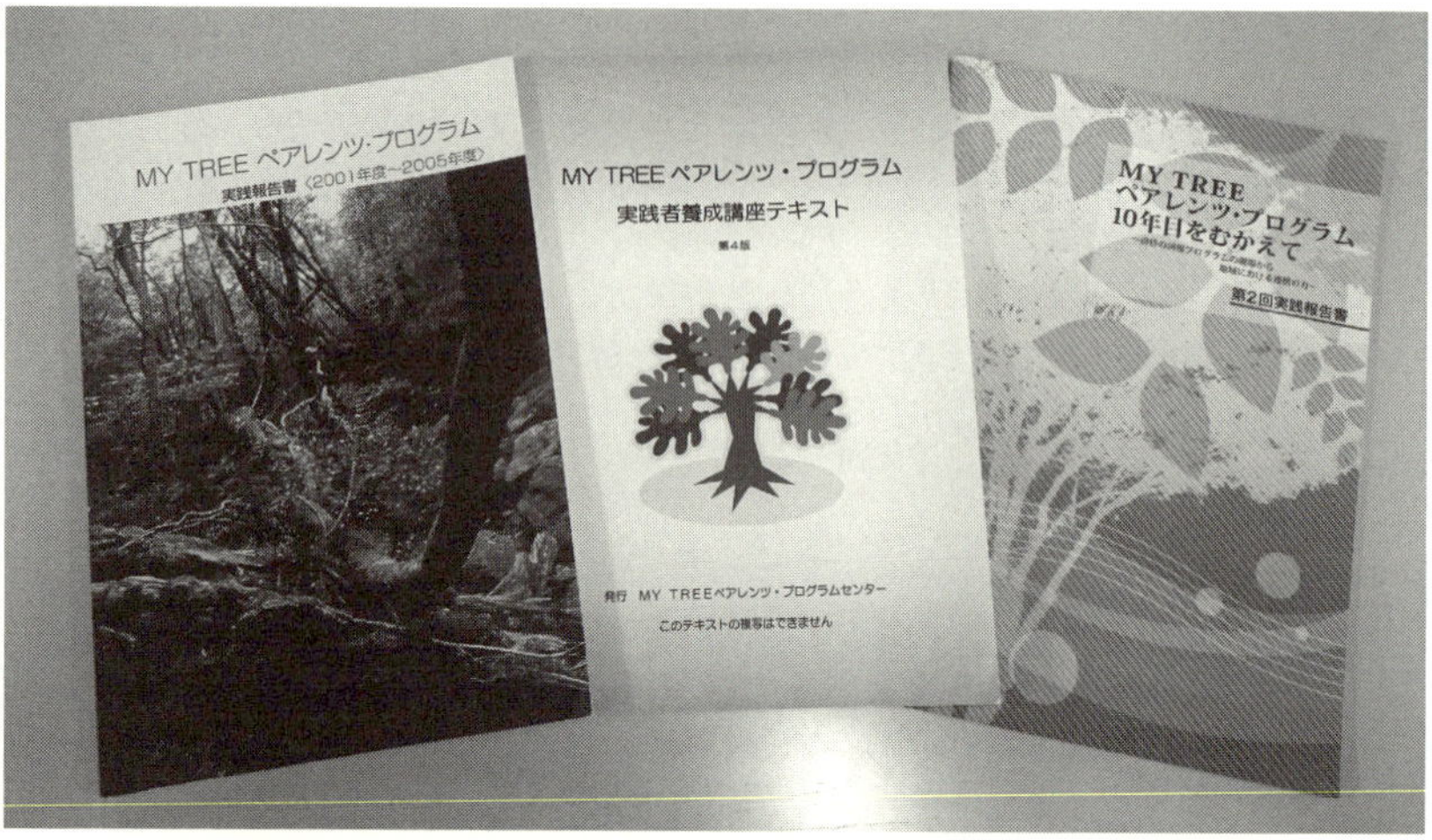

4　瞑想（扁桃体トレーニング）35日間ワークシート

「MY TREE ジュニア・プログラム——性暴力の被害・加害の子どもの回復」で使う「めいそう（へんとう体トレーニング）シート」を、親のプログラムでも、欲しい人だけに渡します。

シートの使い方

毎回の〈学びのワーク〉の初めにするゆっくりとした丹田腹式呼吸を、家で毎日、５分間以上します。枠の中に何分間したかを書きます。できなかった日があったら、詰めて記入していきます。

〈鼻から吐いて鼻から吸い、いつも吐く息から始めて、吐くと同時に肩の力を抜くことを忘れずに。意識をいつも呼吸に置き、雑念に悩まされたら、そのつど、鼻を出入りする息の感触に全神経を集中します〉

著者紹介

森田ゆり（もりた・ゆり）

元立命館大学客員教授、元カリフォルニア大学主任研究員。

早稲田大学教育学部卒業。メキシコ生活2年半後、米国カリフォルニア州のGraduate Theological Union大学院で宗教現象学修士号取得。Alchemical Hypnotherapy Instituteにてエリクソン派催眠療法士取得。

1981年からCalifornia CAP Training Centerで、1985年から5年間はカリフォルニア州社会福祉局子ども虐待防止室トレーナー兼トレーニング・コーディネーターとして勤務。1990年から7年間はカリフォルニア大学主任研究員として、多様性、人種差別、性差別ハラスメントなど、人権問題の研修プログラム開発と大学教職員への研修指導に当たる。当時まだ斬新な方法だった参加型研修の方法論とスキルを開発し「Diversity Training Guide」を大学内テキストとして出版。


1997年に日本でエンパワメント・センターを設立し、行政、企業、民間の依頼で、多様性、人権問題、虐待、DV、しつけと体罰、性暴力、ヨーガ、マインドフルネス、などをテーマに研修活動をしている。

参加型研修プログラムの開発、及びそのファシリテーター人材養成のパイオニア。

2014年から児童養護施設、児童心理治療施設、児童自立支援施設などの子どもたち（とりわけ虐待のトラウマやADHDやASDの特性のある子どもたち）にヨーガを教えるALOHA KIDS YOGAを主宰し、各地でヨーガ・リーダーを養成している。2016年度アメリカン・ヨーガ・アライアンス賞受賞。


虐待に至ってしまった親の回復プログラムMY TREEペアレンツ・プログラムを2001年に開発し、全国にその実践者を養成し、過去17年間で1048人の虐待言動を終止した修了生を出している。第57回保健文化賞受賞。

2018年に「MY TREEジュニア・くすのきプログラム：性暴力加害ティーンズの回復」「MY TREEジュニア・さくらプログラム：暴力被害子どもの回復」を開発。第三波行動療法の子どもの性被害、性加害の回復プログラムとして、瞑想訓練を伴う実践者研修を実施中。

1979年から今日まで、先住アメリカ・インディアンの運動を支援し、日本とアメリカ・インディアンとの交流に携わる。『聖なる魂――現代アメリカ・インディアン指導者デニス・バンクスは語る』（朝日新聞社）で1989年朝日ジャーナル・ノンフィクション大賞受賞。

『あなたが守るあなたの心あなたのからだ』（童話館）で1998年産経児童文化賞受賞。

著書：『子どもと暴力』『子どもの性的虐待』『新・子どもの虐待』（いずれも岩波書店）、『しつけと体罰』『気持ちの本』『あなたが守るあなたの心あなたのからだ』（いずれも童話館出版）、『沈黙をやぶって』『癒しのエンパワメント』『責任と癒し』（いずれも築地書館）、『多様性トレーニング・ガイド』『エンパワメントと人権』『ダイバーシティ・トレーニング・ブック』『非暴力タンポポ作戦』（いずれも解放出版）、『子どもが出会う犯罪と暴力』（NHK出版）、『ドメスティック・バイオレンス』（小学館）、その他英・日本語著書・訳書多数。
森田ゆり公式サイト　http://empowerment-center.net/
ブログ、無料メルマガ　http://empowerment-center.net/
Facebook　http://www.facebook.com/yuri.morita.315

協力・支援のおねがい

MY TREEペアレンツ・プログラムを必要としている親に届けるために、会員になってください。詳細は、一般社団法人MY TREE（http://mytree-p.org）をご覧ください。ご支援をお待ちしています。

虐待・親にもケアを

生きる力をとりもどすMY TREEプログラム

2018年 6月13日　初版発行
2020年10月21日　4刷発行

著者　森田ゆり
発行者　土井二郎
発行所　築地書館株式会社
〒104-0045 東京都中央区築地7-4-4-201
TEL. 03-3542-3731　FAX. 03-3541-5799
http://www.tsukiji-shokan.co.jp/
振替 00110-5-19057
印刷・製本　シナノ印刷株式会社
装丁　秋山香代子
本文イラスト　畠山憲夫

 ISBN978-4-8067-1562-7